国家社科基金重大项目"延安时期中国共产党宣传工作史研究与资料……

陕西师范大学优秀学术著作出版资助

多点民族志的出现
与方法论思考

管成云　郭蓓　**编译**

The Emergence and
Methodological Reflections
of Multi-Sited Ethnography

重庆大学出版社

图书在版编目（CIP）数据

多点民族志的出现与方法论思考 / 管成云，郭蓓编
译 . -- 重庆 : 重庆大学出版社，2024. 12. --（万卷方
法）. -- ISBN 978-7-5689-4915-6

Ⅰ . K18
中国国家版本馆 CIP 数据核字第 2024PB4878 号

多点民族志的出现与方法论思考
DUODIAN MINZUZHI DE CHUXIAN YU FANGFALUN SIKAO

编译 管成云 郭 蓓
策划编辑：林佳木
责任编辑：林佳木   版式设计：林佳木
责任校对：王 倩   责任印制：张 策
*
重庆大学出版社出版发行
出版人：陈晓阳
社址：重庆市沙坪坝区大学城西路 21 号
邮编：401331
电话：(023)88617190   88617185(中小学)
传真：(023)88617186   88617166
网址：http://www.cqup.com.cn
邮箱：fxk@cqup.com.cn(营销中心)
全国新华书店经销
印刷：重庆升光电力印务有限公司
*
开本：787mm×1092mm   1/16   印张：15.25   字数：295 千   插页：6 开 1 页
2024 年 12 月第 1 版   2024 年 12 月第 1 次印刷
ISBN 978-7-5689-4915-6   定价：68.00 元

编译者简介

管成云

　　陕西师范大学新闻与传播学院副教授，网络与新媒体系主任，武汉大学新闻学博士。主持完成国家社科基金项目1项、省部级项目3项。众多研究成果已在 *Asian Journal of Communication*（SSCI）、《新闻学研究》《现代传播》《新闻大学》《新闻记者》等国内外优质期刊上发表，且被人大复印资料全文转载，并获"陕西省高校人文社科优秀成果一等奖""青年新媒体学术研究启皓奖""中国新闻史学会优秀学术奖"。

郭　蓓

　　陕西师范大学新闻与传播学院副教授，澳大利亚阿德莱德大学博士，伦敦政治经济学院和牛津大学互联网研究院访问学者。研究领域为新媒体与社会发展、网络社会学，诸多研究成果已在《现代传播》等高水平期刊上发表，出版英文专著 *Regulating Social Media in China：Foucauldian Governmentality and the Public Sphere*。

序言　多点民族志的邀请

管成云

　　这本书可能是国内第一本专门介绍多点民族志的书，也可能是第一本致力于探讨多点民族志方法论的书。

　　多点民族志现已成为人类学研究中的一个新兴流派，面对全球化带来的田野挑战，它打破了传统单点民族志的方法论，为民族志研究开辟了新的途径。然而，从方法论上讲，它在实施过程中得到的启示和出现的困惑，相较而言还没有得到充分的讨论。

　　虽然一些多点民族志学者在田野调查过程中产生了对于方法论的反思，但这些反思比较零散，都只是该方法论的一个片段，不成体系。为此，本书在全球范围收集了具有奠基作用的多点民族志方法论成果，并将这些散落的知识片段集中编织在一起，以图形成多点民族志方法论的理论体系，从而弥补该方法在方法论体系上的空缺。

本书编织多点民族志方法论体系的逻辑

　　本书按照多点民族志的出现所引起的实践反思来编排内容，涉及多点民族志的理论基础、方法论思考与研究案例。本书的体系指向该方法在实践中长期受困扰或模糊不清的问题，如"多点民族志生产的是什么类型的知识？""何谓多点？""在田野调查中怎么追踪？""如何在不同地点之间建立联系？""在多点的田野中如何保证研究的连贯性和调查的深度？""如何处理在不同田野中收集的数据？"等。这些研究不仅推动了多点民族志的理论发展，而且为学界提供了丰富的实证材料。在书中，读者可以跟随各章节的脚步，穿越不同的地理空间，走进多样的文化场域，洞察隐藏在表象背后的深层联系。

虽然多点民族志是人类学领域新出现的方法，但本书对研究成果的挑选并不局限于人类学领域。因为多点民族志现已在欧美学界的社会学、经济学、教育学、人文地理等领域得到广泛运用，为此我们选择的多点民族志的方法论成果是跨学科领域的，以期读者从中洞察到该方法在不同学科领域的应用活力，并了解不同学科是如何开展多点民族志研究的。

例如第10章的作者苏珊·弗瑞博格（Susanne Freidberg）是地理学学家，她采用多点民族志对西非与法国之间、东非与英国之间的青豆供应链进行了追踪比较，发现不同殖民地和民族历史背景下产生的供应链会发展出完全不同的经济形式。苏珊·弗瑞博格结合自己的多点田野经验对该方法进行反思，指出了该方法的独特优势以及在实践中存在的挑战。

在国内学者中，我们不能忽视郭建斌教授在"多点民族志"方法论层面的贡献。郭建斌教授是国内非常知名的民族志传播研究者，他在《"电影大篷车"：关于"多点民族志"的实践与反思》一文中厘清了"多点"的问题。为此，我们在编译此书的过程中，特别将这篇文章纳入其中，在跟郭建斌教授联系后，得到了他的大力支持。郭老师非常慷慨地贡献了他的这一研究成果。所以，这本书也体现了中国民族志传播学者在多点民族志领域的独特贡献和智慧。

当然，我们并不仅仅是做编译工作，我们对该领域也有自己的探索和思考，这主要体现在导论里。我们在编译这本书的过程中，几乎熟读了所有能够查到的关于多点民族志在方法论层面的文章，然后我们发现有以下三个基本问题没有得到解决。

（1）与单点民族志相比，多点民族志缺乏明确的理论指导方针[①]，即单点民族志生产的是"地方性知识"，而与之对应的多点民族志在方法论理论取向上生产的是什么类型的知识？很少有研究者给予说明。

（2）马库斯针对多点民族志提出的六种模型，只是回答了追踪什么的问题，并没有说清楚这样的调查该如何在田野中进行。换言之，多点民族志挑战了田野是一个"自然"有界和不连续实体的假设[②]，其田野是在全球化的联系或社会流动中形成的，且处于变化状态，并不固定，那么追踪的地点该如何确定？具体该怎么"下田野"展开追踪？这一核心问题并没有得到阐释。

（3）多点民族志的田野工作跨多个地点，从一个地方转场到另一个地方，田

---

①Zilber，T.B.（2014）. Beyond a single organization：Challenges and opportunities in doing field level ethnography. *Journal of Organizational Ethnography*，3（1），96-113.

②Gupta，A.，& Ferguson，J.（1992）. Beyond 'culture'：Space，identity，and the politics of difference. *Cultural Anthropology*，7（1），6-23.

野工作者处于流动状态，在追踪的过程该如何展开"深描"以避免陷入"肤浅的窘境"？这也是一个有待回答的问题。

为此，我们以多点民族志学者的田野经验材料为根基，并结合我们自己的多点调查经验，展开了讨论，形成了《田野问道：多点民族志知识生产的理论取向与实践路径》一文。该文章的贡献在于通过"分布式知识"阐明了多点民族志的理论取向，并且厘清了多点民族志"下田"追踪和展开深描的路径，这对多点民族志的田野调查和知识生产具有很强的指导意义。

我们关于多点民族志的讨论，最终还是要落到具体实践层面去做研究。为此，本书专门挑选了非常有代表性的研究案例收集在了"附录一"里。读者能从中观察多点民族志学者在田野从事调查研究的具体过程，以此触类旁通，打通多点民族志落地实践的最后一公里。

我们原计划也纳入《多点民族志：我现在知道的五六件事》《扩展地点：探索"深度"问题》《人类学和市场营销中多点民族志的出现》等具代表性的成果，但由于版权问题很难解决，所以很遗憾没呈现在本书中。但这些文章是多点民族志在方法论研究层面不可或缺的。为了弥补这一遗憾，保证该书在方法论体系上的完整性和系统性，我们将这些未能翻译的论文归纳精髓，作为"多点民族志拓展阅读"放在"附录二"里供大家参考。

本书中的每一篇文章在多点民族志方法论层面都占有相当重的分量。正因为如此，各篇文章的作者就非常必要让读者知晓，为此，我们将书中作者的信息放在了"附录三"中。这部分除了介绍作者的学术背景和代表作之外，还阐释了他们的研究在多点民族志领域的贡献或价值。我们想通过这种方式来表达对作者的尊敬和感谢。因为正是他们的工作推动了多点民族志的理论发展和实践应用，才使得这本书成为可能。

多点民族志还没有成为国内研究者熟悉的方法，我们原打算对该方法演进的历史脉络进行详细梳理，以方便读者系统地了解这种方法。当我们着手做这件事时，发现多点民族志的奠基者马库斯已做了这方面的工作，为此，我们在书中就没有安排专门的章节来写这方面的内容。读者如果想了解多点民族志的发展脉络，除了本书中的《世界体系中的多点民族志：多点民族志的出现》，还可以品读马库斯的《多点民族志的前世今生》《十五年后的多点民族志研究》等文章。

联系版权：本书的多点民族志之旅

本书作为编译著作，解决文章的版权问题是一项很重要的工作。我们在这里很乐意与大家分享一段我们解决版权问题的经历，想以此说明多点民族志其实已深深融入我们的日常生活当中。在编译这本书的过程中，我们广泛涉猎、仔细研读、精心挑选对多点民族志展开方法论研究的成果，以确保本书的每一篇文章对读者和研究者都有启发。但当我们编译完成之后，在联系国内出版社出版的过程中，才知道编译著作的每一篇文章都要单独取得版权。由于这些文章在国外分属不同的出版社，这就需要与不同的出版公司分别取得联系，编译出版工作由此变得复杂且麻烦。

我们联系了北京、上海、西安等地好几家出版社，他们很欣赏这本书稿，也高度认可其学术价值，但因涉及与国外不同的出版公司联系，工作量很大且时间不可控，为此，他们要求我们自己解决版权问题后再谈出版事宜。但我们从来没有过相关经历，也不知道该如何下手，由于版权问题，该书稿的出版陷入停滞。当我们犯难时，又试着联系重庆大学出版社，因为重庆大学出版社的"万卷方法"书系品牌成熟，不仅在学术界享有很高的声誉，而且这一书系译著多，民族志方法方面的就有好几本，例如《文化研究：民族志方法与生活文化》《民族志方法要义》《民族志：步步深入》等。为此，我们相信重庆大学出版社在联系版权方面非常有经验，不会有问题。

我们在跟"万卷方法"的编辑林佳木联系交流后，又重新燃起了希望。林佳木编辑很欣赏这一书稿，也乐意打造国内第一本关于多点民族志方法论的书，而且很爽快地答应，如果我们自己无法取得版权，她将帮助我们联系国外的出版社解决版权问题。我们于是信心十足、满怀希望地向国外不同的出版社发出电子邮件，谁知道等了足足半年，也没有得到回复。一直等到郭蓓老师到英国伦敦政治经济学院和牛津大学访学时，跟对方联系上了，才知道发送的邮件要么没收到，要么被过滤到了垃圾邮箱，没有引起注意。郭蓓老师在英国访学期间，紧密地跟国外不同的出版公司联系，且不断催促他们要加快进度，我们方才顺利地解决了文章的版权问题。不过，《多点民族志：我现在知道的五六件事》等几篇文章的版权还是没有拿到。最后，我们不得不对编译完成的书稿做一些调整。

我们在这里讲联系版权的故事，实际上是想告诉大家，我们已经开启了一段多点民族志的旅程，即追踪一本编译著作的出版历程，讨论其版权解决的复杂性。这就是多点民族志的魅力。它已不知不觉、悄无声息地融入我们自己的日常生活中。

我们在联系版权的过程中，经历了不少波折，且频繁与重庆大学出版社的林佳木编辑交流，以保证获得版权的正规性和合法性。这次联系版权的经历，使我们深刻理解了为什么国内翻译的专著较多，而编译著作较少的原因，即前者的版权问题很好解决，只需与一家出版社联系，且能很快得到回复，而后者的版权问题解决十分复杂，不仅工作量较大，而且版权成本更高。

简言之，这本书来之不易，非常值得研究者品读，相信大家看了之后会有收获，激发起运用多点民族志做研究的热情和想象力。因为本书立足于田野调查经验，澄清了多点民族志存在的诸多模糊领域，解决了该方法在调查中会遇到的很多实际问题。尽管本书的版权成本很高，但比起我们从中获得的收益，我们认为这是很值得的。

发出邀请：探求中国多点民族志研究的自主知识体系

当今世界，全球化进程不断加深，各种文化与社会现象交织碰撞，呈现出前所未有的复杂性。在这样的背景下，民族志研究迎来了新的挑战和机遇。传统的单点民族志已难以全面捕捉复杂的社会现实，为此人类学领域出现了向多点民族志研究转向的重要趋势。该方法在西方不同的学科领域如社会学、教育学、经济学、地理学等现已得到广泛运用，但国内学界尤其新闻传播领域运用该方法取得的成果仍屈指可数。为此，当前多点民族志的理论框架和方法论体系难免带有西方中心主义的色彩。对我们中国的研究者来说，如何在实践中融入本土化的视角，构建具有中国特色的多点民族志研究体系，这成了一个亟待探讨的重大课题。正因为如此，我们在序言处发出多点民族志的邀请，希冀拓展中国民族志研究的"多点"领域。

首先，当前"流动"已成为"全球化了的世界"的最主要特征[①]，国内民族志研究急需"多点"方法来拓展范围，关注更广阔世界的问题，以突破单点的局限。因为在全球化和社会流动的背景下，我国民族志学者面对的田野境况已与过往不同，田野并非固定"在那里"，而是具有了"液态属性"——流动易变，存在很大的不确定性。这要求民族志学者改变传统的"扎根当地"的"固态模式"，在不同地点之间往返穿梭，以此才能增强对文化日益流动的理解。

其次，多点民族志作为一种新兴的方法，在方法论层面并不像其他方法那样完善，需要研究者在田野实践中不断探索。民族志学者在该领域正能拾遗补阙，为该方法在方法论体系上的完善贡献一份智慧和力量。例如为什么有些地点应该被"深描"，而另一些地点应被"浅描"？有什么规律可循，这就是很有趣的问题。

此外，这种方法在社会科学领域的运用能提供一种多点联系的视角，该视角

①鲍曼：《流动的现代性》，北京：中国人民大学出版社，2018年。

能超越地方性知识的范畴，激发民族志研究的想象力，去观察跨越传统田野边界的传播现象，从而将"零散的文化片段"勾连在一起，组成一幅分布式的知识图景。这有别于单点民族志，因为单点民族志专注于整体集中一块的地方性知识的挖掘，并不关心分布在不同地点的知识之间的联系。而面向流动过程和联系的多点民族志所提供的视角恰能弥补这一不足。

基于以上原因，我们希望本书能激发国内学者尤其是新闻传播学者的兴趣，在全球化了的田野中，探求建立多点民族志研究领域的自主知识体系。我们深知，任何学术体系的建立，都离不开对自身文化和社会现实的深入了解。在当前数字化大变革的时代，中国社会正经历快速的变迁，且与全球社会在不同场域中紧密交织在一起，各种新现象、新问题层出不穷，这为我们的多点民族志研究提供了丰富的土壤。通过对我国复杂多样的社会文化现象进行多点式的深入研究，不仅能摆脱对西方中心主义理论体系的依赖或依附，而且能依据我们自身的田野经验来反思多点民族志，构建一种中国语境的自主知识体系。

本书正是基于这样的思考，才诚挚地向所有对民族志研究怀有热情的学者和实践者发出邀请：共同探求在中国语境下的多点民族志研究。这不仅是为了丰富该领域的学术研究以形成我们的自主知识体系，更是为了深刻地理解我们所处的社会，推动社会的进步与发展。我们真心希望，在不久的将来，国内多点民族志研究的星星之火，呈燎原之势，更多中国学者对多点民族志的独特贡献能脱颖而出。这既是我们编译本书的目的，也是我们发出多点民族志邀请的根源。

目　录

田野问道：多点民族志知识生产的理论取向与实践路径

管成云

民族志的分化：从单点到多点

传统的民族志一般是研究者到一个离家偏远的地方，对所选择的田野进行长期驻留观察，旨在通过自己的切身体验获得对当地人及其文化的理解（Ekström，2006）。因此，在传统的民族志调查中，"田野"被定义为"在那里"，且被限定在一个有明确界限的社区或村庄。根据这一田野调查特点，传统的民族志被学者定义为单点民族志。在单点民族志的框架内，田野工作的地方是自成一体的，与外界无联系或关联（Boccagni，2016）。

在全球化背景下，民族志研究中"田野"的概念已发生了明显的变化。"田野"不再是一个与世隔绝的孤地，而是与世界他处有着千丝万缕的文化联系。因为在全球化背景下，流动已成为当今社会的特征。研究的对象越来越不局限于一个地方。来自"那里"的人，也是"这里"生活的一部分；"这里"的情况不能与"那里"分开来了解。因此，全球性的相互联系与地方性的流动变化并存（Falzon，2009；Hannerz，1996；Eriksen，2003；Horst，2009），田野的界限也不再那么明确。

早在20世纪70年代，马库斯对汤加调查的田野日记中就记录了这种变化。他指出，20世纪70年代的汤加社会因移民而变得支离破碎，散居在夏威夷、斐济、澳大利亚墨尔本郊区或新西兰奥克兰郊区甚至美国加州的汤加人正在成为汤加文化的"新"中心。这些汤加国土之外的汤加社区在许多方面比"家乡"岛屿上的更加繁荣，而且这些社区里人们的生活变得比他们"家乡"同胞的生活更加富有文化内涵。无论如何，两者的文化之间存在着密切的相互联系，影响着几乎所有发生在汤加村庄的事情，哪怕喝酒这样的事，都要与村庄外的汤加社区联系在一起才能理解（Elfimov，2020）。

汤加的案例现已成为世界许多地方的典型情况。应对这种全球化背景下的社会流动，马库斯指出民族志调查不能只专注于单一地点，需要超越"当地"，在多个地点展开田野调查，进一步探索那些与该地方有着千丝万缕联系并影响其日常生活逻辑的其他地方。在这个网络中，我们进行传统田野调查的地方，由此变成了许多地方中的一个。（Elfimov，2020）

因此，在20世纪80年代和90年代的民族志研究中，"田野"不再局限于单个地方，而是由许多不同的地点组成的。马库斯1995年发表在*Annual Review of Anthropology*上的文章，正是提请学界同仁注意这种关于"田野"思维的转变。Gupta和Ferguson（1997）也主张，今天的人类学要关注变化的地点，而不是单一的界限明确的地方。而且，这一时期的世界体系理论、跨国主义等研究也在超越对"地方"的理解，这使民族志学者对"田野"有了更大的反思，启迪着他们突破传统民族志对田野的限制。

虽然传统的单点田野调查很重要，但它并不代表民族志所从事的全部研究实践。在一个不断变化的世界中，研究对象的"文化意义"在不同的时空变化流动，传统的单点民族志已无法应对。

因此，民族志研究不得不调整方法，从传统单点设计的孤立状态中走出来，展开多地点调查，以适应全球化背景下田野世界发生的变化，由此造成了民族志从单点到多点的分化，就此而言，"多点"一方面反映了民族志研究田野地点的变化，另一方面标志着新的调查方法的产生。但早期的多地点调查处于一种无意识状态，这些想法没有被很好地概念化（Elfimov，2020）。换言之，尽管早期已有学者使用了多点设计展开调查，但他们并没有意识到这种田野的变化从而提出一个概念来框定他们的工作。而马库斯（1995）敏锐地把握住了这种多地点调查的趋势，并结合自己的多地点调查经验，在一篇题为《世界体系中的民族志：多点民族志的出现》的开创性论文中扩展了早期的多地点研究，提出了"多点民族志"的概念，并将民族志田野调查所发生的多地点变化进行了很好的理论化，从而与传统的单点民族志相区别，以阐明民族志研究中的方法转变。这标志着多点民族志的田野调查从早期的一种无意识调查状态发展到了一种理论自觉。

在该文章中，马库斯根据多点民族志研究中呈现出来的研究对象，提出了六种模式来组织田野调查：追踪人，追踪物，追踪隐喻，追踪情节、故事或寓言，追踪生活或传记，追踪冲突。因此，马库斯1995年的这篇文章被认为是一篇纲领性的文章。此后学界普遍把这作为多点民族志的框架来展开该类田野调查。多点民族志现已成为人类学研究中的一个新兴流派。Hannerz指出，在整个20世纪的大部分时间里，通过多点民族志处理的跨国、跨地区和全球性主题已出现在人类学关于融合、文化适应、文化接触、社会变革和现代化的研究中（Kjeldgaard et al.，2006）。

虽然多点民族志已产生诸多的研究成果，但从方法论角度看，它还没有得到充分的讨论（Boccagni，2016）。国内关于多点民族志的研究及方法论层面的讨论更是罕见，这在很大程度上限制了该方法在新闻传播领域研究的想象力。

本文标题为"田野问道"，是因为马库斯（1995）在其开创性的文章中只是搭建了一个大致的多点民族志框架，很多问题仍比较模糊，有待在田野实践中进一步厘清。例如多点民族志的"多点"并没有明确的阐释。这导致学界对"多点"存在一种误解，即涉及两个或两个以上田野地点的调查，往往被贴上"多点民族志"的标签。实质上很多研究都涉及多个地点，但这些并不一定都是多点民族志。换句话说，并不是说田野调查的地方增加为多个就是多点民族志。"多点"并不是一个调查地点数量的问题，其本质在于追踪、建构多地点之间的联系、关系或关联（Ekström，2006）。郭建斌（2014）基于自身的田野经验，厘清了多点的问题，并指出如果我们看不到其中的联系，仍是单点，而非多点。因为田野调查的理论取向没有变，仍寻求的是地方性知识。

尽管郭建斌厘清了"多点"的问题，但至少还有三个问题仍有待解决。首先，与单点民族志相比较，多点民族志缺乏明确的理论指导方针（Candea，2007；Nadai & Maeder，2009；Zilber，2014；Duijn，2020），即单点民族志生产的是"地方性知识"，而与之对应的多点民族志在方法论理论取向上生产的是什么类型的知识？很少有研究者说明该问题。

其次，马库斯针对多点民族志，提出了"追踪"调查的策略，但他只提出了追踪的主题或对象，回答了追踪什么的问题。这种多地点研究挑战了田野是一个"自然"有界和不连续实体的假设（Guta & Ferguson，1992）。田野地点处于变化状态，并不固定，追踪的地点如何确定？具体怎么"下田"展开田野追踪？这些问题并没有被阐明。

再次，在传统的民族志田野工作中，田野工作者是扎根在一个地方，而不是经过一个田野地点。民族志研究者寻求更深入地沉浸在他者的世界中，对单一地点的地方性知识进行深描。而多点民族志则认为，要深入到一个跨地方的多点现象中去，就必须摆脱地方的束缚，接受流动性并"随波逐流"（Burawoy，2000；Hannerz，2003；Kjeldgaard et al.，2006）。多点民族志的田野工作跨多个地点，从一个地方转场到另一个地方，田野工作者处于流动状态，在追踪的过程中该如何展开深描以避免陷入"肤浅的窘境"？这也是一个有待回答的问题。

多点民族志作为一个新兴的流派，是一个正在建设的领域，很多方法论层面的问题需要做多点民族志的学者在田野实践中去探索完善。为此，这里以多点民族志学者从事田野调查的经验材料为根基，对以上三个问题展开探讨。我们从1995年多点民族志提出开始，全面收集多点民族志学者从事多点研究的田野经验材料，观察他们是如何做多点田野调查的，旨在从实地调查的田野经验中获得见解，以解决上述多点田野调查中非常实际的问题。

分布式知识：多点民族志知识生产的理论取向

在日益流动的复杂社会中，特别是在全球化不断发展的情况下，文化作为统一整体的传统假设受到挑战（Kjeldgaard et al.，2006）。因为今天的社会文化多处于流动状态。这种流动性打乱了民族志通过"在那里"理解地方性知识的主张（Nadai & Maeder，2009）。为此，自20世纪晚期以来，民族志发生了范式的转变，随之而来的是开展田野工作的新方法——多点民族志。多点民族志的想象力在于超越单点民族志的地方局限性，在多个地点进行研究，并试图绘制将这些地点连接在一起的知识地图（Duijn，2020），以勾勒这一跨地方的、更为广阔的"文化形态"。

民族志从单点到多点的范式转变，反映的不仅是田野地点的变化，而是随着调查方法的改变，民族志知识生产的理论取向也发生了根本性转变。就前者而言，传统的单点模式要求与当地人进行长时间的接触交流，研究他们的整个文化和社会生活，建构地方性知识（Kjeldgaard et al.，2006）。就后者而言，多点民族志将田野作为本地化空间的概念转变为将田野地点作为相互关联的接触网络（Horst，2009），而把理论的目标取向放在跨地点分布的知识联系上。这唤起了一种与流动有关的知识生产范式，让我们能重新思考田野地点、任务和知识来源之间的关系。马库斯（1995）也指出，这种模式的民族志从传统民族志研究设计的单一地点和地方情况中走出来，去研究文化意义、对象和身份在扩散的时空中的流动。

多点民族志主张，世界不是一个由有界限身份组成的马赛克，彼此孤立地存在（Hannerz，2009；Kjeldgaard et al.，2006），而是一个相互关联的地点系统。田野知识除了整体集中于一处之外，还存在另一种情况，即呈多点分布状态。各个地点涉及的是知识系统的某个片段。我们只有把零散分布在不同地方的知识片段连接组合在一起，即把"从这里……到那里……又到那里"的经验串联起来，多个地点的并置才能使隐藏的关系或联系得以显现（Weißköppel，2009）。这样多点民族志的理论取向就超越了传统民族志对"地方性知识"的定位，而转向关注多点之间的关系、联系和关联（Ekström，2006）。因此，多点民族志的知识生产是围绕着链、路、线、连接或并置的地点设计的，在这些地点中，各地点之间存在着一种内在的关联或联系的逻辑（Marcus，1995）。这种逻辑决定了多点民族志知识生产的理论根基（Ekström，2006；Marcus，1995；Nadai & Maeder，2009）。就此而言，多点民族志知识生产的理论取向在于考察多地点之间的文化联系，而将零散分布在不同田野地点的知识片段连接组合在一起，勾勒出呈多地点分布的知识轮廓。这就像拼图中的元素被组合起来形成一幅完整的图画。为概括多点民族志知识生产的这一理论取向特点，本文将多点民族志通过这种方式生产的知识，界定为"分布式知识"。这种知识不属于某个地方，而是属于一个系统。因此，挖掘多地点之间的关系或联系，是多点民族志关注和分析的主要问题。因为这种联系构成了分布式知识系统，而且各地点之间的联系也正是由这种分布式知识系统维系在一起的。

　　一些学者也在思考这个领域存在一个与单点的"地方性知识"相对应的根本性的理论指导方针，且已意识到这个领域的知识生产存在于某系统、网络或体系之中。学者们提到的"系统""网络""体系"等，实质上指的就是这种分布式知识系统或网络。"分布式知识"作为方法论层面的理论工具，为多点民族志的知识生产提供了根本性的理论指导。这使处于离散状态但又相互关联的文化现象的逻辑关系变得更加清晰，且能对之形成更富洞见的观察。例如《跨越国界的芭蕾舞》中对三个不同国家的舞台公司进行多点民族志调查，以研究芭蕾舞是如何跨国复制的（Wulff，1998）。作者指出，芭蕾舞本质上是跨国的，因为它涉及人、思想和实践的跨国流动，从而创造跨国联系和体验。他还发现那些大部分由国家支持的公司与完全市场化运行的公司之间存在明显的差异。威利斯在《学做工》中对汉默镇一所学校的研究是"追踪人"的一个缩略版，它的历史性意义在于作为单一地点的研究诱发了多个地点的研究。他作品中的"系统感"源于对工人阶级子弟在学校里的反文化考察，以及这种反学校文化与他们在其他地方的命运之间的联系。这使他洞察到了工人阶级子弟承继父业的原因。

从多点民族志的田野实践中我们可以观察到，无论多点民族志学者关注的系统是全球经济、组织还是个体，他们从一个地点转场到另一个地点的田野调查工作，任务都是考察这些地点之间的文化联系，勾勒一幅"分布式知识"的轮廓。而如何展开分布式知识生产的田野调查，就是接下来要回答的问题。

多点民族志知识生产的实践路径

单点与多点民族志各自的理论取向不同，前者探求的是地方性知识，而后者探求的是分布式知识，它们知识生产的路径也因此存在差异。分布式知识不属于某个地方，而是在流动中形成的知识体系。它超越了以往"地方性知识"概念中固定而有边界的内涵。民族志研究者需要采取符合其特质的行动，去追踪文化流动的"液态"过程。在多点民族志研究中，绝大多数研究者是围绕马库斯提出的"追踪"模式来展开田野调查的：追踪人，如移民、难民研究；追踪物，如商品、礼物、资源、艺术品等研究；追踪隐喻，如话语研究；追踪情节、故事或寓言，如神话或社会记忆研究；追踪冲突，如法律案件研究等（Kjeldgaard et al.，2006）。但分布式知识的田野版图是在流动中形成，并不固定，追踪的地点该如何确定？学者们并没有阐释。

多点的确定：顺藤摸瓜

考察多点民族志学者的田野经验可以发现，"多点"并非任意建构的。为什么是这个地方，而不是另一个地方，这是由追踪对象流动的轨迹、分布的网络或提供的信息等线索决定的。这些确定了研究项目的田野范围，能将看似不相关的田野地点联系起来。根据这些线索，研究者能顺藤摸瓜，随着事态的发展自然地从一个地方移动到另一个地方。为此，虽然多点民族志面对的是一个广阔而模糊的田野，且跨越多个地区，但它总有一条根本性的线索来指导追踪。多点民族志的分布式知识生产也正是通过这种追踪的线索来约束田野地点，以规避田野调查地点的无限扩张。西敏司（2010）的《甜与权力——糖在近代历史上的地位》是"追踪物"的典范，他通过追踪糖的世界性分销，对殖民主义和资本主义运作进行了重要阐述。对于这类追踪诸如"糖"等世界性分销的研究，我们根本不清楚要研究多少个田野地点，但商品流通的线索会告诉研究者该往哪里走，该在哪里停留（Weißköppel，2009）。正是通过这样的线索追踪，相关联的地点才被联系在一起,编织出分布式知识的轮廓。

因此,追踪的地点是一个有待发掘的过程。在研究开始时,选择哪些地方作为田野调查的地点,研究者可能并不明确,但初始地点往往是确定的。在调查的过程中,研究者对其他地方的选择往往是在初始地点的调查中发现追踪的线索,以确定其他地点,即多点追踪的田野是在调查中逐渐发展明确的,而不是预先就确定的。Weißköppel(2009)希望追踪了解苏丹人在德国住在哪里,他们是如何在德国社会中塑造自己的生活,为此,他根据苏丹人在德国流动的轨迹,选择了汉堡和柏林作为主要研究地点。正如Hannerz(2003,p.207)所说,地点的选择是随着新见解的发展、新熟人的结识和新机会的出现而逐渐积累的过程,且具有一定的偶然性。Hannerz(2003)选择耶路撒冷、约翰内斯堡和东京这些具有异国情调的城市对驻外记者展开追踪调查,是因为他对跨越文化距离的国际新闻报道感兴趣,但他没有想到在他的研究中会包括东京。他之所以去那里,在很大程度上是因为他收到了一个邀请,这使他可以留在那里做一些研究。

多点的追踪策略:分步与同步

对多点民族志而言,由于多点之间的联系或关系是分布式知识构成的要件。因此,追踪多点之间联系或关系是设计多点民族志研究的常规策略(Marcus,1995)。多点民族志"下田"展开多点追踪的策略按照追踪方式可以分为分步追踪与同步追踪。

1. 分步追踪:"走一步看一步"

分步追踪即以循序渐进的方式,分阶段进行多点追踪调查,通俗地讲就是"走一步看一步"。由于单个人不可能同时在多个地点从事调查,个人在独立进行多点调查时,不可避免地会采取分步追踪策略。分步追踪的优势在于,每个阶段都会受益于前一阶段取得的成果,且田野工作者对问题的理解也在不断加深。因此"这里"的调查对"那里"的发现至关重要。例如Burreu(2012)对加纳跨国家族企业从欧美国家进口二手电脑展开追踪调查时,以阿克拉的网吧作为观察的起点,围绕二手电脑的流通链,分步骤地一步步进行,涉及二手电脑的进口——销售——作为废品回收处理(拆解、丢弃和焚烧等)。作者从中不仅觉察到加纳进口的二手电脑在残余的生命周期结束后,丢弃和焚烧的处理方式对该国造成了严重的环境污染和生态危害,同时指出欧美国家将淘汰下来的二手电脑倾销到加纳，加纳正在沦为欧美发达国家电子垃圾的处理厂。在分步追踪中，田野工作者必须把一个地方的情况调查清楚，才能转移到下一个阶段。此外，个体研究者也可以通过一个地点的调查对象网络建立与另一个地点的联系。这种策略在Ucok对土耳其移民的研究中得到了应用（Ucok & Kjeldgaard，2006）。

人类学长期以来被认为是一种个人的努力，大部分的多点民族志研究也是分步进行的，但这种做法比较耗时，也很难对研究对象展开足够广的追踪而获得充足的细节。为了弥补这种不足，分步追踪的另一个选择是以团队的形式集体追踪，正如Csaba和Ger（2000）在研究地毯的生产和消费关系网络时所做的那样。这样做的好处是团队从一个地点转场到另一个地点的过程中，可以更详细地研究每个地点（Kjeldgaard et al.，2006）。

2. 同步追踪：团队分工合作

多点民族志的调查也可以同步进行追踪。同步进行多地点研究，必然需要团队合作。但这种团队合作与分步追踪中以团队的形式集体追踪是不同的，它是以分散追踪的形式通过设在不同地点的团队成员同步进行的，最后将团队分工合作的调查成果合并在一起。

这种合作团队的组建有两种方式：（1）跨地区寻找合作者，即与当地有能力的学者合作，共同进行分布式知识生产。Belk，Ger和Askegaard（2003）来自三个不同国家，他们在研究消费者欲望时，通过合作的方式在各自的地点进行田野调查，然后合并产生了一个多地点研究。在《末日松茸》中，松茸世界研究小组（2009）采用了这种策略，考察的田野地点涉及日本的京都、美国的俄勒冈州、中国的云南、芬兰的拉普兰。该研究小组跨国组建国际研究团队，紧密合作，同步在相关联的地点进行追踪调查。在以上地点，他们各自与不同的松茸采摘者、买家和批发商等交谈，追踪松茸采摘和消费之间的具体联系，以了解全球化的松茸商品链是怎样建构起来的。该小组通过团队合作还为跨越几大洲的采摘者、科学家、贸易商和森林管理人等设计了一个共享的网站。为此，松茸世界研究小组指出强有力的合作是多点民族志的一种方法。（2）集中组建团队，然后将团队成员分派到不同地点。Mazzucato（2009）对加纳跨国移民展开调查时，在加纳移民跨国网络的重要节点上安排研究人员，这使他的团队成员克服了研究人口流动带来的挑战，而且使他们能继续与他们的受访者打交道，追踪受访者从一个地方到另一个地方。例如当一个移民的女儿大学毕业后搬到阿克拉工作时，他们继续通过他们在阿克拉的研究人员对她进行访谈。

同步追踪的团队合作总体上是从研究任务的角度，功能性地建立起来的（Weißköppel，2009）。作为一个研究团队，研究人员从一个共享的研究计划和一组核心问题着手，各自分担所在调查地点的任务，通过互联网沟通交流，共享调查数据，同步对分散地点进行追踪调查。在这种团体合作中，每个研究人员负责一个不同的地点。这使得他们在一个地点的时间要比单独覆盖不同地点的时间长，从而使他们有时间融入受访者的日常生活和活动中。这样做的好处是有足够的时间来与调查对象建立信任。例如上面提到的 Mazzucato（2009）对加纳跨国移民的研究，他的团队需要了解受访者的收入和资产财富，以掌握加纳人对移民汇款的依赖程度；对于跨国移民，他们需要能估计受访者收入中有多少用于汇款。对于这些敏感的隐私话题，研究者只有与受访者建立可靠的信任关系，才能展开讨论。

这里需要指出的是，在追踪过程，并不是所有的地点都采用一套相同强度的实地调查做法。多点民族志不可避免地需要根据不同地点的性质和任务来调整各地点的调查强度。通常情况下，多点民族志展开田野调查的初始地点往往需要扎根调查，因为它是研究的起点和基础，且为后续追踪提供田野调查的线索。马库斯（1995）也指出，其他相关联的地点可能比一开始的工作强度要小，往往只需简要交代，重点在于对线索内容的挖掘。

多点民族志将研究者从传统民族志划定地点的边界中解放出来，去追踪人、思想和事物等的流动，对所形成的分布式知识要进行深描。因为"深描"是民族志方法的基本特征。但多点民族志研究者穿行于不同地点，被称为田野的旅行者，在追踪过程中该如何展开深描？接下来我将结合自己的多点调查经验来探讨这个问题。

深描"分布式知识"：自我的多点经验

我所做的"农村网吧里的孩子"研究项目，最初的田野计划是以社区网吧为观测点来透视网络新媒体对农村留守儿童社会化的影响。因为网络新媒体在乡村发展的初始阶段是以网吧这种集中上网的方式嵌入的。本研究对所选择的湖北藕镇网吧进行调查的阶段，也正是网吧产业蓬勃发展的时期。然而出乎意料的是，在课题进行过程中，网络新媒体技术逐渐向移动互联网迭代，智能手机随之兴起。因此，本研究依据新媒体嵌入藕镇留守儿童日常生活的秩序为线索，分为社区网吧、家庭手机和学校里的数字亚文化来展开调查。"这群网吧里的孩子后来怎样了?"这是本研究无法绕开的问题。该问题也是我在参加学术会议时学者们不断追问的问题。而要回答这一问题,仅靠传统的单点民族志是无法解决的。必须要对他们进行追踪调查,才能观察到他们后来的情况。

我在初始阶段的调查发现,这群喜欢去网吧玩的农民工子弟,由于家庭教育脱嵌,沉迷于手机和网络,考大学没有希望或考不上大学,辍学之后就开始他们流动的打工生活。因此,课题组根据他们流动的情况,调整方案,对他们进行追踪调查,从而将田野地点拓展到其他相关联的地方,把"这里"与"那里"的调查连接在一起,逐步发展成了多点民族志。我在田野工作指南和民族志学中所读到的"田野"总是能够很清楚地界定,然而,我的田野却是分散在各处,捉摸不定,没有边际。这使我深刻地认识到多点民族志的田野是在流动中形成的,这群孩子流动到各个城市打工的地点,就是我的田野。

在传统的单点民族志田野工作中,民族志研究者依靠长时间沉浸观察来对有明确界限的单个社区或村庄所蕴含的"地方性知识"进行整体深描。这种方式是理解"地方性知识"的关键(格尔茨,2014)。由于地方性知识是一种"固态"知识,集中在一个地方,深描比较方便,且容易操作。而多点民族志生产的是分布式知识,处于流动的分散状态。它要求研究者穿梭于各个田野地点,这似乎意味着多地点研究只能对每个特定的地点和文化进行"浅描"。为此,一些民族志学者对多地点的田野调查表示担忧,批评多地点的调查可能会削弱田野工作,稀释传统民族志田野调查的深度而失去"深描",变成对文化意义肤浅的解释(Ekström,2006)。

我们认为这种批评仍停留在传统单点民族志的范式中,过分用单点调查的方法来要求多点调查,这限制了多点民族志的想象力。在传统单点民族志的田野调查中,人类学家常在他们所研究的田野地点待上一两年或更长时间,然后才敢宣称对他们所研究的文化有了一些了解。如果多点研究使用这种方法,那么一个项目就可能要花上十年的时间。诸多的经验论据表明,多点民族志不能也不必按照这种传统的研究模式展开田野调查(Hannerz,2003),因为两者知识生产的理论取向不同。

在田野实践中,多点民族志并没有淡化民族志的传统精神,它既强调长期沉浸,也强调"深描"。长期沉浸的目的是更好地深描。但这种沉浸不能只从传统的沉浸单一地点来理解。在多点民族志研究中,田野工作者是沉浸在追踪分布式知识所维系的不同地点之间的关系或联系之中。多点民族志的"深描",并不像单点一样体现在对地方性知识的整体性深描,它应被理解为对一个分布式知识系统的"深描"。多点研究可能无法提供对单个节点的"深描"，但它确实保证了对网络、动态，以及人、物、活动和意义之间关系或联系的"深描"。例如Horst（2009，2016）对索马里人跨国网络的多地点研究涉及荷兰、肯尼亚、挪威和索马里的实地调查。他并没有提供对每个地点的详细描述，而是沉浸在对索马里人跨国网络的追踪之中，他对索马里人所言之的Buufis（重新安置）进行深描以了解其根源，因为Buufis是信息和汇款流动影响他们迁移愿望的关键。

尽管在流动追踪中，田野工作者在各地点停留时间较短的一个后果是失去不同背景下的描述性细节。然而，这不能被认为是仓促的民族志结果，也不能被认为是糟糕的研究。相反，这是由理论取向的知识观所决定的，即把"深描"限制在中心概念上，而省略了其他背景性的细节。Hannerz（2003）在耶路撒冷、约翰内斯堡、开普敦和东京对驻外记者展开追踪调查，他显然不是要研究这些城市的整个文化和社会生活。他只想了解空降在这些城市的外国记者是怎样在多个地点开展全球新闻报道工作的，为此他对这些城市的外国记者的关系网络进行了深描，揭示了该群体在组织日常报道活动中的协作、竞争和分工。

因此，多点民族志对"分布式知识"的深描不应培养整体抱负，而应坚持关于分段生活的固有假设（Hannerz，2003，p.209；Horst，2009），其中某些方面是调查路线的中心，应给予深描；而其他方面则不那么重要，给予浅描处理。所谓深描是对研究对象经历的事情或问题进行详细的描写。这类描写必须能够将行为背后的意图和意义揭示出来。与之相比，浅描不涉及细节，只是简单地报道事实（邓金，2004）。

多点民族志生产的分布式知识是追踪对象在流动中形成的，它通过分散的区块片段及其关联表现出来。我对农村网吧里的孩子展开调查时，侧重于深描他们在流动过程中零散分布的片段以及彼此间的关系或联系，具体如下：

（1）深描零散分布的片段。所谓"片段"即追踪对象在不同的地方停留或驻留的情况。民族志研究者在液态现代性社会做田野调查，追求以往人类学式的"全貌观"理想已日趋困难。因为田野里的文化知识，因追踪对象的流动也处于液化的流动状态，而不断向各个地方延伸，在不同的地点形成了不同的文化片段。民族志学者需要从一个地方到另一个地方，对所涉及的片段进行深描。该深描的目的在于把分散在不同地点的情况弄清楚。

在我的研究案例中，农村网吧里的孩子，在高考中被淘汰后，就跟随父辈的足迹进城打工。为此我沿着他们流动的轨迹展开追踪调查。这群孩子在城市化的流动打工生活中暂时停留的地方就形成了一个个零散分布的文化片段，创造出了不均质的分布式知识的景观。这些零散分布的生活或活动片段，都只是分布式知识体系的一个单元，而要了解他们在流动中创造的分布式知识的内涵，就需要对涉及的片段进行深描，才能理解他们为什么只能停留在底层从事农民工的工作而无法实现社会阶层的爬升。我根据他们流动的轨迹访问了很多的地方，如珠三角地区的广州、深圳和东莞，以及中部城市武汉，对所能接触的场景片段进行深描，这些片段涉及他们找工作、换工作、下班后的活动以及新贫的生活处境。

在追踪调查中，我对每一个地方的访问都比较短暂，重点聚焦他们流动的生活情况，仅记录下每个地方的一小部分。因为我只想弄清楚他们在那里的情况，而不需花时间去了解他们所在的整个城市社区。我来到一个地方，停留一段时间，当我要了解的情况弄清楚后就离开，转到下一个地方。尽管我在调查中涉及的地点较多，但也必须一时一地具体地开展。就这一点而言，虽然多点民族志并非针对单个地点本身，但其田野工作仍是深入一个一个特定地点展开调查的。

（2）深描片段间的关系或联系。分布式知识是由若干的片段组成的，追踪对象在流动中创造的这些零碎的片段，只有靠内在的关系或联系才能连缀编织成一个完整的知识体系。因此，挖掘各个地点片段之间的关系或联系，是多点民族志关注和分析的主要问题。Falzon（2009）特别指出多点民族志本质是一种追踪多点之间联系或关系的知识生产实践。Ekström（2006）也强调多点民族志超越了传统民族志对"地方性知识"的定位，而转向关注多点之间的关系或联系。这种零碎片段之间的关系或联系是分布式知识构成的大动脉。田野工作者只有对此展开深描，才能把这些零碎的片段整合在一起，才能更好地揭示分布式知识系统的运行机理，对所考察的液态文化现象形成洞见。否则这些片段就是零散的碎片，像一地鸡毛，毫无价值，而且田野工作者对每个"地点"的造访，也会被割裂成一个个离散的、孤立的行动。

由于多点民族志的知识生产是围绕着链、路、线、轨迹等连接或并置的地点展开的，为此，追踪对象在流动中形成的片段，其表露出来的联系也是围绕链、路、线、轨迹等组建起来的。例如在《全球猎身》中，项飙（2012）给我们提供的关于印度IT劳动力的日常生活的细节并不多，而是集中于对将澳大利亚的悉尼、马来西亚的吉隆坡和印度的海得拉巴关联在一起的印度IT劳动力流动链进行深描，以此揭示背后所隐藏的全球猎身体系。罗安清（2022）通过松茸世界商品链的深描，挖掘出了该商品链将自然物种转化为财富积累资源的逻辑机制。在我自己的田野调查中，我根据农村网吧孩子社会化的流动轨迹，将他们分为"在家留守的日子"和"进城打工的生活"两个阶段，对将两者关联在一起的他们社会化过程中学业上的"弱势积累"进行了深描，因为这导致他们在高考中被大量淘汰，只能选择进城打工，但找工作看文凭，他们因缺少劳动力市场所需要的文化资本而只能在底层从事农民工的工作。

现在有学者批评指出，不少多点民族志在追求多点的同时，陷入了一种"平铺式"的套路。他们认为，我们做多点调查、跨地域的研究，是因为现代文化的变化是跨越边界的（马库斯，1995），人类的生活经历也是在地理空间中广泛延伸的（Hannerz，2003），所以研究者要追踪这些跨地域的流动和联系。所谓平铺，就是这种民族志在空间意义上"摊大饼"，在多个点之间建立描述意义上的联系，甚至可以雄辩地阐释不同地点之间的联系，但却不能揭示这些关系或联系在制度或结构意义上的表现，即多点之间在结构或制度意义上的联系机制（项飙，2012）。

为了规避陷入这种"平铺式"困境，我们在追踪调查的过程中首先要对这种表露出来的联系即描述意义上的联系，如链、路、线、轨迹等进行深描，以此将零碎的片段集合在一起，从而洞察到它们所产生的结构效应，然后从原本碎片化的区块中抽象出逻辑规则和体系，即从中抽象出内在的制度上或结构意义上的联系机制。因为这种内在的制度性或结构性的联系机制，不可能在一开始就被洞察到，而是田野工作者在追踪过程中，根据链、路、线、轨迹等组合起来的片段越来越多，从而浮现出来的。项飙在做"全球猎身"的研究时，一开始也不知道做什么，只有一个追踪的研究对象，他在追踪印度IT劳动力全球化流动链的过程中，随着积累的片段逐渐增多，才意识到"全球猎身体系"这个结构层面的联系机制。在我自己的研究案例中，我对关联农民工子弟留守和流动两阶段的学业上的弱势积累进行深描，洞察到了农民工的孩子为什么还是农民工的社会再生产机制。这样一下子就将他们在社会化流动中涉及的家庭、学校、社区、工厂联系在一起，从而将一系列貌似不相干的片段组织成了一幅有意义的画卷。

多点民族志对"分布式知识"的深描，旨在展现因流动而形成的文化知识体系。相比地方性知识，分布式知识不属于某个地方，而是属于一个系统。各地点所涉及的生活或活动片段只是其中的一个环节，它们靠内在的关系或联系连接在一起。因此，多点民族志在调查过程中侧重对"片段"和"关系或联系"进行深描，是由分布式知识的形成特点决定的。多点民族志者在多个田野中穿行，收集呈液态分布的片段，使得田野调查的涉及面很广泛，但似乎显得很单薄。在我看来，就单个片段而言，它们像是东拼西凑的，可能显得单薄，但将众多的片段关联凝聚在一起，从中抽象出制度或结构层面的关系或联系机制，这时就不再显得肤浅单薄，也不再是东拼西凑，而是一个具有结构效应的液态知识体系。这就像织布一样，各个片段只有在被看作图案的一部分时才有意义，而图案又是由不同的片段织成的有机整体。

从方法论的角度来看，长期的沉浸观察是单点民族志解决问题的核心。它对地方性知识的深描更依赖于参与式观察来收集数据。多点民族志是一种流动的民族志（Ryzewski，2012），它强调对跨多个地点的文化现象进行追踪调查。这就挑战了传统民族志的"自然观察"。多点民族志对"分布式知识"的深描更依赖于深度访谈来收集数据。Hannerz（2003）也指出，由于时间限制，多点民族志研究比单点研究更依赖访谈。我对此也深有感触。我在追踪调查的过程中能对这些农村网吧的孩子外出打工下班后的活动或生活进行观察，但对他们在工厂里的情况却无法进行观察，只能通过访谈来了解。在我用访谈收集材料的过程中，按照民族志田野手册上的经验，买了录音笔、照相机和笔记本等，预备在"下田"时跟受访者访谈交流做笔记、录音，发现有意思的场景用照相机拍照，实践中却行不通。这并不是说这些经验失效了，在我看来，这些经验对向上的民族志可能很管用，但向下的民族志则需要换种方式进行。因为在底层受访者的日常生活里，就没有出现过这样谈话交流的方式。在他们的经验里，现场做笔记、录音、拍照，只有记者才会这样做。这种反常态的交流会让他们说话很不自然，反而对他们形成了干扰而让他们有所顾忌，担惊受怕。"你怎么还录音啊，那我不说了。""你怎么在里面（网吧）拍照，你是不是记者，我怕出事，你不在这里上网，就出去。"之后，我改用手机拍照、在手机上速记关键要点，他们就很习惯，因为他们在生活中已习惯手机在场。为此，我每做完一个访谈后，就来到一边，将访谈内容在手机的备忘录上整理出来，并写出详细的田野笔记，回到住处后再转存在电脑里。

我在收集深描材料的时候特别关注"事情—经过—细节"，因为无论研究的对象是什么，深描都绕不开这三个点，即发生了什么事——怎么发生的——具体细节。这一点跟单点民族志是通用的，这里就不再展开阐述。我在调查过程中加了这群孩子的微信，这一方面便于我跟他们沟通联系，对他们进行追踪调查，另一方面也为我提供了对他们进行线上观察的机会。因为在手机社会，人们特别喜欢运用手机上的社交媒体对日常生活进行记录。我们要了解一个人的情况，只需查看他们的社交媒体空间就可略知一二。社交媒体空间，在某种意义上也是一个数字化的纪实空间（Szulc，2019）。外出打工的农民工子弟通过文字、图片、视频等诸多形式在微信空间对他们在城市的打工生活和在工厂做工的场景进行日常纪实,不断更新自己的微信空间,这增加了他们打工生活的透明度和可见性。我加了他们的微信之后经常借助微信观察他们在工厂做工的生活状况,并与线下访谈相互呼应,这改进了多点民族志因缺少长期观察所造成的不足。

总结与讨论

在当今全球化的时代,越来越多的研究问题来自跨国化的文化现象或社会流动。单点民族志已不足以应对一个流动、变化的复杂世界。民族志研究需要应对"更广阔的世界",多点民族志调查的时代已经到来(Hannerz,2009;Falzon,2009)。它现在已经成为一种民族志研究的流派。但什么是多点民族志?目前还没有一个明确的定义。根据本文的论述和理论观点,将它作这样的界定:多点民族志是通过对两个或两个以上地方的追踪调查,探究不同田野地点之间的联系或关联,以建构分布式知识的民族志方法。该定义从方法论层面强调,单点与多点的根本区别不在于田野调查的数量,而在于一种知识传统。前者强调地方性知识的独特性;后者强调的是分布式知识的关联性。

多点民族志为人类学对文化意义系统如何在一个文化接触和交流日益频繁的全球化时代被理解,开辟了新的视角(Weißköppel,2009;Causer,2005;Gille,2001)。它使研究者拥有一种系统意识,将多个地点结合在一起考虑,从而获得更富有洞察力的民族志研究。近年来,多点民族志的调查研究已变得越来越普遍。新闻传播也是多点民族志研究的一个重要领域。Marcus(1998)指出,出现多点研究的领域包括媒体研究、科学技术的社会研究和文化研究。该方法已在人类学、社会学、教育学和市场营销学等不同学科中广泛应用,而在新闻传播领域中的研究却非常匮乏。

多点民族志对于新闻传播研究是必不可少的。它能将新闻传播学者从传统民族志划定地点的边界中解放出来,去追踪人、思想和事物的流动,深描跨地域形成的分布式知识。例如根据马库斯提出的"基本框架",新闻传播研究追踪人如新闻记者、数字劳工等,追踪物如媒介、新媒体技术等,追踪隐喻如媒介话语,追踪生活或传记如媒介生活、数字生活等,追踪冲突如新媒体事件、社会运动等。为此,在处理当今新闻传播的现实问题时,多点民族志为新闻传播研究提供了一种全新的方法,能扩大新闻传播研究的主题范围。

就追踪媒介而言,如果社会科学能追踪"糖"(Mintz,1985)、"金枪鱼"(Bestor,2003)和"松茸"(Tsing,2020),那么也就能追踪媒介。例如在平台社会，追踪电商平台下乡的过程，我们能从中透视它是如何驱动乡村产业变迁和促进数字乡村建设的。就追踪新闻记者而言，Hannerz（2003）对新闻媒体驻外记者的多点工作研究，极大地促进了我们对国际新闻记者全球化工作这一复杂现象的理解。此外，我们还可以对新闻记者从事调查性报道进行追踪，这能了解他们是如何寻找线索，跨地点追踪真相，以及如何突破层层阻碍，与不同的部门打交道，以揭示新闻真相背后的真相。

简言之，多点民族志是全球化背景下田野世界发生巨大变化的反应物，是一种有别于单点民族志的调查方法。本文立足于田野经验，从方法论层面解决了多点民族志调查中非常实际的问题，使该方法在方法论上更加完善，在实践层面更具操作性，这有助于国内传播学者在民族志传播研究中把握和使用该方法，拓展民族志传播的"多点"领域。

本文的贡献在于从方法论层面对"分布式知识"进行了清晰的界定和阐释，并形成了理论见解，这对多点民族志的田野调查和知识生产具有很强的解释力。因为民族志的田野知识除了整体集中于一处的地方性知识外，还存在另一种情况，即处于零散分布的多点状态。各地点涉及的知识片段，都只是局部的情况。而对这种知识目前还没有成熟的理论概念或描述模型。为此，本文通过"分布式知识"的概念，厘清了多点民族志知识生产的理论取向，这对于理解多点民族志的田野调查非常有帮助，且能提供方法论层面的理论指导。

参考文献

郭建斌：《"电影大篷车"：关于"多点民族志"的实践与反思》，《新闻大学》，2014年第3期。

格尔茨：《地方知识——阐释人类学论文集》，北京：商务印书馆，2014年。

西敏司：《甜与权力——糖在近代史上的地位》，北京：商务印书馆，2010年。

邓金：《解释性交往行动主义》，重庆：重庆大学出版社，2004年。

项飙：《全球"猎身"：世界信息产业和印度的技术劳工》，北京：北京大学出版社，2012年。

罗安清：《末日松茸：资本主义废墟上的生活可能》，上海：华东师范大学出版社，2022年。

威利斯：《学做工：工人阶级子弟为何继承父业》，南京：译林出版社，2013年。

鲍曼：《流动的现代性》，上海：三联书店，2002年。

Burawoy, M(eds.).(2000). *Global Ethnography: Forces, Connections, and Imaginations in a Postmodern World*. University of California Press.

Belk, R. W., Ger, G., & Askegaard, S.(2003). The fire of desire: A multisited inquiry into consumer passion. *Journal of Consumer Research*, *30*(3), 326–351.

Boccagni, P.(2016). From the multi-sited to the in-between: Ethnography as a way of delving into migrants' transnational relationships. *International Journal of Social Research Methodology*, 19(1), 1–16.

Burrell, J.(2012). The Import of Secondhand Computers and the Dilemma of Electronic Waste. In Jenna Burrell *Invisible Users: Youth in the Internet Cafés of Urban Ghana* (pp. 159–182). The MIT Press.

Bestor, T. C.(2004). *The Fish Market at the Center of the World*. University of California Press.

Candea, M.(2007). Arbitrary locations: In defence of the bounded field-site. *Journal of the Royal Anthropological Institute*, 13, 167–184.

Csaba, F., & Ger, G.(2000). Global Village Carpets: Marketing, Tradition and the Oriental Carpet Renaissance. In C. J. Shultz Ⅱ, & B. Grbac(Eds.), *Marketing Contributions to Democratization and Socioeconomic Development* (pp. 138–152). Phoenix: Arizona State University.

Duijn, S. V.(2020). Everywhere and nowhere at once: The challenges of following in multi-sited ethnography. *Journal of Organizational Ethnography*, 9(3), 281–294.

Elfimov, A.(2020). Multi-Sited ethnography yesterday and today: A conversation with George Marcus. *Etnograficheskoe obozrenie*, (6), 106–126.

Eriksen, T. H.(2003). *Globalisation: Studies in Anthropology*. Pluto Press.

Ekström, K. M.(2006). The emergence of multi-sited ethnography in anthropology and marketing. In Russell W. Belk. Cheltenham(ed.)*Handbook of Qualitative Research Methods in Marketing*. UK: Edward Elgar Publishing Limited.

Falzon. M. A.(ed.).(2009). *Multi-Sited Ethnography: Theory, Praxis and Locality in Contemporary Research*. Routledge.

Gupta, A., & Ferguson, J.(1992). Beyond 'culture': Space, identity, and the politics of difference. *Cultural Anthropology*, 7(1), 6–23.

Gupta, A & Ferguson, J.(1997). *Anthropological Locations: Boundaries and Grounds of a Field Science*. University of California Press.

Horst, C., & Nur, A. I.(2016). Governing mobility through humanitarianism in Somalia: Compromising protection for the sake of return. *Development and Change*, 47(3), 413–611.

Horst, C. (2009). Expanding sites: The question of 'Depth' explored. In Mark-Anthony Falzon (ed.) *Multi-sited ethnography: Theory, praxis and locality in contemporary research* (119-134). Routledge.

Hannerz, U. (2003). Being there... and there... and there! Reflections on multi-site ethnography. *Ethnography*, 4(2), 201-216.

Hannerz, U. (1996). Transnational Connections: Culture, People, Places. Routledge.

Hannerz, U. (2009). Afterword: The long march of anthropology. In Mark-Anthony Falzon (ed.). (2009). *Multi-sited ethnography: Theory, praxis and locality in contemporary research* (pp.197-214). Routledge.

Kjeldgaard, D., Csaba, F. F., & Ger, G. (2006). Grasping the global: Multi-sited ethnographic market studies. In Russell W. Belk (ed.) *Handbook of qualitative research methods in marketing* (pp.521-533). Edward Elgar Publishing.

Nadai, E., & Maeder, C. (2009). Contours of the Field(s): Multi-sited ethnography as a theory-driven research strategy for sociology. In Mark-Anthony Falzon (ed.) *Multi-sited ethnography: Theory, praxis and locality in contemporary research* (pp.233-250). Routledge.

Marcus, G. E. (2011). Multi-sited ethnography five or six things I know about it now. In Simon Coleman and Pauline von Hellermann (ed.) *Multi-Sited ethnography problems and possibilities in the translocation of research methods*. Routledge.

Marcus, G. E. (1995). Ethnography in/of the world system: The emergence of multi-sited ethnography. *Annual Review of Anthropology*, 24, 95-117.

Matsutake Worlds Research Group. (2009). Strong collaboration as a method for multi-sited ethnography: On mycorrhizal relations. In Mark-Anthony Falzon (ed.) *Multi-sited ethnography: Theory, praxis and locality in contemporary research* (pp.197-214). Routledge.

Mazzucato, V. (2009). Bridging boundaries with a transnational research approach: A simultaneous matched sample methodology. In Mark-Anthony Falzon (ed.) *Multi-sited ethnography: Theory, praxis and locality in contemporary research*. Routledge.

Ryzewski, K. (2012). Multiply situated strategies? Multi-sited ethnography and archeology. *Journal of Archaeological Method and Theory*, 19, 241-268.

Szulc, L. (2019). Profiles, identities, data: Making abundant and anchored selves in a platform society. *Communication Theory*, 29(3), 257-276.

Ücok, M., & Kjeldgaard, D. (2006). Consumption in transnational social spaces: A study of Turkish transmigrants. In Karin Ekström and Helene Brembeck (eds), *European advances in consumer research*, vol. 7, Duluth, MN: Association for Consumer Research, pp. 431−6.

Weißköppel, C. (2009). Traversing cultural sites: Doing ethnography among Sudanese migrants in Germany. In Mark−Anthony Falzon(ed.)*Multi−sited ethnography : Theory, praxis and locality in contemporary research*. Routledge.

Wulff, H. (1998). *Ballet across Borders*. Oxford: Berg.

Zilber, T.B. (2014). Beyond a single organization: Challenges and opportunities in doing field level ethnography. *Journal of Organizational Ethnography*, 3 (1) , 96−113.

世界体系中的民族志：多点民族志的出现

乔治·马库斯[1]

引言

在20世纪80年代中期，我明确指出了两种模式，在这两种模式中，民族志研究将自己嵌入到资本主义政治经济的历史和当代世界体系的背景中（Marcus，1986，1989）。最常见的模式是保留集中于单一地点的民族志的观察与参与，同时以其他方式和方法发展世界体系背景。这些其他方法的例子包括在档案馆工作，以及将宏观理论家和其他类型学者的工作改编为一种情境化肖像的模式，以此来描述和分析当地主体的困境。在这种模式下，有关历史上（殖民时期）和当代人们作为工人阶级的融入，或者有关资本主义政治经济以多种形式出现的宏观过程对当地文化的明显削弱的重要文献持续出现（比如，Comaroff & Comaroff，1991，1992；Friedman，1994；Ong，1987；Pred & Watts，1992）。这种民族志对抵抗和调适进行了精细化描述——关注封闭的动态，从地方、世界性群体和个人的视角出发关注关系、语言以及对象的邂逅和回应，尽管这些人处于不同的相对权力地位上，但他们都经历了一个从他们各自的文化中被取代的过程。这种模式表明，当代民族志分析的核心不是对某种旧文化的恢复或保留，而是各个殖民地底层情况变化所产生的新文化形式。

另一种不太常见的民族志研究模式自觉地嵌入到世界体系中，现在经常与被称为后现代的知识资本浪潮联系在一起，它从传统民族志研究设计的单一地点和

---

①George E. Marcus.（1995）. Ethnography in/of the World System：The Emergence of Multi-Sited Ethnography. *Annual Review of Anthropology*，24，95-117.

地方情况中走出来，考察文化意义、对象和身份在扩散时空中的流动。这种模式为自己定义了一个研究对象，它在民族志上不能通过集中在某个单一地点的深入调查来解释。相反，它发展了一种研究策略或设计，承认世界体系的宏观理论概念和叙述，但不依赖它们来构建一套主体的背景架构。这种流动的民族志在追踪跨越多个活动地点的文化形成时，采取了意想不到的轨迹，例如，破坏了许多民族志所设想的生活世界和系统之间的区别（Holub，1991）。就像这种模式调查并以民族志的方式建构了不同情境主体的生活世界一样，它也通过它所暗示的各地点之间的关联和联系，以民族志的方式建构了系统本身的各个方面。

我在这篇综述中所关注的第二种仍在兴起的民族志模式，可能始于世界体系，但由于其研究对象的演变方式，这种模式在某种程度上也属于世界体系。特别是，我关注的是这种民族志模式中明显存在的各种绘图策略，以及它对民族志方法本身所包含的假设和期望带来的挑战。当然，所谓的后现代主义的知识资本为多点民族志的出现提供了思想和概念，但更重要的是，它的兴起是对世界经验变化的回应，因此也是对文化生产地点的转变的回应（尤其见Harding & Myers，1994）。从经验上看，追踪文化过程本身的线索，推动了多点民族志的发展。

人类学研究在世界体系、殖民主义的历史政治经济、市场制度、国家形成和国家建设的背景下嵌入民族志研究主题，并在马克思主义人类学（例如Donham，1990）、人类学和政治经济学（例如Roseberry，1989）、人类学和历史学（例如Comaroff & Comaroff，1992；Roseberry，1989）等流派中明确地发展起来。尽管一些当代多点民族志的范例在这些传统流派中孕育发展起来，但最引人注目的例子往往出现在尚未被确定为典型的、以世界体系为背景的工作领域。这些研究源于人类学参与到了自20世纪80年代以来发展起来的一些跨学科（实际上是意识形态上的反学科）领域，例如媒介研究、女权主义研究、科学和技术研究、广义的文化研究，以及理论、文化和社会群体（见Featherstone，1990；Lash & Friedman，1992）。正因为这些跨学科领域没有明确界定的研究对象，参与其中的不同学科观点往往会受到挑战。对于民族志来说，这意味着世界体系并非理论上构成的整体框架，它为民族志学者密切观察的族群或地方主体的当代研究提供背景，但以一种零散的方式成为非连续性的、多地点的研究对象的组成部分并嵌入其中。人类学所追求的文化逻辑总是多方面生成的，任何对这些逻辑的民族志描述都会发现，它们至少有一部分是在所谓的系统（即媒体、市场、国家、工业、大学的现代连锁机构——精英、专家和中产阶级的世界）的地点内构成的。因此，追踪联系、关联和假定关系的策略是设计多点民族志研究的核心。

20世纪70年代以来，世界体系宏观视角的转变很好地适应了这里所描述的民族志趋势。沃勒斯坦的世界体系倡议（Wallerstein，1991）大体上恢复了历史上关于"嵌入"的社会科学。它提供了一个关于世界历史的宏大系统叙事，邀请人们通过制作区域和微观地理的社会历史和民族志来填补和争论它。1982年，沃尔夫（Wolf，1982）明确阐述了宏大世界体系叙事的具体人类学版本，该版本在一定程度上保留了民族志研究项目的模式，即对当地情况和当地人民进行单一地点的探测。

20世纪80年代关于世界体系的后续观点，既受到一系列新的知识的推动，反对在宏观社会进程封闭但动态的系统叙述框架内工作；也受到整个学术界对第二次世界大战后国际政治经济制度中正在发生的巨大变化的反思意识的推动。对于那些有兴趣将自己的具体研究项目置于新展开的跨学科领域的研究者而言，过去的历史叙述并不足以满足他们的需求，对世界体系框架的坚定认识被各种关于解体和分裂的描述以及新的进程所取代——体现在后福特主义（Harvey，1989）、时空压缩（Harvey，1989）、灵活的专业化（Harvey，1989）、有组织资本主义的终结（Lash & Urry，1987）以及最近的全球化（Featherstone，1990；Hannerz，1992；Sklair，1991）和跨国主义（Glick，Basch，& Blanc，1992；Glick & Fouron，1990）等概念中——从早期资本主义世界体系的宏观模型来看，这些都无法完全理解。即使在新古典主义经济学的中心，也有一些雄辩的（也不完全是悲观的）陈述，说明了当代政治经济学失去坚定的系统性把握的当代困境。例如，麻省理工学院的诺贝尔奖获得者罗伯特·索洛（Robert Solow）在1991年说："没有什么光辉的资本主义综合理论可以写在书上并去遵循。你必须摸索自己的道路。"那么，这种摸索对民族志学者意味着什么？

对于对当代地方文化和社会变化感兴趣的民族志学者来说，从世界体系的角度来看，单一地点的研究不再容易进行定位。这种视角已经变得支离破碎，事实上，其核心是"地方"。那么，随着以系统和生活世界（Holub，1991）之间的简单区分来对当代世界进行定位和设计的民族志研究模式的崩溃，唯一的选择是使用各种关于全球政治经济变化的后续学术著作作为单一地点研究的框架，就大多数非民族志作品而言，这些研究被完全定义和情境化；或者通过同时构建主体所在和被作用的非连续性背景来追求更开放和更思辨的主体建构过程。主体的生活世界和系统之间的区别并不存在，民族志从始至终的局部、近距离的视角范围内的意义，是发现新的联系和关联路径，通过这些路径，传统民族志对机构、符号和日常实践的关注可以继续在不同配置的空间画布上表达出来（见Marcus，

1986)。

　　这涉及关于民族志方法的传统观点和承诺，而在最近一段时间内，这些观点和承诺并没有在方法论层面得到太多讨论。相反，在当代民族志中，方法的新颖性已被嵌入到反身性自我呈现的话语中，其中强调的是伦理、承诺和行动主义。以更固化的语言设计多点民族志这种纯粹的、脚手架式的方法论逻辑含义，似乎是机械的，有旧实证主义和无价值社会科学特有的脱离现实的定位特征。调查空间和地点的选择与对调查和写作问题的高度政治化的认识密不可分。尽管如此，对于人类学中已经实践的传统民族志来说，有关新兴多点研究的最有趣的问题在方法论层面得到了最清楚的理解（尤其见Lindenbaum & Lock，1993），因此我在这篇综述中采用了这种方法论的视角。然而，在最后一节中，我考虑了反身性的行动者角色，这种民族志研究模式实际上是通过这种角色来阐明方法论问题和研究设计的。

方法论的焦虑

　　在人类学家中，走向多点民族志可能会引起三种方法论上的焦虑：对检验民族志局限性的担忧，对削弱田野工作力量的担忧，以及对底层（subaltern）视角失落的担忧。

检验民族志的局限性

　　民族志的前提是对日常生活的关注，对面对面社区和群体的密切了解。民族志可以从其坚定的地方主义中扩展出来，通过抽象模型和汇总统计更好地描述一个系统，这一想法似乎与其本质相悖，因而超越了它的局限性。尽管多点民族志在绘制地形图方面是一项艰巨的任务，但它的目标不是整体表现，不是将世界体系作为一个整体的民族图形描绘。相反，它声称世界体系中某一文化形态的任何民族志都是该体系的民族志，因此不能只从民族志研究的传统单一地点场景来理解，假设它是在几个不同地点产生的文化形态，而不是作为研究对象的特定主体的条件。那么，在民族志研究中，现在频繁被提起的"地方—全球"对比中并没有全球性。在多点民族志中，全球性是争论各地点之间的联系时出现的一个新兴维度。因此，多点民族志的目的在于阐明某种总体世界体系，前提是不允许该体系的任何特定宏观结构的术语代表民族志工作的背景，而民族志工作的背景是由它在设计地点时所采用的路径或轨迹随时机而构成的。

削弱田野工作的力量

接下来的问题是，在不削弱从田野工作中所期望获得的知识和能力的情况下，多点民族志是否可行。换句话说，多地点的田野工作是否可行？一种回应是，在大多数标准民族志项目的田野工作经验中，广义的田野工作确实已经跨越了许多潜在的相关工作地点，但随着研究的发展，选择原则会根据长期以来对研究对象的学科认知来限定有效的田野。因此，传统意义上的田野工作和实践本身就具有潜在的多地点性。

此外，标准的文化史（例如Campbell，1987；Ginzburg，1993）在很大程度上是多地点的，但与人类学不同的是，这种研究的特征没有被质疑。这无疑与历史方法的碎片化、重构性有关，在这种方法中，分散材料的构成和相互关系的探索是基本的。也许正是人类学家意识到在任何地点进行深入的民族志研究的难度，以及过去这类工作做得好时所产生的满足感，才让他们在民族志学者成为流动者并仍然声称做了很好的田野工作时停下来。

事实上，在走向多点民族志的过程中，传统田野工作的神秘性和现实性已经荡然无存。但并不是所有的地点都采用一套相同强度的实地调查做法。多点民族志不可避免地是不同强度和性质的知识库（knowledge bases）的产物。例如，要在产生特定政策话语的社会背景下进行民族志研究，需要不同的实践和机会，而不是在受这种政策影响的社区中进行田野调查（特别见于Farmer，1992）。将这些地点纳入同一研究框架，并在第一手民族志的基础上确定它们之间的关系，是这种民族志的重要贡献，无论不同地点的研究质量和可及性如何变化。

因此，在多点研究中，许多因素影响着田野工作的质量。问题是，在这样的研究中，田野工作的某种价值观念及其在任何地方提供的东西，都有可能在进行多点民族志研究时被限定、取代或去中心化。尽管如此，从一种文化习语或语言到另一种文化习语或语言的转译（translation）功能并没有丢失，其对多点研究仍然至关重要。这一功能得到了加强，因为它不再是在传统民族志的主要的、二元的"他们—我们"框架中实践，而是需要更多的细微差别，因为转译的实践将研究探索的几个地点沿着意外的，甚至不和谐的社会定位的断裂连接起来。事实上，任何这样的民族志所映射和建构的更广泛田野的说服力，正在于它通过转译和追踪不同地点的独特话语进而建立联系的能力。

在这场日益严峻的转译挑战中，字面语言的学习仍然和为传统田野工作做准备一样重要。正如"了解语言"保证了传统田野工作的完整性，并赋予了有限田野（如一个民族、一个族群、一个社区）作为一种文化最重要的连贯性一样，这一技能在多地点田野工作中同样重要，甚至更加精确。迄今为止，多地点田野调查的典范都是在单一语言（主要是英美）背景下发展起来的，这并非偶然，因为在这种背景下，语言的精细知识对以英语为母语的人来说是不成问题的。然而，如果这种民族志要在人类学定义为象征性兴趣的领域里蓬勃发展，则很快就必须像多地点一样成为多语言。在这个意义上，它符合（而且常常超过）传统田野工作最严格和最实质性的要求。

底层视角的失落

与世界体系相关的民族志关注的不是任何处境中的主体，在这种背景下，它习惯性地关注底层主体，即那些被系统统治定位的主体（最终可追溯到资本主义和殖民主义政治经济的各种形式）。虽然多点民族志不一定会放弃底层视角，但它必然会将关注的焦点转移到文化生产的其他领域，并最终挑战民族志视角这种经常享有特权的定位。在科学研究的框架中，哈拉维（Haraway，1991，p.192）在这一点上的观点很有说服力："对移动定位和热情疏离的承诺取决于无辜的'身份'政治和认识论不可能作为从被征服者的角度看问题的策略，那样是看不清楚的。如果一个人想从这些立场上批判性地看待问题，就不能'成为'细胞或分子——女人、被殖民者、劳工……"

在放弃以底层视角为中心的民族志时，我们也在分散抵抗和适应的框架，该框架组织了大量有价值的研究（见Scott，1985），目的是重新配置文化生产的多个地点的空间，其中抵抗的问题虽然没有被遗忘，但往往从属于不同类别的问题，这些问题涉及系统过程本身的形状，以及不同定位的主体与这些过程的复杂关系。

因此，把多点民族志理解为仅仅是在通常的底层视角之外增加了一些观点，例如增加了关于精英和机构的观点，或者仅仅是为了完整性而"向上"研究（Nader，1969），是错误的。相反，这种民族志描绘了一个新的研究对象，在这个研究对象中，先前的定位叙述（如抵抗和适应）通过扩大研究的民族志"图景"而变得合格，无论是随着它在田野中的发展还是最终的编写。

多点民族志长期以来被理解为人类学实践的一部分，但它不仅仅是一种不同类型的受控比较，尽管它确实代表了人类学中比较研究的复兴。人类学中传统的受控比较确实是多地点的，但它是在一个线性的空间平面上进行，无论其背景是区域、更广泛的文化区域还是世界体系（例如Friedman，1994；Smith，1976）；比较是针对同质化的概念单位（例如民族、社区、地区）产生的，而且这种比较通常是从有明显界限的时期或单独的田野工作项目中发展出来的。

在多地点的民族志研究项目中，事实上的比较维度是在地点之间作为一个断裂的、不连续的移动和发现的功能而发展的，因为我们绘制了一个研究对象，并需要在这些地点之间建立关系、转换和关联的逻辑。因此，在多点民族志中，比较来自于对一个新兴的研究对象提出问题，这个研究对象的轮廓、地点和关系事先都不知道，但它对于构建不同的、具有复杂联系的现实世界调查地点，本身就是一种贡献。研究对象最终是流动的和多情境的，因此，任何关于这类对象的民族志都会有一个比较的维度，这是不可或缺的，其形式是将传统上看起来（或概念上一直保持）"天壤之别"的现象并列在一起。"比较"通过并置的研究设计重新进入民族志的具体行为中，在这种并置中，全球被压缩成平行的、相关的局部情况，而不是单一的或外部的。这种嵌入在多点民族志中的比较趋势激发了对在一种景观中构成的文化的描述，这种景观目前还没有成熟的理论概念或描述模型。

跨学科领域和新的研究对象

在与后现代主义相关的理论中，有几个对多点民族志颇有启发：例如，人们可能会想到福柯（Foucault）的权力/知识和异端（Dreyfus & Rabinow，1983），德勒兹（Deleuze & Guattari，1988）的块茎说，德里达（Derrida，1981）的撒播（dissemination），以及利奥塔（Lyotard）的"阻隔在一起"（blocking together）的并置（Readings，1991）。这些概念预示了许多当代社会和文化条件，民族志学者和其他学者正试图在缺乏可靠的宏观过程整体模型的情况下确定他们的研究对象，如"世界体系""资本主义""国家""民族"等。然而，这些理论通常并不是思考和构思多点民族志研究所用术语的最直接来源。相反，多点民族志是根据高度自觉的跨学科领域内出现的特定结构和话语进行理智建构的，这些领域使用了激发后现代主义的各种理论来重新配置当代文化和社会研究的条件。本节简要列举三个这样的背景，在这些背景下，研究对象被适当地用于复合的、多方法的、流动的学术作品，包括特定的多点民族志。

　　遗憾的是，进行多点民族志研究的概念和愿景比已实现的范例要多得多（见下一节）。然而，毫无疑问，在不同的跨学科领域内，以下关于重新配置研究对象的概念并非来自脱离实际的理论练习，而是来自正在进行的重要和积极的研究工作，其书面和出版结果的形式尚未完全确立。

　　媒介研究是多点民族志研究兴起的一个重要领域。一方面是关于生产（尤其是在电视和电影行业）的研究，另一方面是关于这些产品的接收的研究，这两种不同类型的研究已经出现。这两方面的研究在个别研究项目的框架内被包含并相互关联，从而使民族志研究模式的轨迹更加复杂，这些模式在构建研究对象时已经倾向于多地点（Radway，1988）。

　　在人类学领域，人们已经从之前对民族志电影的兴趣转向对土著（原住民）媒体研究的更广泛领域［Ginsburg的著作是这一转变的标志（Ginsburg，1993，1994，1996）］。这种变化是由民族志研究和参与当代民族国家内部和跨民族国家的原住民运动所推动的。大众传播手段的控制和原住民作为媒体生产者在这些运动中起到的积极作用，重新配置了人类学传统学科布局中可以有效整合的空间；它们也使这个空间内在地成为多地点的（例如Turner，1991）。在设计关于具体的土著媒体的民族志研究时，加强了上述提到的媒介研究中生产和接收地点合并的趋势。

　　科学技术的社会和文化研究（Franklin，1995）是另一个重要领域，多点民族志研究流派在该领域确立了它们的重要性。Latour（1987，1988）和Haraway（1991a，1991b）等理论家在推动该领域的民族志超越开创性的实验室研究，进入更复杂的（和多地点的）社会和文化时空方面起到了至关重要的作用。哈拉维的赛博格（cyborg）（Haraway，1991）是一个特别有影响力的结构，它激发了田野研究者对构成其研究对象的并置地点进行非传统的思考（Downey，Dumit，& Traweek，1995）。

　　在科技文化研究领域的人类学工作中，多地点研究的趋势在以下专题领域最为普遍：生殖和生殖技术相关问题的研究（源于医学人类学中女性主义研究的一个重要领域）（Ginsburg & Rapp，1996）；医学人类学中的流行病学研究（Balshem，1993）；对新的电子通信模式如互联网的研究（例如Escobar，1993；Marcus，1996）；与环境保护主义和有毒灾害有关的研究（例如Laughlin，1995；Stewart，1995；Zonabend，1993）。另一个领域是研究新兴生物技术和"大型"科学项目，如人类基因重组计划［这里特别有意思的是Rabinow（1995）关于聚合酶链式反应的发现和商品化的工作，与他早期关于法国现代性的工作（Rabinow，1989）的多地点风格有关]。最近一份应用生物学的调查报告《基因梦、华尔街、学术界和生物技术的兴起》（Teitelman，1989）的标题抓住了研究对象多点化的方法论趋势。

在美国广泛的跨学科文化研究领域的启发和影响下，格罗斯伯格（Grossberg）等人编辑的文集（Grossberg，Nelson，& Treichler，1992）调查了20世纪70年代和80年代早期关于后现代主义讨论的这种显著重塑的可能性和局限性。在文化研究这一分散的领域中，公共文化项目特别值得一提，因为它涉及人类学和地区研究长期关注的问题。它由阿帕杜莱（Aijun Appadurai）和布莱肯瑞吉（Carol Breckenridge）发起，并通过芝加哥独立的跨国文化研究中心（Chicago Cultural Studies Group，1992）发展，以《公共文化》杂志作为其主要出版物。该项目构成了文化研究中许多不同方面的主要交叉点，广泛围绕着在当代世界体系变化中重新思考文化观念的问题（尤其是跨文化和跨文化生产的问题）。阿帕杜莱关于全球文化经济的论文（Appadurai，1990）广受阅读，为这一跨国领域的研究提供了一个复杂的多地点视角，这一视角挑战了以往"定点"文化的传统做法。

从理论上重新思考民族志研究中的空间和地点的概念（Gupta & Ferguson，1992；Harding & Myers，1994），文化地理学家和社会学家的工作为此提供了有力的启示（Friedland & Boden，1994；Soja，1989），促进了人类学研究的既定流派向民族志研究设计的多点构建的开放。例如，移民研究已经成为关于流动人口和临时定居人口、跨境人口、流亡人口和散居人口的更丰富工作的一部分（例如，Clifford，1994；Gilroy，1993；Ong，1993）。这项工作在理论上关注"全球-地方"框架中的身份建构，并与媒介研究构建的方法和空间相融合（例如Abu-Lughod，1993；Naficy，1993）。

发展研究也同样在被重新认识。Ferguson（1990）和Escobar（1994）对旧的发展机构和范式进行了重要批评，随后对任何发展研究必须在其中进行的领域有了更加多样化的认识。例如，Escobar（1994）对哥伦比亚一个地区的研究指出了社会运动、旧的发展方法和强大的全球环境论者所说的生物多样性学说之间的交集。同样，在这里重新划定研究主题的边界，必然会导致与其他跨学科领域（如媒介研究和科学技术研究）所确立的边界发生重叠。但在交叉的跨学科领域中，这些视角重构最有趣、最具体的表现是在单个研究项目中构建多地点调查空间的模式，我们现在就来讨论这一点。

实施方式

对民族志研究的多地点空间的强大概念性设想在人类学中特别有影响力，如哈拉维的赛博格（Haraway，1991）和阿帕杜莱关于全球文化经济及各种"景观"（Appadurai，1990）的想法，但这些不能作为设计研究的指南。这就需要对方法论问题进行更深入的讨论，例如，如何构建民族志学者移动的多地点空间。

这种明确的方法论讨论是罕见的。一个有趣的例外是Strathern（1991）高度理论化的讨论，她根据混沌理论（Gleick，1987）和哈拉维的赛博格理论在科学技术研究中产生的有影响力的观点，重新思考问题的关联性和连通性。尽管Strathern的工作具有抽象的特征，但她仍然关注于如何设计民族志研究的问题。

多地点研究是围绕着地点的链条、路径、线索、连接或并置设计的，在这些地点中，民族志学者建立了某种形式的实际存在，有一个明确的、假定的地点之间的关联或联系逻辑，这实际上定义了民族志的论点。这种多点民族志是建构主义这一复杂实践的复兴，这是俄罗斯先锋派在其革命前后对重大社会变革进行的最有趣、最丰富的表述和调查实践之一。建构主义者将艺术家视为工程师，其任务是建造有用的物品，就像工厂工人一样，同时积极参与到新社会的建设中。电影制作，尤其是维尔托夫（Vertov）的作品（如《持摄影机的人》），是最具创造性的，也是事实上的民族志媒体作品之一，建构主义（Petric，1987）就是通过这种媒体产生的。从方法论的角度来看，维尔托夫的作品是对多点民族志的绝佳启发。

多点民族志通过几种不同的模式或方法确定其研究对象。这些方法可以被理解为通过（预先计划或机会主义的）移动进行构建以及在不同环境中对复杂的文化现象进行追踪的构建实践，这些文化现象被赋予了一个初始的、基准的概念身份，当我们追踪它时，这种身份被证明是偶然的和可塑的。

追踪人

追踪人这种形式可能是实现多点民族志最明显和最传统的模式。马林诺夫斯基（1922）的《西太平洋上的航海者》就是一个典型描述。物品的交换或流通，或特定文化复合体在空间中的延伸，可能是此类民族志的基本原理，但其程序是追踪并跟随一组特定的初始主体的运动。移民研究是这种多点民族志基本模式中最常见的当代研究流派。在这一流派中，Rouse（1991）发表的一篇论文［也可参见Gupta & Ferguson（1992）的陈述以及他们编辑的文集（Gupta & Ferguson，1992）］值得注意，并经常被引用，因为它将移民研究（例如Grasmuck & Pessar，1991）推进到离散研究（diaspora studies）领域，离散研究已经成为文化研究的关键类型之一。Rouse以传统的移民研究模式追踪他的墨西哥研究对象跨越国界和地点，但本着当代自觉的多点民族志的精神，他具体化了一个新的研究对象，一种独立于主体从一个地方移动到另一个地方的离散世界的感觉。

Willis（1981）的研究，和Foley（1990）对得克萨斯州一所学校的研究，受到前者的启发，是"追踪人"的一个缩略版本，它们作为一个拥有多个地点的单点研究的战略意义是它们的"场外"知识，也就是说，它们的研究对象在其他地点发生了什么。他们作品中的"系统感"源于其研究对象的民族志肖像（portraits）之间的联系，以及这些肖像与这些相同研究对象在其他地方的命运之间的假定关系。

追踪物

这种构建多地点研究空间的模式涉及追踪一个明显的物质研究对象，在不同背景下的流动（至少是最初设想的），例如商品、礼物、货币、艺术品和知识产权。这也许是对资本主义世界体系的进程进行民族志研究最常见的方法。事实上，这种方法是Wallerstein（1997，p.4）对世界体系中的进程进行深入研究的方法的核心：

> 商品链的概念是我们理解资本主义世界经济进程的核心……以任何可消费的产品为例，比如衣服。它是被制造出来的。制造过程至少涉及材料投入、机器和劳动力。材料投入是以某种方式制造或生产的。机器是制造出来的。劳动力必须在当地招募或通过移民招募，并且必须养活自己……我们可以继续追溯每个"盒子（box）"的材料投入、机器、土地和劳动力。这些整体上构成了一个商品链。

Wallerstein的商品链很难用一种具体的民族志的感知力来描绘，但它显然是一个适合多地点研究的蓝图。

在人类学中，Mintz（1985）的糖的文化史，是"追踪物"方法的一个典范，但也处于传统的政治经济学框架内，这一框架依赖于对殖民主义和资本主义运作的主要历史叙述。然而，对于事物流动的多点研究来说，这种方法最重要和最有影响力的论述还是阿帕杜莱对他的文集 *The Social Life of Things*（Appadurai，1986；也见Coombe，1995）的介绍。在不同背景下追踪商品、礼物和资源在流动过程中的地位变化时，阿帕杜莱对资本主义政治经济中宏观过程的控制性叙事的治理几乎不做假设，而是允许系统的感觉通过追踪流动的路径以民族志和推测的方式出现。虽然在传统上与当代资本主义政治经济学研究相关的民族志中，没有一种真正采取追踪物的方法，但已经出现了令人印象深刻的关于消费和商品的民族志文献。这些研究成果如果在实际的研究设计中不是多地点的，则是在推测性、开放性的精神中产生的，即在背景中和通过背景追踪物（特别见Miller，1994；Weiner & Schneider，1989）。

　　使用这种方法进行多点研究的最明确的实验似乎出现在当代艺术和美学领域的研究中（尤其见Marcus & Myers，1996）。值得注意的例子包括Myers（1992）对宾土比人的（Pintupi）丙烯画在西方艺术世界中流动的研究，Savigliano（1995）对探戈的研究，Steiner（1994）对非洲古玩进入西方艺术市场的研究，以及Taylor和Barbash（1993）基于Steiner研究的电影，Silverman（1986）跨越三个深入探索的地点对"里根时代"美国品味的研究，以及Feld（1994）关于"世界音乐"和"世界节拍"的图景（mapping）。

　　最后，在科技研究领域一些最有影响力、最自觉的多点工作中，构建调查空间的"追踪物"模式尤为突出。拉图尔（1987，1988）是这种模式的典范，尽管不如哈拉维的模式，哈拉维所追踪的物既有隐喻意义，也有物质意义。拉图尔（1988）关于巴斯德生物学在法国取得胜利的研究，挑衅性地将微生物、机器和人类放在同一平面或调查地图的不同位置上，并声称它们是对等的。

追踪隐喻

　　当被追踪的事物处于话语和思想模式的范围内时，符号、象征和隐喻的流动就会指导民族志的设计。这种模式涉及试图追踪社会关联和关联的基础，这种关联在语言使用和印刷或视觉媒体中尤为明显。哈拉维有影响力的研究主要是通过这种构建研究对象的模式进行的。在人类学中，在这种模式下最充分实现的多点民族志（从某种意义上说，迄今为止最充分实现和合理化的多点民族志，无论其构建模式如何）是马丁（Martin，1994）的 *Flexible Bodies: Tracking Immunity in American Culture From the Days of Polio to the Age of AIDS*。她最初的兴趣是在美国社会的不同地点对人体免疫系统进行思考——在另类从业者中以及在科学家之间。她对有关免疫系统的各种不同的话语和话域及其社会位置的民族志特征充满兴趣。她在每个地点都使用了各种各样的参与方法和模式——有些比其他地方更深入。

马丁指出了她的研究中的一个关键点:

> 在我的田野工作中,当来自不同研究背景的元素似乎以巨大的力量相互推塌时,有一个非常清晰的"内爆"时刻,发生在我正在学习一门免疫学课程时……(Martin,1994,p.91)。

凭借对隐喻的敏锐嗅觉,马丁将免疫系统科学概念中的灵活性比喻与20世纪末资本主义中的灵活专业化制度联系在一起。随后,她对复杂性理论进行了一次引人入胜的探索。在该理论中,灵活性的比喻似乎被最系统地思考过,还有企业管理的理论和实践,以及新的工作意识形态和它们如何被灌输到她所参加的培训项目中。她关于美国后达尔文主义主体性的一种新兴形式的挑衅性论点,依赖于她通过发现隐喻性关联来追踪多点民族志空间的说服力。因此,这一构建多点研究的模式对于缝合没有明显联系的文化生产地点特别有效,对于创造有经验论证的社会景观的新构想也特别有效。

追踪情节、故事或寓言

在单点田野调查框架内讲述的故事或叙述本身就可能会对构建多点民族志研究的田野工作者起到启发作用。这是Levi-Straussian神话分析学科史中所谓的传统社会中的常规方法。在现代性的框架内,人们在日常生活中以神话的形式讲述的故事的特征,对于追踪世界体系内的进程和关联的田野工作者而言,并不如他们自己对社会景观的感知那样重要。阅读情节,然后对照民族志调查的现实进行测试,根据令人信服的叙事来构建其地点,这是一种有趣的、几乎未曾尝试过的构建多点研究的模式。然而,Brooks(1984)将经典的弗洛伊德案例研究中的情节,解读为对维多利亚社会关系进行创新性重新构思的一种方式,这暗示了在民族志中发现的故事和叙事情节可以用来使田野工作中的研究对象的空间更加多样化(Marcus,1992)。

也许现在正在使用这种方法的一种工作类型是人类学家和其他人对社会记忆的重新关注。Boyarin(1994)最近关于记忆重绘的文集,关注的是关于集体现实定义的不同看法的社会斗争。正是记忆和遗忘的过程产生了这些类型的叙事、情节和寓言，它们经常以令人不安的方式重新配置成为国家和机构秩序服务的版本（事实上是神话）。这样一来，这种叙事和情节就成了塑造多点研究对象的联系、关联和暗示关系的丰富来源。

追踪生活或传记

生活史是近年来备受青睐的一种民族志资料形式，是追踪情节的一个特例。如何制作和发展作为民族志的生活史一直是人们思考的主题，但使用传记叙事作为设计多点研究的手段却很少被考虑。Fischer（1991）对以这种方式使用生活史进行了为数不多的讨论，他与Abedi的工作（Fischer & Abedi，1990）是一项策略的部分实施，从特定个体的生命故事中概括出更系统的分析。［另见他最近关于科学家自传的著作（Fischer，1995），这些文献提出了在各种科学的历史和实践中，将丰富多样的文化形态具体化的普遍方式。］

生活史通过对个人经历的连续叙述揭示了社会背景的并置，而这些经历在关于过程本身的结构研究中可能会被掩盖。它们是描绘系统内的民族志空间的潜在指南，这些系统由可能使这些空间在其他方面不可见的分类差异而形成。这些空间不一定是底层空间（尽管它们可能在底层生活史表现得最为明显），但它们是由生活史叙述所暗示的地点和社会背景之间意想不到的或新颖的关联所塑造的。

追踪冲突

最后，在民族志研究中，追踪冲突各方定义了另一种生成多地点环境的模式。在小规模的社会中，这已成为法律人类学中的一种既定方法（"扩展案例法"）。在当代社会更为复杂的公共领域中，这种方法是多点民族志的一个更为核心的组织原则。在法律人类学的背景之外，当代社会中最引人注目的争议问题同时涉及日常生活、法律机构和大众传媒等领域。因此，这些问题的民族志研究需要多地点的建构，也许比上述任何其他模式都更为明显。Sarat和Kearns（1993）编辑的文集及Amherst（1988）在法律与社会研讨会上所编辑的作品，都是多地点工作的优秀样本。Ginsburg（1989）对一个小社区的堕胎争议的研究，和Gaines（1991）对受版权保护的文化产品的法律地位的冲突的研究，说明了以法律和媒体为重点的民族志研究是如何迅速发展成为多地点的调查领域的。

策略性的单点民族志

正如Paul Willis (1981) 对英国工人阶级男校的经典研究一样,一些民族志可能不会有字面意义上的移动,但还是会把自己嵌入到一个多地点的背景中。这与假设或构建一个世界体系的背景不同。

特定研究地点之外的"系统的感觉"仍然是偶然的,而不是假定的。事实上,在进行研究的特定地点内发生的事情,往往是根据它对另一相关地点或其他地点发生的事情的影响进行校准,尽管其他地点可能不在研究设计或由此产生的民族志的框架内(例如,在Willis的工作中,他对学校里的男孩产生兴趣,他之所以关注这些男孩,是由他对工厂车间发生的事情的了解引导的)。

这种策略性的单点民族志可以被认为是一个预先缩短的多地点项目,并应区别于单一地点的民族志,后者主要是将地方主体作为占主导地位的资本主义或殖民体系的附属品来研究。策略性的单点民族志试图从民族志视角广泛地理解一些关于系统的东西,就像它对地方主体一样。它只是地方的环境,因此将自己置于与其他单一地点民族志完全不同的背景或领域中。

对这种预先缩短的多地点项目的考虑,让我们有机会询问——在任何多点民族志的地点中,哪些类型的地方知识是特别要探究的。如果不是研究主体与更大系统衔接的抵抗和适应的框架,那么是什么?关键的问题也许是:在当地被调查的主体中,什么是标志性的或平行的?这里,是就另一个相关的或有"天壤之别"的地点的习语和术语中的可识别的类似或相同的现象而言。对这个问题的回答涉及比较转译(comparative translation)和地点之间的追踪,我认为这是多点民族志方法论的基础。在单一地点内,关键问题是在主体生活的日常意识和行动中可检测到的系统意识。这不是社会科学家可能寻求的抽象理论意识,而是一种感觉到的、部分阐明的对特定主体与之有(并不总是有形的)关系的特定其他地点和机构的认识。在Willis的研究中,这是男孩们在他们的谈话中表现出对他们作为劳工所处的特定系统和关系的"知晓"(knowingness)。在Martin(1994)研究的更分散、更不连续的地点中,与实验室中对免疫系统的理解相比,公司会议室中灵活的理解可以说是"街巷中"关于身体免疫系统的外行看法。在我对历代富人(dynastic rich)的研究中(Marcus & Hall, 1992),关键问题是其他地方对财富的抽象管理是如何巧妙地进入显赫家庭的日常生活中的。在小说家DeLillo(1984)的视野中,任何环境中的"白噪声"都会使多地点或策略性的单点民族志研究与众不同。

在标志性地确定一个在其他地方重现的文化现象时，一些概念性的讨论是指导我们如何看待或以民族志的方式探究处境中的主体对该系统的"敏感性"的指南。Taussig（1990）在"神经系统"这一主导性概念下所做的论文在这里很有启发性，他对本雅明的"模仿能力"（mimetic faculty）的民族志研究也是如此（Taussig，1992）。Pietz（1993）对马克思在资本主义理论中的拜物教概念的讨论，使这个重要的概念可以作为思考民族志主体日常表达的思想和行动的系统敏感维度的另一种方式。在新的电子通信形式（Turkle，1984）和巨大财富的传承（Marcus & Hall，1992）的背景下，关于双重或多重建构自我主体的民族志情境意识的现象学研究，为在任何特定的地点内进行具有多地点敏感性的民族志记录提供了线索。Tsing（1993）最近的民族志也可以理解为一种大胆的尝试，即建立一种新的方式来看待在一个偏远地区进行田野调查所产生的丰富材料的更广泛的记录。最后，Late Editions系列年刊（Marcus，1993，1995，1996）的一个主要目标是在不同主题下，揭示不同地点所蕴含的各种现代意识和情感，因为它们是由人类学家和其他学者回到以前的工作地点，在田野的实验中以访谈或对话的形式阐述出来的。

多点民族志学者感兴趣的最重要的地方知识形式，是与民族志学者自身的兴趣相呼应的，即对它本身的描绘。梳理地方与全球的关系是一种突出的、普遍存在的地方知识形式，它有待于在任何同时代的地点的嵌入式习语和话语中被认识和发现，这些习语和话语可以通过其与世界系统的关系来定义。在多点研究这一新兴领域中，调查者和不同地点主体之间的这种认知和知识认同中，反身性被最有力地定义为方法的一个维度，用于取代或重新定义我在上面提供的那种字面上的方法论讨论。哈拉维对定位的讨论（Haraway，1991）也许是对多地点研究的反身性背景和意义的最有力陈述。在当代多点研究项目中，从公共活动领域到私人活动领域，从官方背景到民间背景，民族志学者必然会遇到与自己话语相重叠的话语。在任何当代的工作领域中，总有其他人知道民族志学者所知道的东西，或者他们想知道民族志学者知道的东西，尽管是从不同的主体立场出发。这种矛盾的认同，或感知到的认同，会立即将民族志学者定位在被绘制的地形中，并重新配置任何一种假定来自上方或"不存在"的视角的方法论讨论。

因此，在实践中，多地点的田野工作总是以一种敏锐的意识在景观中进行，随着跨越不同地点的景观变化，民族志学者的身份需要重新协商。只有在民族志的写作中，受到特定出版模式本身的影响，人类学家的特权和权威才会被明确地重新恢复，即使该出版物对多点田野调查者的身份变化进行了说明。

哈拉维关于定位的讨论的优点在于，它有说服力地论证了客观性（而不是通常假定的主观主义），这种客观性是由这一严谨的、方法论的反身性实践产生的。然而，在多点研究中，不可避免地会出现民族志学者的传统特权/自我认同的资格被抹杀的情况，根据民族志学者与其在不同地点互动的人之间不断变化的亲和关系、从属关系以及疏离关系，一种不断移动的、重新校准的定位实践构成了一种截然不同的"做研究"的感觉。

民族志学者作为视情况而定的行动者

最后，我们应该回过头来，将本综述中提出的字面意义的方法论关注点放在多点研究常见的自我认知的精神上，这一点从刚才提到的定位经验可以看出。传统社会科学"如何做"的方法论问题似乎完全嵌入或融合了民族志学者在多点研究中发展的自我认同的政治伦理话语。地点（和社会阶层）之间的移动为此类调查增添了行动主义的特征。这不（一定）是左翼自由主义学者为其工作所声称的传统的自我定义的活动家角色。也就是说，它不是声称与学术界或研究领域之外的特定社会运动有关联的激进主义，也不是声称在特定历史时刻，在社会或文化假定的持续政治中，为某一特定风格的写作或学术发挥想象中的先锋作用的学术主张。相反，它是与进行多点研究本身的条件相匹配的具体的、偶然的行动主义。这是女权主义口号在实践中的体现，即政治是个人的，但在这种情况下，政治是专业形象的同义词，后者通过临床路径的方法（clinical way）被讨论。

在进行多点研究时，人们会发现自己有各种交叉和矛盾的个人承诺。这些冲突的解决，也许是矛盾的，不是通过成为一个超然的人类学学者，而是通过成为一种民族志活动家，随着对世界体系部分了解的深入，重新协商不同地点的身份。例如，在马丁（Martin，1994）的 *Flexible Bodies* 中，她在一个地方做志愿者，在另一个地方做医学生，在第三个地方做企业实习生。尽管她在研究之初就有政治立场，尽管她在整个研究过程中是个民族志学者，但使她在这种不连续空间中的行动具有某种统一性的身份或角色的，是在不同地点之间工作所涉及的间接的行动主义，在任何一个地点工作的政治和道德都会反映在其他地点的工作上。

在某些地方，人们似乎是在与不断变化的主体一起工作，而在另一些地方，人们似乎是在与之对抗。这种与自己的主体和与自己重叠的领域中的其他活跃话语相关的个人立场的转变，产生了一种明确的感觉，即做的不仅仅是民族志。正是这种品质，使人感到自己是一个支持和反对定位的积极分子，即使是在自认为不关心政治的田野调查者中。

最后，在多点田野调查的流动性中产生的间接承诺提供了一种心理替代：以取代传统单点田野调查中参与式观察的"在那里"的安心感。在多点研究的空间里，人们常常与实地活跃分子建立联系，鉴于人类学过去倾向于关注底层或边缘主体，这些活跃分子常常是传统研究中某类族群的代言人。民族志学者在多点空间中形成的新兴的和偶然的行动主义意识，以及他们与文化生产者（如艺术家、电影制片人、组织者）的密切个人联系，使他们自己也在不同的活动地点之间移动，从而为从事多点研究的民族志学者保留了与参与式观察的传统实践、单点民族志在流动和转移中绘制新世界地图的重要联系。

参考文献

Abu-Lughod, L.(Ed.).(1993). Screening politics in a world of nations. *Public Culture*, 11, 465-606(Special Segment).

Amherst, S.(1988). Law and ideology. *Law Society Review*, 22(4)(Special Issue).

Appadurai, A.(Ed.).(1986). *The Social Life of Things: Commodities in Cultural Perspective*. New York: Cambridge University Press.

Appadurai, A.(1990). Disjuncture and difference in the global cultural economy. *Public Culture*, 2, 1-24.

Balshem, M.(1993). *Cancer in the Community: Class and Medical Authority*. Washington, DC: Smithsonian Institution Press.

Boyarin, J.(1994). Space, time, and the politics of memory. In J. Boyarin(Ed.), *Remapping Memory: The Politics of TimeSpace* (pp. 1-24). Minneapolis: University of Minnesota Press.

Brooks, P.(1984). *Reading for the Plot: Design and Intention in Narrative*. New York: Knopf.

Campbell, C.(1987). *The Romantic Ethic and the Spirit of Modern Consumerism*. Oxford: Blackwell.

Chicago Cultural Studies Group.(1992). Critical multiculturalism. *Critical Inquiry*, 18(3), 530-555.

Clifford, J. (1994). Diasporas. *See Reference*, 47, 302–338.

Comaroff, J., & Comaroff, J. L. (1991). *Of Revelation and Revolution: Christianity, Colonialism, and Consciousness in South Africa*. Chicago: University of Chicago Press.

Comaroff, J., & Comaroff, J. L. (1992). *Ethnography and the Historical Imagination*. Boulder, CO: Westview.

Coombe, R. J. (1995). *The cultural life of things: globalization and anthropological approaches to commodification*. American Journal of International Law and Politics, 10(1), In press.

Deleuze, G., & Guattari, E. (1988). *A Thousand Plateaus: Capitalism and Schizophrenia*. London: Athlone.

DeLillo, D. (1984). *White Noise*. New York: Penguin.

Derrida, J. (1981). [1972]. *Dissemination*. Chicago: University of Chicago Press.

Donham, D. L. (1990). *History, Power, Ideology: Central Issues in Marxism and History*. New York: Cambridge University Press.

Downey, G. L., Dumit, J., & Traweek, S. (1995). *Cyborgs and Citadels: Anthropological Interventions in Emerging Sciences and Technologies*. Santa Fe, NM: School of American Research Press, In press.

Dreyfus, H. L., & Rabinow, R. (1983). *Michel Foucault: Beyond Structuralism and Hermeneutics*. Chicago: University of Chicago Press.

Escobar, A. (1993). Welcome to Cyberia: notes on the anthropology of cyberculture. *Current Anthropology*, 35, 211–31.

Escobar, A. (1994). *Encountering Development: The Making and Unmaking of the Third World*. Princeton, NJ: Princeton University Press.

Escobar, A. (1994). *Cultural politics and biological diversity: state, capital, and social movements in the Pacific coast of Colombia*. Presented at Guggenheim Found. Conf. "Dissent and Direct Action in the Late Twentieth Century", Otavalo, Ecuador, June 15–19.

Farmer, P. (1992). *AIDS and Accusation: Haiti and the Geography of Blame*. Berkeley: University of California Press.

Featherstone, M. (Ed.). (1990). *Global Culture, Nationalism, Globalism, and Modernity*. London: Sage.

Feld, S. (1994). From schizophonia to schismogenesis: on the discourses and commodification practices of "world music" and "world beat". In C. Keil & S. Feld (Eds.), *Music Grooves* (pp. 257–289). Chicago: University of Chicago Press.

Ferguson, J. (1990). *The Anti-Politics Machine: "Development", Depolitization, and Bu-*

reaucratic Power in Lesotho. New York：Cambridge University Press.

Fischer, M. J. (1991). The uses of life histories. *Anthropology and Human Quarterly*, 16(1), 24-27.

Fischer, M. J. (1995). (Eye) (I) ing the sciences and their signifiers (language, tropes, autobiographers)：InterViewing for a cultural studies of science & technology. *See Reference*, 60. In press.

Fischer, M. J., & Abedi, M. (1990). *Debating Muslims：Cultural Dialogues in Postmodernity and Tradition*. Madison：University of Wisconsin Press.

Foley, D. E. (1990). *Learning Capitalist Culture：Deep in the Heart of Tejas*. Philadelphia：University of Pennsylvania Press.

Friedland, R., & Boden, D. (1994). *NowHere：Space, Time, and Modernity*. Berkeley：University of California Press.

Friedman, J. (1994). *Cultural Identity and Global Process*. London：Sage.

Gaines, J. (1991). *Contested Culture：The Image, the Voice, and the Law*. Chapel Hill：University of North Carolina Press.

Gilroy, P. (1993). *The Black Atlantic：Modernity and Double Consciousness*. Cambridge, MA：Harvard University Press.

Ginsburg, F. (1989). *Contested Lives：The Abortion Debate in an American Community*. Berkeley：University of California Press.

Ginsburg, F. (1993). Aboriginal media and the Australian imaginary. *Public Culture*, 5, 557-578.

Ginsburg, F. (1994). Embedded aesthetics：creating a discursive space for indigenous media. *Cultural Anthropology*, 9(3), 365-382.

Ginsburg, F. (1996). Mediating culture：indigenous media, ethnographic film, and the production of identity. In L. Deveraux & R. Hillman (Eds.), *Fields of Vision*. Berkeley：University of California Press, In press.

Ginsburg, F., & Rapp, R. (Eds.). (1996). *Conceiving the New World Order：The Global Stratification of Reproduction*. Berkeley：University of California Press, In press.

Ginzburg, C. (1993). Microhistory：two or three things that I know about it. *Critical Inquiry*, 20(1), 10-35.

Gleick, J. (1987). *Chaos：Making a New Science*. New York：Penguin.

Glick, S. N., Basch, L., & Blanc, S. C. (1992). *The Transnationalization of Migration：Perspectives on Ethnicity and Race*. New York：Gordon & Breach.

Glick, S. N., & Fouron, N. (1990). "Everywhere we go we are in danger"：Ti Manno and the emergence of a Haitian transnational identity. *American Ethnologist*, 17

(2),329-347.

Grasmuck, S., & Pessar, P. (1991). *Between Two Islands: Dominican International Migration*. Berkeley: University of California Press.

Grossberg, L., Nelson, C., & Treichler, P. (1992). *Cultural Studies*. New York: Routledge.

Gupta, A., & Ferguson, J. (1992). Beyond "culture": space, identity, and the politics of difference. *Cultural Anthropology*, 7, 6-23.

Gupta, A., & Ferguson, J. (Eds.). (1992). Space, Identity, and the Politics of Difference. Cultural Anthropology, 7(1)(Theme issue).

Hannerz, U. (1992). *Cultural Complexity: Studies in the Social Organization of Meaning*. New York: Columbia University Press.

Haraway, D. (1991). A cyborg manifesto: science, technology, and socialist-feminism in the late twentieth century. In *Simians, Cyborgs, and Women: The Reinvention of Nature* (pp. 149-182). New York: Routledge.

Haraway, D. (1991). Situated knowledges: The science question in feminism and the privilege of partial perspective. In *Simians, Cyborgs, and Women: The Reinvention of Nature* (pp. 183-202). New York: Routledge.

Harding, S., & Myers, F. (Eds.). (1994). Further Inflections: Toward Ethnographies of the Future. *Cultural Anthropology*, 9(3)(Special Issue).

Harvey, D. (1989). *The Condition of Postmodernity: An Inquiry into the Origins of Cultural Change*. Oxford: Blackwell.

Holub, R. C. (1991). *Jurgen Habermas: Critic in the Public Sphere*. New York: Routledge.

Lash, S., & Friedman, J. (Eds.). (1992). *Modernity and Identity*. Oxford: Blackwell.

Lash, S., & Urry, J. (1987). *The End of Organized Capitalism*. Madison: University of Wisconsin Press.

Latour, B. (1987). *Science In Action*. Cambridge, MA: Harvard University Press.

Latour, B. (1988). *The Pasteurization of France*. Cambridge, MA: Harvard University Press.

Laughlin, K. (1995). Rehabilitating science, imagining Bhopal. *See Reference*, 60. In press.

Lindenbaum, S., & Lock, M. (Eds.). (1993). *Knowledge, Power and Practice*. Berkeley: University of California Press.

Malinowski, B. (1922). *Argonauts of the Western Pacific*. New York: Dutton.

Marcus, G. E. (1986). Contemporary problems of ethnography in the modern world system. In J. Clifford & G. Marcus(Eds.), *Writing Culture: The Poetics and Politics of Ethnography*(pp. 165–193). Berkeley: University of California Press.

Marcus, G. E.(1989). Imagining the whole: ethnography's contemporary efforts to situate itself. *Critical Anthropology*, 9, 7–30.

Marcus, G. E.(1992). The finding and fashioning of cultural criticism in ethnography. In C. W. Gailey & S. Gregory(Eds.), *Dialectical Anthropology: Essays in Honor of Stanley Diamond*(pp. 77–101). Gainesville: Florida State University Press.

Marcus, G. E.(Ed.).(1993). *Perilous States: Conversations on Culture, Politics and Nation*. Late Eds. 1: *Cultural Studies for the End of the Century*. Chicago: University of Chicago Press.

Marcus, G. E.(Ed.).(1995). *Techno-Scientific Imaginaries*. Late Eds. 2: *Cultural Studies for the End of the Century*. Chicago: University of Chicago Press.

Marcus, G. E. (Ed.). (1996). *Connected: Engagements With Media at the Century's End*. Late Eds. 3: *Cultural Studies for the End of the Century*. Chicago: University of Chicago Press, In press.

Marcus, G. E., & Hall, P. D.(1992). *Lives in Trust: The Fortunes of Dynastic Families in Late Twentieth Century America*. Boulder, CO: Westview.

Marcus, G. E., & Myers, E.(Eds.).(1996). *The Traffic in Art and Culture: New Approaches to a Critical Anthropology of Art*. Berkeley: University of California Press.

Martin, E.(1994). *Flexible Bodies: Tracing Immunity in American Culture From the Days of Polio to the Age of AIDS*. Boston: Beacon.

Miller, D.(1994). *Modernity: An Ethnographic Approach*. Oxford: Berg.

Mintz, S.(1985). *Sweetness and Power: The Place of Sugar in Modern History*. New York: Viking.

Myers, E.(1992). Representing culture: The production of discourse(s)for Aboriginal acrylic paintings. In G. E. Marcus(Ed.), *Rereading Cultural Anthropology*(pp. 319–355). Durham, NC: Duke University Press.

Nader, L.(1969). Up the anthropologist—perspectives gained from studying up. In D. Hymes(Ed.), *Reinventing Anthropology*(pp. 284–311). New York: Pantheon.

Naficy, H.(1993). *The Making of Exile Cultures: Iranian Television in Los Angeles*. Minneapolis: University of Minnesota Press.

Ong, A.(1987). *Spirit of Resistance and Capitalist Discipline: Factory Women in Malaysia*. Albany: State University of New York Press.

Ong, A.(1993). On the edge of empires: flexible citizenship among Chinese in diaspora. *Positions*, 1, 745–778.

Petric, V. (1987). *Constructivism-in-Film: "The Man With the Movie Camera," a Cinematic Analysis*. New York: Cambridge University Press.

Pietz, W. (1993). Fetishism and materialism: The limits of theory in Marx. In E. Apter & W. Pietz (Eds.), *Fetishism as Cultural Discourse* (pp. 119–151). Ithaca, NY: Cornell University Press.

Pred, A., & Watts, M. (1992). *Reworking Modernity: Capitalism and Symbolic Discontent*. New Brunswick, NJ: Rutgers University Press.

Rabinow, P. (1989). *French Modern: Norms and Forms of Social Environment*. Cambridge, MA: MIT Press.

Rabinow, P. (1995). *The polymerase chain reaction*. Unpublished manuscript.

Radway, J. (1988). Reception study: ethnography and the problems of dispersed audiences and nomadic subjects. *Cultural Studies*, 2(3), 359–376.

Readings, B. (1991). *Introducing Lyotard: Art and Politics*. New York: Routledge.

Roseberry, W. (1989). *Anthropologies and Histories: Essays in Culture, History, and Political Economy*. New Brunswick, NJ: Rutgers University Press.

Rouse, R. (1991). Mexican migration and the social space of postmodernity. *Diaspora*, 1, 8–23.

Sarat, A., & Kearns, T. R. (Eds.). (1993). *Law in Everyday Life*. Ann Arbor: University of Michigan Press.

Savigliano, M. E. (1995). *Tango and the Political Economy of Passion*. Boulder, CO: Westview.

Scott, J. C. (1985). *Weapons of the Weak: Everyday Forms of Peasant Resistance*. New Haven, CT: Yale University Press.

Silverman, D. (1986). *Selling Culture: Bloomingdale's, Diana Vreeland, and the New Aristocracy of Taste in Reagan's America*. New York: Pantheon.

Sklair, L. (1991). *The Sociology of the Global System*. Baltimore, MD: Johns Hopkins University Press.

Smith, C. (1976). *Regional Analysis* (Vols. 1–2). New York: Academic.

Soja, E. W. (1989). *Postmodern Geographies: The Reassertion of Space in Critical Social Theory*. London: Verso.

Solow, R. (1991). *New York Times*, Sept. 29, Sect. 4, p. 1.

Steiner, C. B. (1994). *African Art in Transit*. New York: Cambridge University Press.

Strathem, M. (1991). *Partial Connections*. Savage, MD: Rowman & Littlefield.

Taussig, M. (1990). *The Nervous System*. New York: Routledge.

Taussig, M. (1992). *Mimesis and Alterity*. New York: Routledge.

Taylor, L., & Barbash, I. (1993). *In and Out of Africa*. Berkeley: University of California Extension Center for Media and Independent Learning. (Video).

Teitelman, R. (1989). *Gene Dreams, Wall Street, Academia and the Rise of Biotechnology*. New York: Basic Books.

Tsing, A. (1993). *In the Realm of the Diamond Queen: Marginality in an Out-of-the-Way Place*. Princeton, NJ: Princeton University Press.

Turkle, S. (1984). *The Second Self: Computers and the Human Spirit*. London: Grenada.

Turner, T. (1991). Representing, resisting, rethinking: historical transformations of Kayapó culture and anthropological consciousness. In G. W. Stocking Jr. (Ed.), *Colonial Situations: Essays on the Contextualization of Ethnographic Knowledge* (pp. 285–313). Madison: University of Wisconsin Press.

Wallerstein, I. (1991). *Report on an Intellectual Project: The Fernand Braudel Center, 1976–1991*. Binghamton, NY: Fernand Braudel Center.

Weiner, A. W., & Schneider, J. (Eds.). (1989). *Cloth and Human Experience*. Washington, DC: Smithsonian Institution Press.

Willis, P. (1981). *Learning to Labour: How Working Class Kids Get Working Class Jobs*. New York: Columbia University Press.

Wilmsen, E. N. (1989). *Land Filled With Flies: A Political Economy of the Kalahari*. Chicago: University of Chicago Press.

Wolf, E. (1982). *Europe and the People Without History*. Berkeley: University of California Press.

Zonabend, E. (1993). *The Nuclear Peninsula*. New York: Cambridge University Press.

在多点民族志的理念和实践中

——什么是关键，什么不是关键

乔治·马库斯[1]

在最近的一本论文集（Marcus，1998）的导言中，我试图提出我自己将重点放在多点研究问题上的更广泛的理由，作为近期人类学实践中更深层次问题的关键表达。此外，我最近一直在发表演讲，传达我自己喜欢的多点民族志实践，并针对我收集到的关于1995年原始文章的反馈澄清某些立场。我想在这里介绍这些演讲的实质内容，作为对本文集的贡献。

像多点民族志这样显而易见且不可避免的提议，目前它的吸引力已经被看到，因为它表达了人类学研究生产条件中一种尚未明确表达但却能明显感受到的转变。以传统田野调查为基础的社会生活的规范性和调节性假设受到了挑战，但是，它们对新实践的修改尚未得到明确阐述。这与20世纪80年代"写文化"批评的影响并无不同，多点的提议可能会被理解为第二波浪潮，这一次引发了对正在变化的田野工作条件的讨论。

我想概述的范式与我所认为的多点策略的非明显应用有关。多点民族志的明显案例——追踪移民的跨国流动（散居和流亡），或物品和技术的流通历史，或研究分散社区和网络之间的关系，这些关系定义了全球资本和专业知识流动中明确指定的宏观过程——是当代民族志工作的背景。这些背景正在以富有成效的方式挑战传统的田野工作规范，也正在开辟与社会科学领域过去的跨学科合作伙伴进行交流的新渠道。例如，阿帕杜莱（Appadurai）在20世纪90年代初发表的颇具影响力的"景观"（scape）论文（见Appadurai，1996），就是现在这股强大的

---

① George E. Marcus.（1999）. What Is At Stake-And Is Not-In The Idea And Practice Of Multi-Sited Ethnography. *Canberra Anthropology*，22（2），6-14.

研究浪潮的隐喻地图。

当人类学家想到多点工作时，大多数人都会想到这样的项目：其背景是由宏观社会理论和历史叙事的既定路线所界定的。宏观进程可能正在发生变化，但在这些进程的框架内进行民族志探究的族群或物体，其相互之间的关系或联系是清晰且可追踪的，因为它们保留了对可观察的社会进程进行分析的承诺。

虽然这项工作肯定与之相关并重叠，但我想在这里考虑的那种多点民族志面临着一些不同的挑战，它本身对传统上规范田野工作的准则提出了更激进的替代方案。我感兴趣的是，在构成民族志研究的多点对象时，追踪作为一种物质过程的隐喻无法有效进行的情况下，地点之间的关系或联系确实不那么清晰，而发现和讨论这些关系或联系实际上是多点民族志分析的主要问题。我在这里感兴趣的是多点策略，这些策略提出了活动地点和社交地点之间关系的性质，在空间或时间上是分离的，也许在社会类别上也是如此。例如，Fred Myers（1992）最近关于土著艺术在全球不同背景下流通的研究；Crapanzano（2000）最近通过各种媒体和社会机构对某一流派基督教形象的进程进行了分析。总体而言，是指精英和下层阶级，中产阶级和穷人，专家和非专家，机构和社区的社会并置（例如，Justine Cannon，1999）。这些例子表明，相互关系的社会背景并不像任何框架约束或规范分析中给出的那样明显。这个框架可能由也可能不由民族志学科本身提出（这是田野调查本身确定的主要问题之一）。

多点民族志的一个不明显的范式

从模式上看，这种范式涉及的情况是两个地点之间几乎没有实际接触或交流，但其中一个地点（更具战略意义的那个）的功能取决于对其他地方发生的事情的非常具体的想象。分离的地点之间关系的复杂性，以及它们是如何协调的，如果有的话，是这种多点民族志的主要客观难题。初始地点的实地调查主要是为了解释一组主题的共享世界，这些主题源自对情境话语的关注。

在这个想象中的社区世界中，社会地图或社会参照物变得特别重要。这里感兴趣的不是作为"他者"的田野调查对象（对人类学家来说，他或她确实不是"他者"，而是更复杂的对应物），而是构建和被主体想象所构建的他者。

我认为，采取这一行动的字面意义，一种天真的现实主义，既是该项目的优点，也是对该项目的挑衅。第二个地点的田野工作通常与第一个地点的性质不同。它可能比一开始的工作强度要小，对探索一种生活方式以及一种想象感兴趣，但要始终牢记第一个地点。第二个地点本身是被探索的，它与第一个地点的关系的性质成为首要问题。在想象的层面上是否存在互惠关系？是否存在一种物质关系，一种周期性的交换关系，或者这种关系完全是虚拟的？

该项目可能会以对两个地点之间的关系或联系的解释结束，即一个地点的想象与它的字面指涉的民族志并列，但这样一个多点项目的第三阶段将自己定义为干预，假设该项目在概念上的主要动机是面向权力/知识的制度，也就是说，它定义了初始地点。该项目将以某种策略结束，即把第二个地点的民族志带回第一个地点，作为文化批判的某种努力，这将涉及重新参与一个原始主题，从这些主题的想象和表现机制中，衍生出推动项目转移到其他地方的动力和策略。

针对多点想象民族志的建议而提出的问题、疑问和关切

在研究了多点研究的一个具体的、范式不那么明显的个人版本之后，我现在想反思一下我在人类学家中听到的一系列问题，这些问题是对多点民族志的总体建议的回应。第一个普遍回应是，多点民族志研究的可靠性建基于，甚至是必须建基于更早的、更传统的民族志专业知识的成就，即由传统文化区域定义的族群、区域和语言。因此，多点民族志最合理的理解是对现有专业知识的补充，实际上是为资深学者提供的人类学，而不是适合于初学者或刚开始的研究项目。

此外，与此相关的是，人们通常认为，对多点民族志的追求并不是什么新鲜事，而是对传统研究中处于那些处于运动状态和分散状态的族群的自然的和合理的应变，是适应现代性、资本主义和殖民形态变化的宏观历史观点所得到的变化路径。一如既往，这些展示了人类学应用的丰富外延和内涵，但是，尽管需要进行更多的移动来对传统的实地调查方式进行一些改变，却不需要任何激进的做法。

事实上，任何更激进的多点民族志概念都有可能淡化人类学田野调查的传统标准，使其变得肤浅。"多点"作为一个术语，其内涵不可避免的是离散的、没有耐心的、不聚焦的、强调表面而非深度的，需要付出超出单点田野工作者能力范围的努力。

好吧，我可以尊重这种谨慎的节制，以及对多点民族志理念的回应，尤其是在我所说的明显会采用这类工作策略的领域，但我反对这一系列回应可能会对田野调查实践产生更激进影响的观点，即不断变化的研究条件越来越多地面临着资深学者和初学者的挑战。当代人类学研究的一些最有趣的领域，即我所区分的多

点工作策略不那么明显的领域，肯定需要对田野工作的规范进行更大胆的重新思考，我希望我概述的范式已经证明了这一点。在这个多点研究的领域里，针对我所提到的关切和回应，我首先要说的是，对多点策略的需求已经深深植根于人类学家所希望研究当代世界的方式中了，不能把它们看作对传统的那种更具体地点的密集民族志的成就的主要或次要的补充。虽然多点策略并不能取代这种民族志，但认为前者纯粹来自于它是错误的，特别是在许多初学者必须在多点地区中构想其项目的情况下。

在这里，我想阐明一个关于民族志传统研究局限性的论点，以及多点工作如何破解这种局限性。这与人们的怀疑有关，即多点民族志在其命名上可能是离散的、不聚焦的和肤浅的。但事实上，我所提出的范式恰恰相反——多点更多的是一种想象，而不是设计民族志方法的具体策略。多点研究涉及创新的方法来界定潜在的无限范围，但也包括拒绝更常见的非民族志区界，即深入探讨的、通常针对特定地点的民族志研究。正如我所建议的方式，在一个多点想象中小心翼翼地跨越田野工作的地点，使传统的民族志有了一种新手段，能以一种有纪律的、紧密论证的方式来扩展自己，而在以前，在传统的文化区域的假定空间中运作时，以及在其定义和塑造民族志的主题隐喻中，传统民族志从来没有这样做过。我所提出的范式是一种前所未有的田野工作中的理想规范——人类学家之前没有提供给民族志的，在人类学家自己也没有概念化的研究领域中进行集中的、争论驱动的实验，而过去只在传统的民族和地方文档中进行的民族志的隐喻性延伸。

传统的模式是一个整体的、相对不聚焦的模式——主题是从一个想象中的总体民族志的基础上发展起来的，这个民族志是隐含的百科全书式的。焦点民族志通过开辟未知的领域，提出一系列不同于传统民族志的类别或主题来实现其目标并构成一个论点。对于传统的民族志来说，一些新的东西是通过填补地图上的一个新片段、功能主义整体的一个未被审视的部分、一个要审视的新类别而出现的。在包含族群和地方世界的文化区域里，该方法是很好的，但在文化形态和研究对象是不连续的，并且是复杂流动的产物的地方，传统的民族志就太有局限了。我建议的范式并不像传统的民族志那样在提出论点时发挥作用。这种论证是嵌入到民族志探究的推测性、实验性方面的，对它所处的背景环境或空间不那么确定。

从某种意义上说，这看起来像是社会学已经有的那种局部民族志，但却有着截然不同的感受力。在多点倡议中，我认为人类学家在自己的传统和感知方面，必须为自己开发一种类似的模式。显然，多点项目涉及同一田野工作框架内不同模式和强度的民族志。在我概述的范式中,在想象的地点进行民族志研究,可能比在追踪参照物民族志的地点进行民族志研究更彻底、更持久,并且具有不同的侧重点。然而,人类学田野调查的规范对多点项目的侧重点和灵活性,既不敏感也不适应。好的田野调查总体来说是好的实地工作,它涉及的标准与马林诺夫斯基(Malinowski)、埃文思-普里查德(Evans-Pritchard)、弗斯(Firth)及其后继者所做伟大的开创性项目所确立的标准相同。当代学者需要自己处理旧标准的完整性在当前条件下被重新创造和重新适应的复杂方式。传统的深度田野调查在多点田野调查中,由于设计、机会和环境的不同,实践并不均衡,我们需要在多点项目中讨论、批判和为自己合法化这些差异的方式,而目前人类学中评估田野调查和民族志的修辞和语言对此并不敏感。

这就是为什么我一直强调多点民族志更像是一个情境化的多地点民族志的想象,而不是一个字面上涵盖许多地点并可能被它们淹没的民族志。在面对社会理论和宏观描述时,这种情境化的想象,可以支持对社会区域进行至少是推测性的或激进的民族志分析,能使我们对人类学的一种感觉状态以及与之相关的多点民族志的含义进行总结性思考:在最近的人类学中,对社会的感知是缺失的或者说是相对被忽视的,进行多点研究的努力表明了对它的重新重视。从某种意义上说,这是多点民族志理念中最重要和最普遍的问题。

当代民族志中社会性的失落与重构

对于人类学来说,关于多点民族志的出现,最重要和最普遍的问题实际上是在过去20年文化转向的启发下,对社会文化分析理念的重新定位。今天,人类学家普遍发现,在专业人士的"走廊谈话"中或多或少地表达了这样一种感觉,即人们对所有属于"社会"范畴的事物——社会关系、过程、结构、制度、体系、政治经济问题——的兴趣相对被忽视了,而更多地关注了诸如主体位置、身份建构、对话交流和嵌入式实践的微观探查,仅限于联系紧密的传统田野工作场景。事实上,有人可能会说,这种对微观文化精心打造的专注是关于社会的[安东尼·吉登斯(Anthony Giddens)在情境代理中的结构化位置,以及皮埃尔·布尔迪厄(Pierre Bourdieu)在习惯情境中的系统性位置]——只是构建它的另一种方式。但毫无疑问,在民族志的生产过程中,对宏观社会领域的描述在物质性、对规模的关注、交换制度以及由此产生的对不平等的暴露和担忧方面受到了影响。然而,民族志有一种倾向,即让其他类型的学者(包括文化地理学家、政治经济学家和后殖民主义理论家等）的构造、理论和工作来代替宏观的、模式化的社会意识，使民族志工作背景化，而它本身将探究声音、话语。主体性和身份乃是其主要关注点。

从某种意义上说，社会结构定义了当代人类学研究的民族志中心，将民族志材料的解释与本质上非民族志的观点隔离开来。因此，试图将田野调查已经发生的多点转变理论化的一个主要目的是，鼓励民族志中某种"游牧"或"根茎"倾向转变为一种有动机的方式，即当代民族志将社会空间构建为其可密切观察和倾听的语境。如今，金融、市场、政治及其机构的世界是每一个田野调查项目所涉及的民族志研究对象，如果人类学要对自己的意义背景负责，并从研究本身的民族志过程中锻造自己的论点，就不能把它留给其他学科。对我来说，对民族志的社会背景的重新认识是当前通过多点民族志项目重建人类学的关键所在。

新出现的多点田野调查规范是一种手段，它让人们重新关注文化转向革命后的社会问题，思考民族志领域发生的事情，同时仍然保持着这场革命的强度和复杂性。不同的多点工作范式——可以发现有很多——将以不同的方式发展社会，但它们都将从最初的实地工作的地点转移到背景化的考虑中，道格拉斯·霍姆斯（Douglas Holmes）在其对欧洲右翼话语传播（新闻）的研究中称之为"社会触手可及"，在海德格尔的意义上，社会就在人类关注的"附近"，作为任何多点田野调查项目设计的一个组成部分。

在多点民族志中，这种对社会的探究总是有限的，这就够了吗？当然不是。但是，这种通过民族志在不同地点之间的战略移动（strategised movement）而构成的社会，总是至少隐含地，并且最终应该明确地，与历史学家、社会理论家和文化地理学家的工作中非民族志构成的社会的建构、叙述和表述进行对话。但关键的一点是，多点研究目前徘徊不前，不能立即将这些建构作为民族志的基础来发挥作用。

最后，人们可能会担心，从信息提供者的想法中来推导社会，特别是当民族志学者从精英或专家实践的授权空间中的情境想象开始，得到的将只是本土社会学，尽管在某种意义上本土人是人类学家的对等者。但这是不够的。就像掌握本地人的观点从来都不是民族志的唯一要点一样，民族志知识也不能只是本土知识。在多个地点的密集民族志中逐渐形成的对社会问题的看法，不能等同于精心设计的本土社会模型。一如既往，理解本土知识是人类学家实现视角独立性的关键。在多点工作中，人类学家确实要认真对待社会的本土建构，将其视为需要吸收、批判和扩展的东西，但在超越最初的地点时，人类学家会从字面上探讨与其他地方的参照物相关的知识,从而产生他或她自己对触手可及的社会的建构。这种基于其他地点实地调查的构建最终会在最初的地方重现,且往往是对那里的所谓本土社会学的批判性挑战或干预。人类学家通过民族志实地调查的行为,对社会的特定精英或专家代表进行批判性的接触,并最终返回精英场所,携带着仅在社会精英视野中想象或抽象构建的参考对象中扎根的民族志经验,是多点民族志项目最令人满意的结局。

从某种意义上说,这就是人类学家在他们的传统领域一直在做的事情——通过带回关于这些相关族群的详细的经验知识,破坏西方对原始人、特异的他者(exotic others)的看法。只是现在,这项传统任务的地形和地理已经发生了巨大的变化,重新配置和分割了人类学家在其中移动和定义其工作的社区。

因此,一方面,多点民族志需要朝着宏观理论和历史叙事努力,以代表它与社会行动者——民族志项目所能触及的参与者——共谋发展的东西,另一方面,它通过与这些行动者的合作策略建构知识,这一过程与他们有着复杂的相互依赖和各自独立的关系。对人类学家来说,受文化转向影响最大的社会问题将再次出现在这两个方面产生的差距、对话和互动中。对于人类学家来说,在文化转向之后,这绝不是一个不利的地方。

参考文献

Appadurai, A. (1996). *Modernity at Large*. Minneapolis and London: University of Minnesota Press.

Crapanzano, V. (2000). *Serving the Word: Literalism in America from the Pulpit to the Bench*. New York: New Press.

Holmes, D. *Integral Europe*. Princeton: Princeton University Press, In press.

Marcus, G. E. (1998). *Ethnography through Thick & Thin*. Princeton: Princeton University Press.

Myers, F. (1992). Representing Culture: The Production of Discourses for Aboriginal Acrylic Paintings. In G. Marcus (Ed.), *Rereading Cultural Anthropology* (pp. 319–355). Durham: Duke University Press.

模糊的田野：社会学研究中的多点民族志

3

伊娃·纳达依　克里斯托弗·梅德尔[1]

引言

　　长期以来，经典人类学传统中的民族志一直致力于对或多或少有着明确界限的、相当小的群体进行整体描述。但这一方案受到了不同角度的批评和调整，其中最著名的是关于所谓的"表征危机"的争论（例如，Clifford & Marcus，1986；Atkinson，1992；Van Maanen，1995）。这些讨论提出了一系列问题，包括写作、权力、小规模"传统"社区在更大体系中的嵌入、伦理问题等。然而，George Marcus（1986，p.172）在20年前就发出的感叹，现在读起来依然很熟悉：

　　　　事实是，大多数人类学民族志的情况——为什么选择这个群体而不是另一个群体，为什么选择这个地方而不是另一个地方——（诸如此类的问题）并没有被广大学者看作一个主要问题，或者至少是一个与任何更广泛的研究目标相关的问题。

　　尽管田野调查被认为是民族志不可或缺的特征，但在传统的教材和学术研究报告中，有关定义、发现以及描绘民族志研究田野的内容往往都很欠缺。人们学习如何进入田野、扮演田野角色、处理田野中的关系、组织和撰写田野笔记等，但他们几乎不知道是什么构成了一个特定研究问题的适当田野（另见Wittel，2000）。

　　从一开始，社会学民族志就更直接地面临着选择一个田野的问题。尽管芝加

　　①Eva Nadai and Christoph Maeder.（2005）. Fuzzy Fields. Multi-Sited Ethnography in Sociological Research. *Forum：Qualitative Social Research*，6（3），Art. 28.

哥学派关于亚文化、"越轨者"、城市贫民窟等的早期研究仍然集中在某种有边界的小社区里，但社会学从未声称自己是在研究"完整的时空隔离体"（Marcus，1986，p.178）。怀特的"街角男孩"（Whyte，1943）、安德森的"流浪汉"（Anderson，1923）、甘斯的"城市村民"（1965）和"莱维敦人（Levittowners）"（Gans，1967）以及其他著名的社会学民族志中提到的"本地人"概念，永远不能被描述为与周围世界完全隔绝的文化孤岛。他们也不能被误认为只是反映了更大社会的文化片段。因此，社会学民族志必须更加自觉地看待其田野的概念。遗憾的是，这并没有引起更多关于理论和方法论的争论。

在本文中，我们希望对理论驱动的社会学民族志中的"田野"的构建进行一次迟来的讨论。以我们正在进行的关于排斥现象的研究项目为例，我们想验证那些理论上的思考如何让我们将瑞士社会中那些看似不协调的领域联系起来，比如跨国公司中的人力资源管理和在社会保障体系内运作的失业者救助项目。Marcus（1995）将这种战略性地选择一个或多个地点进行参与式观察研究的做法称为"多点"民族志。

这将最终导致我们面临这样一个问题：与民族志中的传统田野概念相比，这个田野概念存在着模糊性。社会学民族志在多大程度上需要一个"田野"，以及田野在理论驱动的定性研究中有什么作用？我们的目标是证明模糊田野中的多点民族志研究总体上可以对社会学定性研究做出重要贡献。在社会学中，民族志研究方法不能也从来没有局限于传统的"单一部落方法"。

理论框架：企业家自我治理模式

大约30年前，自由派美国社会学家Daniel Bell（1973）在他的畅销书《后工业社会的来临》中预言了一个新社会的到来。他宣称，处于国家、经济和科学领域层面的专家精英，在基于他们专业知识优势的治理下，将塑造和指导西方社会的命运。然而，当时无法预见的是，究竟谁将成为这场知识和专长的交响乐的指挥者。在这本具有开创性的书出版30年后，我们可以回答这个难题：很明显，管理制度（而不是管理者！）已经成为社会的主导语义。管理理性几乎渗透到生活的所有领域，从职业生涯到私人关系，再到各种社会问题。管理主义被视为治理术（governmentality）的主导形式，即统治他人和自我的技术与理性的集合体（Foulcaut，2000；Dean，1995；Rose，1996）。

管理思维最终形成了"企业家自我"（The Entrepreneurial Self）的特性，这使企业家能够根据市场需求不断调整自己的生活,并知道如何去抓住机遇。在劳动力市场中,适应性、灵活性、可塑性、流动性和全能性是就业能力的先决条件(Sennett,1998;Kanter,1995;Voss & Pongratz,1998)。个体被要求不断实现自我完善,并准备承担风险。为了做到这一点,他/她必须习惯用他人的眼光看待自己,把自己当作市场上的产品来销售,在劳动力市场之外的“生活市场”中将自我作为一个企业来管理也是必要的(Miller & Rose,1995)。“企业家自我”已成为一种“新自由主义主体性的综合模式”(Bröckling, Krasmann, & Lemke,2000),它不仅存在于经济体系中,而且还成为(自我)调节的一种普遍模式。值得一提的是,这一模式构成了当前整个西方社会正在发生的社会政治深刻重塑的基础(Dahme & Wohlfahrt,2002)。越来越多的福利计划和失业计划以及其他形式的社会政治干预取代了原先“福利国家与‘活跃社会(active society)’的精神”(Dean,1995)。通过激励和强制手段来唤醒社会保障和福利的接受者,已成为一种对抗“罪恶的依赖”的关键战略(Fraser & Gordon,1994)。

“企业家自我”的理想同时构成了一种呼吁、一种威胁和一种歉意。精明的自我管理会带来成功,但目前的成功只是暂时的。一方面,在社会和经济快速变化的时代,无论是个人成就还是基于地位的权利,都无法长期稳定地维持社会地位。另一方面,正如Bröckling(2002)在对管理学教材的分析中所说的那样,该模式本身具有内在的矛盾性,这会导致对个人的过度要求。一个人永远不可能真正达到理想的标准,因此,在结构上被迫更加努力地在“无条件的比较的支配下”生存(Bröckling,2002,p.186)。正如成功归功于个人一样,个人也必须为失败承担责任。无论出于何种原因,那些不符合或不能达到积极的以及“企业家自我”模式的人,都有可能被当作“多余的人”排除在外(Bude,1998;Castel,2000b;Offe,1994)。在社会学中,“消耗品”(Überflüssige)这一范畴的再现是在不平等的理论框架内进行讨论的:即把它视为“内部”与“外部”之间的裂缝,视为“排斥”或“底层”的实例。我们不能就此展开更多的讨论,但仍要强调排斥现象的动态变化,继Robert Castel(2002a)之后,我们将其概念化为社会结构“中心”机制衍生的产物,例如劳动力市场。而且,正如Kronauer(2002)所指出的那样,我们经常使用的社会“外部”与“内部”的比喻绝不能被误解为一种二元对立。无论是从理论还是从实践经验上讲,独立于社会范畴的“外部”是不存在的。相反,排斥也必须被视为同时发生在社会内部和外部之中(Simmel,1992)。

将“企业家自我”作为主要治理模式之一的论断伴随着一种宏大的态度出

现，并声称它适用于许多社会领域的广泛现象。毫无疑问，它具有一种直觉上的说服力，这种说服力源于我们日常生活中无处不在的管理修辞。然而，到目前为止，本文主要还是基于话语分析理论（Bröckling et al.，2000；Burchell et al.，1991；Pieper & Gutiérrez Rodríguez，2003）进行讨论的。这就产生了一个问题，即在不同的社会环境中，这种文化模式在多大程度上是有效的？它适用于哪些人群？在适应过程中它以什么方式转变？此外，我们也可以探讨执行该模式的行动者和机构。因此，在我们进行的关于实施"企业家自我"的研究项目中，我们对该模式的实际相关性及其与社会排斥的假定联系产生了兴趣。它真的以可观察的方式指导着实际行动和日常生活吗？由于我们对实际使用中的文化知识感兴趣，而不仅仅是书面形式的专业知识和简单的叙述，所以我们选择了民族志研究。正如我们所知，没有"本地人"居住的田野，就没有民族志。但是，如果我们追踪的是一个被认为具有无限适用性的高度理论化的概念，那么我们的田野又在哪里呢？

一个理论问题的多点民族志方法

与传统的文化人类学不同，复杂社会中的社会学民族志很少在单一的地点研究一个有明确界限的群体。它的研究对象来源于理论知识和理论问题，因此社会学民族志的田野不是预先存在的，而是由研究者构建的。此外，社会学民族志的田野很可能不局限于一个观察地点。它的轮廓只有在研究过程中才会出现，因为民族志学者在多个地点追踪线人，这些地点缘由研究问题才变得相关（Marcus，1995）。社会学民族志必须弄明白我们所谓的"模糊田野"，即在许多维度上没有明确边界的田野。从符号互动主义的角度来看，我们将民族志田野设想为一个"社会世界"，是由"一组共同的或联合的活动或关注点通过一个交流网络联系在一起"形成的（Kling & Gerson，引用于Strauss，1984，p.123）。它们由一群有着共同关注，并在最低限度的工作共识的基础上采取行动的行动者组成（Clarke，1991；Strübing，1997）。社会世界是研究某些过程、行动和思想及其领导者的背景，它们是民族志研究的实际对象。或者正如Ceertz（1973，p.22）提醒民族志学者的那样："研究的地点并不是研究的对象。"尽管如此，民族志学者仍然需要在社会世界中确定一个具体的研究地点，因为这样可以实际观察到他们感兴趣的实践和互动。但想要确定足够多的研究地点，构成一个民族志田野，首先需要从理论上阐明研究对象是什么。这样，**理论框架就可以作为寻找田野的**

指南。

我们的研究主题包括与社会学概念相关的制度化实践和解释，即有关"企业家自我"的话语及其对排斥的影响和结果。我们特别关注了工作和日常生活的各个方面：我们分析了作为一种工作形式存在于社会组织中的排斥和融合现象。适合探索这一主题的田野是由各种实践形式组成的，这些实践形式可能存在于不同的但有复杂联系的研究地点中。同样，这些研究地点最初是通过理论反思后确定的。在寻找田野并对这一概念进行实证研究时，我们决定将重点放在劳动力市场，将其作为"企业家自我"的准"自然栖息地"，并把它看作产生不平等和排斥现象的主要地点之一。显然，劳动力市场并不是一个由或多或少有着清晰边界的地理空间所构成的田野。相反，这是一个关于劳动力供求协商的概念。这一概念被部署劳动力的组织（如公营或私营企业）和引导人们进出劳动力市场的组织（如猎头公司、再就业机构、失业者福利计划等）中的人们付诸实践，每个组织都构成了自己的社会世界。正是在这些组织中，我们找到了我们的观察地点。

Castel（2000）建议通过研究"中心"机制来研究排斥过程，这有助于我们确定研究有关劳动力市场参与的排斥问题的战略地点。这一观点将我们引向了私营企业的管理层，在那里做出有关裁员的决定，从而引发职业排斥。同时，我们可以假设，这种社会背景也是管理思想和"企业家自我"信念的大本营。我们把排斥作为一个过程来认真对待，然后着手处理那些被排斥在劳动力市场之外的人的组织，即失业者重返社会的计划。然而我们想要强调的是，我们并不认为只有经济领域才是排斥现象的产生之地，也不认为只有福利计划才是融入现象发生的背景。毋庸置疑，我们既关注这两个领域的排斥现象，也关注这两个领域的融入现象。

虽然我们现在面临的是一个广阔而模糊的田野，并且它跨越了许多社会世界，但我们仍然有一个明确的观察对象：我们的目标是追踪特定的社会行为和解释的复杂性。为了连接经济和福利领域（乍看起来似乎是两个天壤之别的领域），我们使用Erving Goffman的"安抚受害者（cooling the mark out）"概念（Goffman，1952）作为我们田野调查的启发式方法。在一个"许多人……被召唤，但很少有人被选择"（Goffman，1952，p.456）的社会中，有必要用制度化的做法来调和那些被剥夺了地位的人与他们的命运，并为他们提供一个新的身份框架。从安抚受害者的角度来看，排斥的四个方面逐渐凸显出来：（1）机构程序和轨迹，（2）安抚者，（3）那些正在被安抚的人，（4）过程和结果的合法化（在我们的研究案例中，这可能是也可能不是基于"企业家自我"的理想）。因此，使用源自社会学理论的精确观察工具，我们可以应对高度复杂的田野的模糊性。换句话说，我们使用"安抚受害者"的概念作为追踪排斥现象的一种手段。

具体而言，我们在经济领域的研究地点包括一家跨国公司、一家银行和一家全国经营的大型零售公司。我们分析了这些公司对所谓的"低绩效员工"（即未达到预期绩效水平的员工）的处理方式。由于银行和零售公司的田野调查仍在进行中，以下关于研究问题和结果的讨论只涉及跨国公司。当然，一家遍布全球的、拥有大约8万名员工的跨国公司本身就是一个相当模糊的田野。在本文中，我们无法深入研究在这样一个研究地点出现的所有问题。我们只专注于人力资源管理、直属经理以及位于瑞士的公司总部的内部社会服务。在福利系统领域，我们对三个面向不同目标群体的失业人群而设立的项目进行了参与式观察，主要观察这些项目如何试图引导其目标群体重返劳动力市场。

如前文所述，这是一项正在进行的研究。然而，一些有趣的发现不断出现，这表明研究设计的复杂性值得我们付出努力。我们只想提及三个引人注目的观察结果：第一，"企业家自我"标准的社会分化；第二，经济和福利体系在安抚实践方面存在的意外差异；第三，它们的核心过程的相似性。

（1）正如各种话语分析研究所预测的那样，"企业家自我"的模式实际上在经济和福利体系中都有非常牢固的基础。但在对标准的应用方面存在着明显的社会差异。在跨国公司中，这一标准以正式的方式实施并且适用于所有人：所有员工都受到一套绩效管理体系的约束，这一体系看起来就像是"企业家自我"的化身。例如，普遍存在一种自我感觉，即"我们是一家高绩效的公司"，并一直坚持不断"提高标准"的原则，即每年都应该提高所有员工的绩效目标。在实践中，这一制度则高度偏向管理层。那些处于管理层以下的员工并没有真正达到这一标准，他们认为绩效评估的过程纯粹是形式主义。在福利体系中，我们发现这三个项目根据其目标群体的资格水平和社会地位而有所不同。虽然失业者中的"精英"（指那些具有正式资质的人）被期望遵循不断自我完善和自我营销的模式，但在针对没有工作技能的目标群体和没有正式资质的年轻人的项目中，我们只能发现这一模式的基本痕迹。

（2）关于"安抚"的做法，我们到目前为止的观察结果并不符合绩效驱动型经济在不提前通知的情况下解雇低绩效人员的经济形象。尽管人力资源管理系统强调绩效，并在面临"失败"时有明确的处理程序，但与福利体系的融合计划相比，私营公司对低绩效员工的实际处理似乎更为敏感、个性化和包容化。当然，这种软实践只在一定程度上和有限的时间内使用，正如一位经理所说："每个人都可能陷入危机，并有一个糟糕的时期，但这种情况不应超过六个月。"除了替换员工的成本之外，我们怀疑至少还有两个原因造成了这种宽容的处理。一方面，该公司的文化建设主要集中在"高绩效员工"身上，他们受到了所有的关注。而那些处于底层的员工被认为不够重要，公司不足为之冒与强势工会发生冲突的风险，也不足以去严厉处罚"低绩效员工"而损害公司的形象。另一方面，任何正式的绩效评估体系都必然会产生"低绩效员工"。无论实际绩效水平如何，总有人处于该评估范围的"最底部"。因此，解雇一个"低绩效员工"只会为下一个员工创造一个被解雇的机会。只要"低绩效员工"没有真正妨碍到团队的正常工作，那么留住他/她或将他/她调到另一个工作岗位的损失，就可能要比解雇他/她要小。

（3）管理者的首要任务是调动员工对工作投入的热情和产生良好的绩效。而处理失业问题的社会工作者的主要任务是"修复"他们所谓的失业人员的"就业能力"缺陷，并引导他们重返劳动力市场。这两个群体都持有相同的基本信念，即在劳动力市场（如果不是生活中的普遍情况）的成败是个人努力的结果，最终也是他们自己应当承担的责任。尽管他们在非常不同的社会世界中活动，但他们的活动还有另一个惊人的相似之处：在他们工作的核心之处，我们可以发现类似的"自我技术"（Foucault，1988），这些技术分别根据"企业家自我"的理想来改变员工和目标群体的行为。基本上，管理者和社会工作者都遵循一个三步走的顺序，具体包括"探索自我——提升自我——营销自我"。在经济领域，提出绩效问题的正式互动背景是经理和员工之间三年一次的绩效评估会议，在会上讨论公司的发展目标、不足、整改措施以及可能的制裁。在会议上，员工应该提出自己的个人目标，对自己的表现进行自我评估，强调自己的成功或承认未能实现的目标，然后与管理者商定改进措施，并在下一年达到更高的目标。而在针对失业者的项目中，也或多或少采用了这种复杂的"评估"形式，以引导项目参与者认识到自己的弱点、优势和想要达到的目标，并制定相应的策略来提高他们的就业能力。关于后者，值得注意的是，这些项目并没有真正培训实际的工作技能，而是几乎完全集中于求职策略和面试印象管理技巧的培训上。

结论：模糊田野概念下多点研究的风险和回报

正如我们所展示的那样，多点民族志是一种复杂的研究策略，它使民族志学者面临着方法论和实践方面的各种问题。比如这个问题：额外的努力能否获得相应的回报，它们之间是否存在一种合理的平衡？最后，我们想从四个方面讨论社会学多点民族志的优势和具体问题。

（1）多点民族志遵循的是扎根理论方法中提出的基于理论的对比原则（Glaser & Strauss，1967；Strauss & Corbin，1990）。从本质上来说，它是可比较的，但并不限于此。正如Marcus（1995，p.102）所指出的那样，传统民族志中的比较"是针对同质化的概念单元产生的"：人们比较社区、地区、民族，并寻找其差异和相似之处。在多点民族志研究中，研究对象本质上是支离破碎和多重定位的。因此，比较是这种研究设计的一个不可或缺的维度，但引用Marcus（1995，p.102）的话，这些比较呈现出"传统上看起来（或在概念上一直保持）'天壤之别'的现象并置的形式"。为了证明比较研究和多点研究之间的区别，我们以自己的研究为例，提及以前的一个项目。在这个项目中，我们分析了瑞士公共福利的运作情况。我们在五个不同的福利管理部门进行了5次民族志案例研究（Maeder & Nadai，2004a，2004b）。虽然瑞士在国家层面上几乎没有关于福利待遇权利的法律规定，但在州一级的法律中有一些以共同原则为基础的福利待遇法律规定。因此，我们确定了一个研究对象，即福利的管理，我们利用五个不同的地点来研究它的局部变化。这种比较有助于对不同地方的类似过程进行更细致的描述。相比之下，在我们目前的研究中，来自不同田野的发现应该为我们提供不同问题的答案，就像拼图中的元素被组合起来形成一幅完整的图画。由于研究对象跨越了多个社会世界，因此不能仅通过探索一个田野来重构它，所以多点研究方法是必不可少的。

（2）传统的民族志一直强调在选定的田野进行长期研究的重要性。传统的文化人类学家过去常常在他们所研究的田野待上一两年或更长的时间，然后才敢声称对他们所研究的文化有了一些了解。如果你在多点研究中使用这种方法，那么研究一个项目可能需要十年的时间，更不用说为这样一个长期项目提供资金的问题了。为什么在一般的社会学民族志中，尤其是在多点民族志中，不能也不必遵循这种传统研究模式，仍有许多争论。在多点研究中，由于不同研究地点的可访问性和田野本身的性质不同，每个地点的研究深度也会有所不同。例如，虽然我们在三个针对失业者的项目中进行了传统的参与式观察，即在选定的时间段内闲逛，参加各种自选活动，与研究对象进行非正式或正式访谈等等，但我们在跨国公司中面临着截然不同的情况。在这一家跨国公司，我们被召集起来参加某些有着明确规定的情况或活动，比如经理会议、团队会议，以及人力资源管理、社会服务和医疗服务代表讨论案例的圆桌会议等。因此，我们真正研究"本地人"的时间很短,为了了解正在发生的事情,我们不得不更多地依赖于正式访谈,而不是和失业者对话。我们认为,这仅仅反映了这一田野的"本地人"相遇和互动的条件,而我们真正感兴趣的问题——公司如何处理低绩效员工——只是偶然出现。这种特定的案例(一个或多个员工)构成了一组不断变化的行动者的"持续关注"(Hughes,1971),但他们并不会作为一个团队长期在一起工作。

(3)然而,在田野中停留时间较短的一个后果是在不同背景下失去了描述性细节,这是整个研究的一部分。不过,这不能因此被视为仓促的民族志研究,也不能因此被认为是一次糟糕的研究。相反,它遵循了将描述限制在中心概念上而省略背景细节的理论决定,从某种意义上来说,这就好比给已经可以理解的黑白画面增添色彩。那么问题来了:这种背景描述的缺失会带来多大的问题?如果我们回顾以往使用多个地点进行的著名的社会学民族志研究,例如贝克尔(Becker,1973)关于爵士乐的研究,斯特劳斯及其同事(Strauss et al.,1963)关于护理实践的研究,欧文(Irwin,1985)关于监狱适应的研究,或泽鲁巴维尔(Zerubavel,1979)关于医院生活中时间模式的分析等,读者们将不得不承认,以上的学者对各自田野中日常生活的描述都很简略,但对重要的社会现象却有着深刻的洞察。社会学的研究工作具有不同于传统文化人类学的文化概念。在我们看来,作为社会理论的文化概念不能成为社会学民族志的目标。因此,基于参与式观察的社会学研究在这个意义上一直受到限制。而这种放弃的理由是从理论上得出的。在理论层面上,功能分化、多元化的生活方式和个性化都带来了不同程度的影响。我们所说的"本地人"生活在许多地方,扮演着许多社会角色,所以他们不能轻易地被划入一个类别或群体。换句话说,社会学民族志并不把文化等同于整个社会。在这种观点中,文化是由语言和社会交往中共享的意义网络组成的。但社会的概念依附于其新兴的社会形态,如社会角色、阶级、制度,或者我们研究案例中的排斥现象。再次强调,我们研究的对象不是一个特定田野及其所有的文化,而是一些理论上的概念,这些理论概念可以在特定的背景或田野中得到最恰当的研究。

(4)关于不需要过多背景细节描述的论点似乎削弱了给定田野的相关性。由此衍生出一个难题:如果社会学民族志的目的不是分析一个田野的全部,即作为一个独特的意义网络和同样独特的结构特征的集合,那么这个田野的作用到底是什么?社会学多点民族志在多大程度上还需要一个田野?如果民族志学者事先决定将他/她的观察和分析局限于从社会学理论中分析问题,难道不存在这样的风险:随意地挑选出与这种兴趣相符的田野的某些方面,而忽略对"本地人"来说可能更重要的其他方面？民族志的基石一直是从"主位"的角度理解一种文化，并将一种"文化习语"转译成另一种文化习语（Werner & Schoepele, 1987）。在我们看来，尽管与特定田野有一定的距离，但民族志仍然主张要理解田野的独特性，而衡量民族志好坏的标准应是社会学家的研究问题在"本地人"眼中是否有意义。虽然社会学的定量研究认为提出问题只是一个恰当的措辞问题，但民族志的出发点是要了解在特定文化中哪些问题实际上是可以被理解的。研究问题是否触及该田野的相关问题？研究是否解决了一个对"本地人"的日常生活有一定意义的问题？当然，最终这些"本地人"也应该在这项研究的发现中至少部分地认识到自己。这种态度包括随时准备调整自己的研究以适应该田野出现的新问题和议题。从这个角度来看，分析、理解和描述特定田野的具体情况是必要的，因为它有助于充分理解所观察到的现象（另见Lauser, 2005）。

（5）在列举了多点民族志的所有问题和挑战之后，我们想通过指出这种研究策略的一个主要收获来结束本文。我们认为，多点民族志的主要优势在于具有推广的潜力。通过使用它，我们可以丰富传统的"一个部落一个调查者"的民族志研究方式，并对跨越单一传统田野边界的社会学问题做出贡献。我们正在寻找可以推广到更高层次并超越单一社会群体的社会实践的类别。在我们关于"企业家自我"和排斥现象的研究中，在看似不同的田野之间进行切换，使我们能够将话语分析中的那些简练发现与组织中日常生活的"繁杂"实践进行对比。它还使我们能够观察到各种话语与日常生活的对应关系，并找到话语概念的局限性。因此，多点民族志是构建真正的扎根理论的有力工具。

参考文献

Anderson, N. (1923). *The Hobo : The Sociology of the Homeless Man.* Chicago : University of Chicago Press.

Becker, H. S. (1973). *Outsiders : Studies in the Sociology of Deviance.* New York : The Free Press.

Bell, D. (1973). *The Coming of Post-industrial Society : A Venture in Social Forecasting.* New York : Basic Books (last edition : 1999).

Burchell, G., Gordon, C., & Miller P. (Eds.). (1991). *The Foucault Effect : Studies in Governmentality.* Chicago : Chicago University Press.

Dean, M.(1995). Governing the Unemployed Self in an Active Society. *Economy and Society*, 24(4), 559-583.

Foucault, M.(1988). *Technologies of the Self.* Amherst: The University of Massachusetts Press.

Fraser, N., & Gordon L.(1994). A Genealogy of Dependency: Tracing a Keyword of the U.S. Welfare State. *Signs: Journal of Women in Culture and Society*, 19, 309-336.

Gans, H.(1965). *The Urban Villagers: Group and Class in the Life of Italian-Americans.* New York: Free Press.

Gans, H.(1967). *The Levittowners: Ways of Life and Politics in a New Suburban Community.* New York: Random House.

Geertz, C.(1973). *The Interpretation of Cultures.* New York: Basic Books.

Glaser, B., & Strauss, A.(1967). *The Discovery of Grounded Theory: Strategies for Qualitative Research.* New York: Aldine de Gruyter.

Goffman, E.(1952). On Cooling the Mark Out: Some Aspects of Adaption to Failure. *Psychiatry*, 15, 451-463.

Goffman, E.(1966). *Behavior in Public Places: Notes on the Social Organization of Gatherings.* New York: The Free Press.

Hughes, E. C.(1971). *The Sociological Eye: Selected Papers.* Chicago: Aldine.

Irwin, J.(1985). *The Jail: Managing the Underclass in American Society.* Berkeley: University of California Press.

Kanter, R. M.(1995). *World Class: Thriving locally in the Global Economy.* New York: Simon & Schuster.

Marcus, G. E.(1995). Ethnography in/of the World System: The Emergence of Multi-Sited Ethnography. *Annual Review of Anthropology*, 24, 95-117.

Miller, P., & Rose, N.(1995). Production, Identity, and Democracy. *Theory and Society*, 24, 427-467.

Sennett, R.(1998). *The Corrosion of Character: The Personal Consequences of Work in the New Capitalism.* New York: W.W. Norton.

Strauss, A. L., & Corbin, J.(1990). *Basics of Qualitative Research. Grounded Theory Procedures and Techniques.* Newbury Park: Sage.

Strauss, A. L., Schatzman, L., Ehrlich, D., Bucher R., & Sabshin M.(1963). The Hospital and Its Negotiated Order. In E. Freidson(Ed.), *The Hospital in Modern Society* (pp. 147-169). London: Collier-MacMillan.

Werner, O., & Schoepfle, M. G.(1987). *Systematic Fieldwork: Foundations of Ethnog-*

raphy and Interviewing. Newbury Park:Sage.

Whyte, W. F.(1943). *Street Corner Society:The Political Structure of an Italian Slum*. Chicago:University of Chicago Press.

Zerubavel, E.(1979). *Patterns of Time in Hospital Life:A Sociological Perspective*. Chicago:The University of Chicago Press.

在那里……和那里……还有那里！
对多点民族志的思考

乌尔夫·翰纳兹[1]

  1950年，爱德华·埃文思–普里查德教授虽然还不是"爵士（Sir）"，但已确定无疑是20世纪中期人类学的核心人物。他在BBC第三套节目（Third Programme）[2]中做了一个广播演讲，概述了一个牛津男人（这里毫无疑问是关乎性别的）要成为一个有成就的社会人类学田野工作者应该做什么。在自己精心准备了几年之后，如果有幸获得研究基金，这位准人类学家将前往他所选择的原始社会，通常在那里度过两年时间，最好分为两次考察，中间间隔几个月。如果可能的话，他可以在大学思考他的材料。在田野中，埃文思–普里查德这位人类学家将始终与他研究的人群保持密切联系，他必须完全用研究人群自己的语言与他们交流，而且他必须研究他们的"整个文化和社会生活"。一方面，长期的田野经历使得观测工作可以在一年里的所有季节开展。回到家后，人类学家至少还需要五年的时间来发表他的研究成果，因此对一个社会的研究可能需要十年时间。然后，埃文思–普里查德（Evans-Pritchard，1951，p.64）总结说，去研究第二个社会是可取的，这可以避免人类学家余生都在思考一个特定类型的社会。

  当然，对单一田野如此彻底的、形成性的、排他性的参与，是基于人类学对前景、经验或记忆的持久把握，或者仅仅是对"在那里"这一既著名又神秘的概

---

  ①Ulf Hannerz.(2003). Being there... and there... and there! Reflections on Multi-Site Ethnography. *Ethnography*，4（2）：201-216.

  ②在历史上，英国广播公司（BBC）的第三套节目曾经是一个专注于古典音乐、戏剧、文学和辩论的电台。不过，BBC的电台服务在不同的历史时期和重组过程中经历了多次变化，因此"第三套节目"的具体内容和定位可能已经发生了变化或不再存在。

念的统称。

　　长期以来，类似于埃文思–普里查德的方法或多或少被认为是唯一得到公开承认的田野工作模式，也是成为和作为真正的人类学家的模式。或许它能够发挥重要的作用，尤其是在继续指导该学科的新人方面。我在对华盛顿特区的一个非裔美国人社区进行的第一次田野研究中，就在许多方面都遵从了这一模式，尽管这与埃文思–普里查德的传统"原始社会"有很大不同。这种模式的统治地位似乎不言而喻，但显而易见的是，许多人类学家，尤其是那些不再处于职业生涯初期阶段的人类学家，早已在其研究的过程中，悄然进行着更为多样的空间和时间实践。也许只有《人类学的地点》这部作品（*Anthropological Locations: Boundaries and Grounds of a Field Science*, Gupta & Ferguson, 1997）才真正地将这种多样性完全展现了出来。（当然，我意识到，在其他学科的民族志倾向中，这种模式的力量还没有那么强大，他们没有充分接触到这种模式，而且显然是在其他条件下进行工作的。）

　　因此，当多点田野工作的概念——"在那里……和那里……还有那里！"被乔治·马库斯（Marcus, 1986；1995）持续地进行传播后，到20世纪后期首次在人类学中获得了更广泛的认可，但它其实并不是真正意义上的创新。首先，在对移民的研究中，出发点和到达点都"在那里"已经成为一种既定的理想（比如Watson, 1977），因此研究者至少是在两个地方工作。我们也不应该忽视这样一个事实：密集型人类学田野工作的真正先驱马林诺夫斯基，当他沿着库拉环（Kula ring, 是美拉尼西亚群岛居民的一种交换回报制度，主要流行于巴布亚新几内亚的米尔恩湾省。）追踪特罗布里恩德人（Trobrianders）时，就已经开始多地点的工作。现在，这种做民族志的方式被赋予了一个标签，并得到了大力提倡和例证（大部分是借用新闻界的案例），而且这尤其发生在人类学内外对地方和当地的观念进行越来越多的审视的同时，这无疑有助于加速多点田野工作近来作为一种实践或论证的主题的传播。

　　不管是由于兴趣趋同还是相互启发，我和我在斯德哥尔摩的一些同事都很快看到了按照多点路线配置我们项目的可能性。我们中的一个人研究了苹果电脑在硅谷、巴黎欧洲总部和斯德哥尔摩地区办事处的组织文化；另一个人研究了纽约、伦敦、法兰克福和斯德哥尔摩的芭蕾舞者的职业世界；第三个人与跨越几大洲的亚美尼亚侨民建立了联系；第四个人探索了新兴的跨文化工作者的职业，我在其他地方有点戏谑地称之为"文化冲击预防行业"；等等。我们与其他同事就多点田野研究的特点进行了激烈的争论，我们中的10个人把我们的项目和经验放到一起，写作了一本书，主要是出于教学目的，这可能是第一本对这一主题进行较广泛讨论的书（Hannerz，2001a）。就我自己而言，也许我比那些行动迅速的同事和研究生们落后了一些，我对多点工作的参与主要是缘于对新闻媒体驻外记者工作的研究，我将在这里加以借鉴。

在驻外记者中

总的背景是，约25年前，我通过对一个西非城镇的当地研究，非常偶然地进入了后来被称为"全球化"的领域，然后花了一些时间，以更多的概念和纲领性术语思考全球普世（global ecumene）的人类学。当我想要回到田野工作，且同时实际上也有机会这样做的时候，我发现，我们在斯德哥尔摩的几个人都在关注"工作中的全球化"——也就是说，这回应了一个事实，即大部分现有或新兴的跨国联系都是在职业生活中建立起来的。（这意味着我们也可以在人类学之外的职业民族志中找到思考的素材，特别是在埃弗雷特·休斯、霍华德·贝克尔等人的芝加哥社会学传统中）。更具体地说，我自己的项目可以利用我是一个新闻爱好者的事实。我在开始思考这个课题的时候，假设全球化问题也意味着对世界有更多认识的问题，并且对世界有更详尽的理解，那么"外国新闻"将是这种理解的核心来源。最具体的也许是，我的好奇心集中在我习惯性接触的一些报道上，例如在吃早餐时听广播中的早间新闻节目，并试图让自己清醒。在那里，可能是在20世纪90年代中期，一个熟悉的声音会报道卡拉奇（Karachi）的街头骚乱，或者不断扩张的塔利班的最新胜利……然后讲到香港才停止。还有一些人，他们是"亚洲记者"或"非洲记者"。显然，这些人也是从事"在那里……和那里……还有那里"的职业实践的人，有时甚至可能"出现"在他们不在的地方，例如，他们可以使卡拉奇的街景在他们的报道中栩栩如生，即使他们显然身处在离那里几千英里的办公桌前。然而，他们是如何做到的呢？

我应该说，当我被做一些像驻外记者那样的社会世界的民族志的想法深深吸引时，我仍然有点矛盾。我发现在我的书架上已经有一些记者的自传，通常是在他们的职业生涯即将接近尾声的时候撰写的，而且我已经看过近些年来很多把驻外记者变成一种流行文化英雄的电影。俗话说，"人类学家重视研究他们喜欢的东西和喜欢他们所研究的东西"（Nader，1972，p.303）。我想知道，我是否会发现驻外记者难以接近，他们可能是一些傲慢自负的人，又或者，他们可能会过于怀疑一位学者，因为他们担心这位学者总是倾向于批评他们的工作。

　　事实证明，我真的不需要担心。我在纽约做了一系列的试点采访，当时我发现自己是另一个多点民族志学者的田野搭档，而我对那里的记者的第一次访谈，是通过我们彼此都认识的人类学家来实现的，他们非常热情且善于鼓舞人心（唯一让我觉得有点有趣的是，他们中的很多人都是普利策奖得主）。这正是支撑这次采访继续下去的原因。在接下来的几年里，我与驻外记者，有些时候从严格意义上来说是前记者进行了一系列的交流，主要是在耶路撒冷、约翰内斯堡和东京，但也在一些其他地方，包括纽约和洛杉矶，在那里我抓住了一些其他旅行所提供的机会，补充了另一些采访。我总共访谈了大约70名记者，以及一些外国新闻编辑，他们提供了来自总部的观点。

　　在我看来，我这类外国新闻工作的民族志可以尝试去填补国际新闻报道两套表述之间的一个值得注意的空白。至少从20世纪70年代开始，人们开始对世界上的传播不平衡有了批判性的认识，人们一再指出，全球新闻流动的机制在很大程度上被我们所描述的"西方"或"北方"所控制——这种支配性的明显案例是路透社或美联社等主要新闻机构，最近又增加了美国有线电视新闻网（CNN）作为该机制的另一个关键标志。我想到的另一组案例包括我刚才提到的那些新闻工作者自己的回忆录。这些作品往往聚焦于具有行动力的男性和女性记者，在拼命从世界各地的动荡区域发送报道时，面临着的各种各样的危险。

　　那么，作为木偶（puppets）的驻外记者与作为英雄的驻外记者之间，就存在着差距。在媒体帝国主义的高度宏观的观点中，那些在新闻处理机构外围的有血有肉的个体代表几乎被视为匿名的、可交换的工具。相比之下，在自传体裁中，个人往往是强大的，而更广泛的新闻报道结构则没有那么引人注目。

　　当然，我对驻外记者的研究反映了全球新闻格局的不对称性。我主要与欧洲人和美国人打交道，他们从世界的某些地方进行报道，而这些地方并没有派出数量相当的记者从其他地方进行报道。在很大程度上，这显然符合人类学的传统不对称性；我选择耶路撒冷、约翰内斯堡和东京作为主要的田野调查地点，也反映了我对驻外记者处理"转译文化"和"代表他者"问题的方式的兴趣，这些方式与我们的相类似。然而，除此之外，我们在这里再次面临着在结构和机构之间取得平衡的问题。在我的研究中，我试图更直接地描述围绕着驻外记者的关系网络，无论是当地的还是跨国的；正式或非正式地组织日常活动中的协作、竞争和分工模式；还有他们在报道中的操作空间和个人偏好。我一直对记者之间的合作关系感到好奇，他们在出访时喜欢互相做伴，也对记者和当地"帮手（fixers）"之间的关系感到好奇，这让我想起人类学家和他们的田野助手之间的多方面联系。

我还探讨了在新闻机构、电子媒体和印刷媒体之间迂回传递新闻的模糊方式，这些方式有时为记者的工作提供了便利的捷径，但也带来了压力，偶尔还会在幕后引来关于新闻重复使用和抄袭的讽刺评论。此外，我还关注到职业模式的影响和对外通讯的空间组织。一些记者在一个岗位上度过一生的大部分时间，而另一些记者则每三年左右在不同的国家和各大洲之间轮换，这会对报道产生什么影响呢？世界上的大部分地区都只能被记者短暂地访问（记者在这种情况下被称为"空降兵"或"消防员"），并且只在有危机需要报道时，记者才会出现，这会如何影响他们和我们对这些地区的看法呢？

然而，我不打算在这里花篇幅来讨论我自己项目的具体细节。我将在我的经验和我的一些同事的经验的基础上，尝试阐明一些多点民族志特有的问题，以及它可能与人类学田野研究的既定模式不同的方法，正如我在前面以埃文思-普里查德和他半个世纪前的表述代表了这种理解。因为我相信，在关于多点研究价值的争论中，它与基于"在那里"的经典意义假设之间的关系并不总是完全透明的。

构成多点田野

在某种程度上，人们可能会认为，"多点"这个词带有一点误导性，因为目前的多点项目的共同点是，它们借鉴了一些问题以及一些对主题的表述，而这些问题明显是跨地方的，而不是局限于某个地方。这些地方以这样的方式相互联系，即对于这种模式来说，它们之间的关系与它们内部的关系同样重要；这些田野并不只是地方单位的简单集合。我们必须建立跨地区的联系，以及这些联系与作为研究部分的各种地方关系网络之间的相互连接，这也是研究的一部分。在我的驻外记者研究中，一种主要的联系显然是存在于驻国外的记者和在国内的编辑之间的。但也存在这样的事实，即记者们把目光投向其他新闻地点，有时也会转而前往这些地点。他们经常认识一些其他相关地点的同事，因为他们早些时候曾驻扎在同一个地方，或作为"消防员"短暂出访某个地方时遇到过一次或多次，这是驻外记者工作形象显而易见的部分，又或者是因为他们为同一个组织工作而彼此认识。在某种松散的意义上，有一个世界范围内的驻外记者"社区"，通过当地的和远距离的关系纽带联系起来。

这些联系使多点研究有别于单纯的地点比较研究（在人类学比较的一种传统

模式中，这种比较正是基于这种联系不存在的假设）。然而，可以肯定的是，在多点研究中肯定会有比较。我的同事Christina Garsten（1994）在研究苹果公司的跨国组织中的三个地点时，她对比较公司内部的中心和外围，以及办公室中的公司文化受到民族文化影响的方式很感兴趣。当Helena Wulff（1998）研究跨国芭蕾舞界时，她同样对民族舞蹈风格感兴趣，但也对那些大部分由国家支持的公司与完全市场化运行的公司之间的差异感兴趣。在我自己的研究中，我注意到驻外记者在耶路撒冷和东京的工作之间的差异：在耶路撒冷，几乎有源源不断的事件引起世界的关注；在东京，对记者来说，很多时候似乎没有什么真正有价值的新闻发生；在约翰内斯堡，当有战争或灾难需要报道时，被指定的"非洲记者"大多会前往非洲大陆的其他地区开展工作。

然而，如果我们能够利用这些可能性进行比较，那么我和我的同事们都不能声称对我们所选择的研究主题可能暗示的整个"田野"有一个民族志的全面把握——这往往是多点民族志的性质。就像在一项移民研究中，所有的移民都离开了同一个村庄，然后出现在遥远的城市的同一个无产阶级社区，潜在的和实际的地点组合可能是一样的。此外还有，一个跨国公司有许多分支机构，芭蕾舞团存在于许多城市，像亚美尼亚人这样的散居人口分布广泛，驻外记者驻扎在世界上大约20至25个地方（这里忽略了他们作为"消防员"被派到一个偏远的、通常被忽视的硬新闻地点时所造成的临时集中）。因此，多点民族志几乎总是需要从那些可能被包括在内的许多地点中进行选择。埃文思-普里查德可能没有去过阿赞德人居住地（Azandeland）或努尔人（Nuer）的领地，但这很难像多点研究的选择性或不完整性那样一目了然，"在那里"的潜在地点之间显然是相互分离的。

一项研究中所包含的地点的实际组合，肯定与研究设计有很大关系，因为研究设计侧重于特定的问题，或者寻求特定的比较机会。当我选择耶路撒冷、约翰内斯堡和东京这些具有异国情调的地方时，是因为我对跨越文化距离的报道感兴趣——如果是布鲁塞尔和斯德哥尔摩之间的报道，或者伦敦和纽约之间的报道，我就不会那么感兴趣。然而，我想知道这是否是多点民族志的一个常见特征，即地点的选择在某种程度上是逐步累积的，随着新见解的发展和机会而出现，具有一定的偶然性。我原本想把印度纳入我的研究范围，但在我第一次计划去的时候，那里正在举行全国性的选举，虽然那可能是一次有吸引力的田野体验，但我怀疑那时候记者没有多少时间来见我。第二次，我自己的病痛使德里的街道看起来不那么吸引人了。一开始，我没有想到我的研究会包括东京，尽管事后证明它是一个非常好的选择。但我之所以去那里，在很大程度上是因为我应邀参加了一个在日本举办的研讨会，当时我可以留在那里做一些研究。

广度和关系的问题

埃文思-普里查德笔下的人类学家会再一次研究指定群体的整个文化和社会生活。他会在当地至少待一年，可以在所有季节进行观察，他将用当地语言工作（尽管这可能是真的，即在这一年中他不得不学习这种语言）。然后，在倾注十年精力完成这项研究之后，他还希望能有时间去了解另外的族群。

这是一种"真正的"田野工作的图景，它往往使目前人类学多点研究的实践者和评论者感到担忧。与这样的标准相比，这些研究的质量是否不可避免地令人怀疑？如果你在传统人类学允许的同一时间跨度内，涉及两个、三个甚至更多的地方，考虑各种实际原因，你实际上能做什么？我不想断言不会因此出现深度和广度的问题，也不想断言不会面临无可避免的困境。然而重要的是，我们要认识到现在多点研究中的一个地点与20世纪中期人类学家的单一地点有什么不同。

我在耶路撒冷、约翰内斯堡和东京，以及其他几个地方开展研究，但我显然不是要研究这些城市的"整个文化和社会生活"。我只是想了解一些驻扎在这些城市的外国新闻工作者，以及他们活动的当地生态。事实上，我也没有试图特别深入地了解这些人；对我来说有价值的是，他们的童年、家庭生活或个人兴趣，可能会如何影响他们的驻外记者工作。

人类学家经常对他们的田野和他们与那里的人之间的关系持有一种相当浪漫的看法。他们发现很难把他们的信息提供者描述为线人，因为他们更愿意把这些人看成朋友，他们可能会自豪地宣布他们已经被某个人的家庭和亲属团体接纳——不仅因为这表明了他们作为田野工作者的技能，而且因为它具有道德价值。他们在田野里工作，并在某种程度上被田野所接纳。埃文思-普里查德（Evans-Pritchard，1951，p.79）也有类似的感慨："如果一个人类学家与本地人告别时，双方都没有离别的悲哀，那么他作为人类学家是失败的。"也许正是出于类似的原因，我更愿意把我与记者的接触描述为对话，这表明了一种更个人化的属性，而不是访谈。然而我当然也想表达这样的想法，即只有非常温和的结构化交流，才具有自发流动和意外转折的空间。

毫无疑问，关系在演变过程中受到时间因素的影响。然而，我相信大多数多点研究确实也有关于分段生活的内在假设，其中有些方面（工作、种族或其他方面）是调查路线的最核心部分，而其他方面则不那么重要。民族志学者可能会对某一特定信仰或活动在更广泛的环境中的嵌入性产生兴趣，但这并不意味着一种整体性的追求。在田野里发现了一位志同道合者固然是一件乐事，但要牢牢记住自己所要追求的确切目标，以及当一个人描绘这个田野时，什么样的关系是这个田野本身的特点。

某种程度上在现代的多点田野中，个性化的接触与其说是来自于深化特定的互动，不如说是来自于对共同的熟人的识别——来自于将民族志学者置于跨地域的关系网络中。在与驻外记者会面时，我有一种感觉，如果我曾与他们在世界其他地方的朋友和同事交谈过，那么我往往会受到重视，也许我和这些人的交谈比他们之间的交谈时间更近。我甚至也与他们在国内的编辑交谈。因为我试图在不同的驻点中采访来自同一新闻机构的线人，以加深我对其运作的理解，并形成一种三角测量。这种熟人关系很容易也很经常被发现，是建立个人可信度的关键。

地点的临时性

人类学关于田野工作的经典形象还包括一个关于田野持久性、民族志学者的田野停留时间，以及"本地人"在其中参与的假设。这至少隐含着这样一个概念：民族志学者仅仅是一个短暂停留的人，必须在那一两年内形成与本地人一生中所积累的知识相匹配的认识。此外，这一年涵盖了人们在当地生活中最可预测的变化：季节的变化。

显然，在当今的田野研究中，我们所关注的人大多不太依赖季节，或他们种植和收获的活动周期，或将畜群转移到植被更多的牧场的周期。但除此之外，和真正的"本地人"相比，这些人本身往往与地点之间有其他类型的关系。在埃文思–普里查德的时代，他主要研究的阿赞德人和努尔人都是步行者——在有生之年，他们并不远行。在耶路撒冷、约翰内斯堡和东京可能也有这样的人，但在驻外记者中几乎没有。一般来说，我们在多点田野研究中所关注的人往往是流动性较强的人，他们对把地点组合转化为连续田野的贡献最大，而且他们也使地点本身，至少对研究的目的来说，更像"跨地点"的（Appadurai，1996）。一些地点本身甚至可能是短暂的现象。我在斯德哥尔摩的同事Tommy Dahlén（1997）在研究新的跨文化职业的形成时，发现国际会议，包括仪式活动、研讨会、展览和聚会，是他民族志研究的核心。当他的研究结束时，他肯定比大多数跨文化主义者参加了更多的这类会议。这些临时地点——会议、课程、节日——显然在许多当代民族志中很重要。

目前在一些地点可以说没有真正的本地人，或者只有很少的本地人，分享生活中的本地化经验和集体化理解。有更多的人，像人类学家一样，更像是陌生人。我发现James Ferguson（1999，p.208）对20世纪末赞比亚（Zambian）铜矿带（Copperbelt）城市的民族志的评论发人深省：

> 这里有许多需要理解的东西，但现场的参与者都无法声称自己完全理解了，甚至就是无法理解。每个人都有点儿困惑（可以肯定的是，有些人比其他人更困惑），每个人都发现有些事情似乎很清楚，而有些事情则无法理解或只能部分理解……人类学的理解必须具有不同的特点，因为像本地人一样理解事情时就会错过大部分正在发生的事情。

这在单点研究和多点研究中都是如此，但它使"本地的"知识和民族志知识之间的关系出现问题。如果他们的信息提供者也发现这个世界是不透明的，那么对田野工作者来说，事情是否会变得更容易，或者更困难？因为他们不仅要了解知识的结构，还要了解忽视和误解的性质以及社会组织。无论如何，我们感觉到，我们已经远离了传统的田野工作模式。

材料：访谈、观察等

同样，在我的驻外记者项目中，访谈，无论是长期的、非正式的还是松散的，都占了我田野材料的很大一部分。我确实参加了一家报社外事部的日常工作会议，并与一位记者一起前往巴勒斯坦西岸进行报道。更多这样或其他类型的材料无疑是有价值的，但由于实际原因，我没有追求一些这样的可能性，而是利用我可以支配的时间，通过访谈来确保多样性（我试图涵盖不同种类的媒体，尽管重点是印刷记者，而且我也想涵盖尽可能广泛的国籍）。此外，在耶路撒冷、约翰内斯堡和东京，以及在其他几个地方，我与记者见面时，他们正沉浸在特定的活动中，因此这些访谈可以是详细和具体的。

时间因素可能是很多多点研究比单点研究更依赖访谈的原因之一。如果研究人员必须在传统的田野工作时间内调查更多的地方，他们可能会更加匆忙。而他们掌握的语言技能在其中则会起到一定的帮助作用。在访谈中，你有可能用一种或两种语言来交流。我与驻外记者的对话是用英语进行的，但与斯堪的纳维亚同行的对话除外。在这些地点，对许多记者来说，特别是那些在不同任务之间轮换的外派记者，英语也是他们的工作语言。乔治·马库斯（Marcus，1995，p.101）

总结说，到目前为止，大多数多点田野研究都是在单语环境中进行的，大部分是讲英语的。

这当然不是说多点民族志必须完全依赖访谈和线人工作（在这种情况下，有些人甚至会觉得在田野阶段，它不完全是民族志的，民族志的倾向可能会在写作风格中变得更加明显）；这仍然取决于研究主题的性质。Helena Wulff在研究芭蕾舞团时，可以观看演出并参加无休止的排练。虽然她不能很好地"参与"公共演出，但她自己的舞蹈背景意味着她对舞蹈生活中更实际的、身体方面的问题仍有一种特别的深入理解的洞察力。

但是，如果纯观察或参与式观察在一些多点研究中的作用比在人类学田野工作的传统模式中的作用更为有限，那么，这可能与纯粹的多地点性没有多大关系，而是与它们往往涉及现代性的背景这一事实有关。当然，有很多活动是值得立即到场，甚至是积极参与的，但也有一些活动可能是单调的、孤立的、难以接近的。当"你的研究对象" 花几个小时独自坐在办公桌前，或者专注于电脑屏幕时，你会怎么做？

与此同时，无论你现在沿着较传统的民族志路线做什么，都可以（通常是必须）与其他类型的资源和材料相结合。Hugh Gusterson（1997，p.116）从对加州一个核武器实验室的民族志研究转向了对整个美国"核武器界"的研究，同时也时不时地关注对应的俄罗斯核武器界。他将当代民族志描述为一个"多种形式的参与"的问题，在一些分散的地点与信息提供者互动，但也通过电话和电子邮件进行田野工作，以许多不同的方式从不同的来源收集数据，认真关注流行文化，阅读报纸和官方文件。综合技能可能比以往任何时候都更重要。当然，在很大程度上，正是那些不是或至少不总是面对面的关系，使多点田野具有一致性。媒体，不管是个人的还是非个人的，似乎都在大多数多点研究中留下了他们的印记。我的一位同事（Ulf Björklund，2001，p.100）从事亚美尼亚侨民的研究，他引用一位编辑的话解释说："在世界任何地方，只要有二十几个亚美尼亚人，他们就会出版某种刊物。"Helena Wulff描述了舞蹈视频在跨国舞蹈界的各种使用方式，包括教学和营销。在我的驻外记者研究中，记者的报道本身自然构成了我的材料的很大一部分，与我的访谈交织在一起。最后，这也意味着埃文思-普里查德关于"离别的悲哀"的说法似乎有点言过其实。正如他们的报道可以让我在与他们见面之前至少了解他们的一些情况一样，即使我已经回到了斯德哥尔摩，我也可以通过追踪他们的报道来继续了解他们的动态——无论是来自我见过他们的地点，还是来自世界的其他地方。

一种可能的艺术：将田野工作融入生活中

试点采访之后，我于1996年底开始对我的驻外记者项目进行田野研究，并在2000年初进行了最后一次访谈。在某种程度上，我似乎接近了埃文思–普里查德做一个项目的五年标准，但这并不包括我的准备工作，也不包括写作的时间。另外，我也没有全职从事这个项目。在这期间，我回到斯德哥尔摩从事教学和行政管理工作，还在其他地方做了几次短暂但令人满意的研究工作。当然，我一直都在关注外国新闻的报道。

不管是单点还是多点，我相信现在很多民族志工作都是这样组织的。职业或家庭义务使得仅仅在一个田野连续工作一两年的可能性显得相当渺茫。对有些人来说，这意味着永远不会再去这个田野，所以没有那种"第二个社会"的经验，而这种经验可能会拓宽你的知识视野。但是，民族志是一门追求可能性的艺术，有一些发现可能总比完全没有更好。所以我们时不时地做民族志研究，当机会来临的时候，就把它融入我们的生活。

毫无疑问，这往往是一个"在那里"的问题，一次又一次！一次又一次！回到一个已知的但可能正在改变的场景。然而，多点民族志可能特别适合于那种更冗长的、断断续续的日程安排，因为这种安排不仅允许我们在这段时间内思考我们所拥有的材料，而且还允许我们思考下一步该去哪里。根据一项几乎不允许沿途改动的计划，匆忙地从一个田野地点直接转移到另一个可能是不切实际的。

David Parkin（2000，p.107）在总结他在最新出版的英国牛津人类学田野工作手册中的贡献时，也在某种程度上更新了经典的埃文思–普里查德模式，详细介绍了他自己对东非的持久承诺。他指出，一些实际情况，如人类学家数量的增加，以及政府对纯粹学术研究的财政限制，可能都比学术性的争论对研究风格的改变影响更大。他认为，如果现在有更多的民族志学者将他们的田野工作分散在更短的时间段内进行，而不是以传统的大段时间来进行，那么这就是一种变化。这听起来很有可能，因为民族志是一门追求可能性的艺术。然而，这并不是说关于民族志研究方法的变化和差异的学术讨论是无用的。也许这些关于多点田野工作经验的说明可以为这种争论做出贡献。

参考文献

Appadurai, A.(1996). *Modernity at Large.* Minneapolis: University of Minnesota Press.

Dahlén, T.(1997). *Among the Interculturalists.* Stockholm Studies in Social Anthropology, 38. Stockholm: Almqvist and Wiksell International.

Evans-Pritchard, E. E.(1951). *Social Anthropology.* London: Cohen & West.

Ferguson, J. (1999). *Expectations of Modernity.* Berkeley: University of California Press.

Garsten, C.(1994). *Apple World.* Stockholm Studies in Social Anthropology, 33. Stockholm: Almqvist & Wiksell International.

Geertz, C.(1988). *Works and Lives.* Stanford, CA: Stanford University Press.

Gupta, A., & Ferguson, J.(Eds.).(1997). *Anthropological Locations.* Berkeley: University of California Press.

Gusterson, H.(1997). Studying Up Revisited. *Political and Legal Anthropology Review*, 20(1), 114-119.

Hannerz, U.(1998a). Of Correspondents and Collages. *Anthropological Journal on European Cultures*, 7, 91-109.

Hannerz, U.(1998b). Reporting from Jerusalem. *Cultural Anthropology*, 13, 548-574.

Hannerz, U.(1998c). Transnational Research. In H. R. Bernard(Ed.), *Handbook of Methods in Anthropology.* Walnut Creek, CA: Altamira Press.

Hannerz, U.(2001b). Dateline Tokyo: Telling the World about Japan. In B. Moeran(Ed.), *Asian Media Productions*(pp. 126-48). London: Curzon.

Hannerz, U.(2002). Among the Foreign Correspondents: Reflections on Anthropological Styles and Audiences. *Ethnos*, 67, 57-74.

Hannerz, U.(forthcoming). *Foreign News.* Chicago, IL: University of Chicago Press.

Marcus, G. E.(1986). Contemporary Problems of Ethnography in the Modern World System. In J. Clifford & G. E. Marcus(Eds.), *Writing Culture*(pp. 165-193). Berkeley: University of California Press.

Marcus, G. E.(1995). Ethnography in/of the World System: The Emergence of Multi-Sited Ethnography. *Annual Review of Anthropology*, 24, 95-117.

Nader, L.(1972). Up the Anthropologist – Perspectives Gained from Studying Up. In D. Hymes(Ed.), *Reinventing Anthropology*(pp. 284-311). New York: Pantheon.

Parkin, D. (2000). Templates, Evocations and the Long-term Fieldworker. In P. Dresch, W. James, & D. Parkin (Eds.), *Anthropologists in a Wider World* (pp. 91–107). Oxford: Berghahn.

Watson, C.W. (Ed.). (1999). *Being There.* London: Pluto.

Watson, J. L. (Ed.). (1977). *Between Two Cultures.* Oxford: Blackwell.

Wulff, H. (1998). *Ballet across Borders.* Oxford: Berg.

无处不在，又所至有限：多点民族志的追踪挑战

5

萨拉·范·杜伊恩[①]

引言

2015年，荷兰在国内治理方面经历了一场巨大的变革：医疗机构及其融资权力下放，这将责任从中央转移到了地方政府和医疗保险公司。尽管人们期望地方执行者提供同样质量的医疗服务，但这一转变伴随的是预算的大幅缩减。因此，地方执行者应该改变目前的做法，建立一个强调（区域）合作的"综合"系统。这种合作应该以两种形式表现出来：一种是市政当局与医疗保险公司（即商业机构）之间的"专项"合作，另一种是整个国内医疗体系，包括其他参与者之间的"广泛"合作。诚然，即使组织的执行者通常情况下没有合作的经验，但这种变革的必要性迫使他们把医疗系统转变为一个既有成本效益又能提供个性化优质护理的体系。也许最具挑战性的是被期望合作的组织间的差异："商业性"的医疗保险公司和"官僚性"的市政当局不仅在组织架构上大不相同，它们的目标和利益也有潜在的冲突。我的研究基于这个问题，即地方执行者如何以及是否尝试共同构建一个医疗改革所需的地方治理新形式。

考虑到医疗系统中参与者共享的相互理解过程，多点民族志似乎是一种完美的研究方法。多点民族志最早由马库斯于1995年提出。他将其描述为民族志的下一阶段——这是一种适合快速变化的社会的方法，因为研究对象越来越复杂，不局限于一个地方（Marcus，1995）。这种方法把民族志的田野调查转化为"在

①Sarah Van Duijn. （2020）. Everywhere and nowhere at once：the challenges of following in multi-sited ethnography. *Journal of Organizational Ethnography*，9（3），281-294.

那里……和那里……还有那里"的问题（Hannerz，2003）。从事多点民族志的一种方法是马库斯所描述的"追踪"，为此他提出了六种模式来帮助组织田野调查。追踪某个对象或主题可以使研究者随着事态的发展自然地从一个地点移动到另一个地点。在我自己的田野调查中，我通过使用多点的方法，能够追踪整个医疗系统改革领域的合作，并理解不同执行者如何在各自的领域内共同构建新的治理形式。然而，这种"追踪"的做法被证明是有问题的。不仅田野本身的边界难以界定，而且"追踪"的行为也没有我最初设想的那样简单。我没有"自然而然地"出现在"被需要的"地方，有时我觉得我自己好像无处不在，又好像不知自己身在何处。

在这篇论文中，我根据自己作为一名多点民族志学者的经验，在追踪荷兰医疗系统尝试合作的过程中，对"追踪"的概念进行了质疑和证实。为了详细说明我的方法，我将首先讨论关于（多点）民族志的文献。之后，我将分享我在尝试追踪跨田野合作时遇到的三个挑战，以揭示这些挑战是如何成为教训的，即：（1）不断协商进入不同田野的需求促使我反思自己在田野中的定位；（2）大量潜在的路径迫使我"取消追踪（unfollow）"这个田野，并重新获得临界距离；（3）我在田野调查中观察到的各种错综复杂的观点让我对它们更加敏感，这种混乱不仅我自己经历过，地方参与者们也经历过。令人遗憾的是，多点民族志因此证明了民族志学者们试图提供一个整体描述的野心是无法实现的。最后，我将讨论"追踪"本身的概念，以及我的研究对未来多点民族志"追踪"研究的影响。

多点民族志：模糊田野与疑难问题

在我的整个研究过程中，多点民族志被证明是一种苦乐参半的体验。同时，这既是研究我课题的最佳方法，也是最糟糕的方法，因为伴随着很多挑战。关注组织间动态的多点民族志研究仍然相当罕见（Zilber，2014）。这是不幸的，因为民族志对组织内日常思维和行为方式的见解（Ybema et al.，2009）也可能有助于学者更好地理解不同组织的成员如何相互理解。传统意义上的民族志要求研究者沉浸在特定的文化中——例如亲自深入了解一个组织的成员——而多点民族志并不局限于一个地点，而是追踪一个对象（object）或想法（idea），围绕多个地点进行研究（Marcus，1995）。Hannerz（2010）概述了多年来地点的概念是如何变化的，并解释了民族志是如何从经典的到一个遥远国家"在那里"，发展为"在家（at home）"研究文化，后来又发展为研究"行动者、机构和话语之间的关系网"（p.60），他将其描述为"研究穿透（studying through）"。田野调查者不是"在那里"，而是"在这里和那里"，他们在多个地点进行研究并试图绘制将这些地点连接在一起的关系、联系和关联，这被称为"流动民族志"（Marcus，1995），它追踪了文化是如何在多个地点而不是一个地点内构建的。

尽管如此，一个重要的问题依旧存在：应该如何进行多点研究？与其他类型的研究不同，多点民族志缺乏明确的理论指导方针和方法论层面的反思（Candea，2007；Nadai & Maeder，2009；Zilber，2014）。马库斯（1995）提出了各种构建模式，以帮助定义田野工作者的研究对象和建构田野工作。这些建构模式立足于战略性地选择地点，以提高人们对于更广泛系统的理解，并围绕"追踪"某个特定对象、想法或过程展开（Marcus，1995，2009）。在1995年的文章中，马库斯提出了六种追踪模式：（1）对人的追踪——最常见，经常在移民研究中看到——也被称为如影随形（Czarniawska，2007）；（2）对某个东西的追踪，例如一份报告在各部门和组织中的传播路径（Harper，1998）；（3）对隐喻的构建和流动的追踪；（4）对一个故事及其影响社会记忆方式的追踪；（5）对传记的追踪，这可能需要研究者跨越不同的社会背景。马库斯的最后一个模式，也可能是与我的研究问题最相关的模式，是（6）对冲突的追踪，通过这种方式，研究者可以了解冲突双方的情况。在我的研究中，为了分析建立合作的核心的相互感知过程，我选择使用并调整对冲突的追踪模式——以观察大量"起冲突的"双方，不仅在不同组织参与者会面的"前台"观察，还在组织间会议准备和评估的后台进行观察。

为了追踪不同的合作伙伴，研究者必须首先进入不同的领域。多点民族志给田野调查者的访问和角色带来了额外的挑战（Marcus，1995；Nadai & Maeder，2009；Wittel，2000）。访问一个单一的民族志田野已经是一个棘手的过程，这可以描述为一个涉及多个组织参与者的、动态的连续轨迹（Bruni，2006）。因此，研究者应该注意自己的研究轨迹在哪里，以及它如何与"组织生活的其他轨迹"相交，因为所有的田野工作经验都是局部的，并且依赖于访问（Bruni，2006，p.151）。在多点民族志中，这些问题会成倍增加，因为对每个田野的访问都必须经过（重新）协商。然而，当涉及组织间动态的研究时，尤其是当研究领域让大多数参与者感到"警惕"而不"轻松自在"时，这种多点的特质也可以提供优势。Hannerz（2003，p.210）完美地描述了这种情况，他指出，在一些地点"没有真正的本地人……这里（只有）像人类学家一样更像陌生人的人。"对于多点田野调查者来说，这使他们更容易融入其中，因为研究者和"线人"彼此都是陌生人。

跨领域追踪还引发了另一个问题：究竟什么应该被视为田野的一部分，以及应该在多大程度上跨这些领域追踪某个主题？尽管马库斯（1995）提供了跨多点田野追踪的构想，但他并没有讨论在何处或如何"切入"（Candea，2007）。自20世纪以来，人类学就一直在讨论到底是什么构成了一个田野。例如，20世纪50年代，以人类学家Max Gluckman为创始人的曼彻斯特学派（Manchester School）就质疑了社会和文化等广义概念背后的理念（Evens & Handelman，2006）。Gluckman觉得这些概念往往被描述为有边界和稳定的东西，正如他所说，尤其是考虑到每种情况都是过程性的和独特性的（Kapferer，2006）。在他看来，研究者最好利用一个社会情境——即一个因共同利益而将不同背景的参与者团结在一起的事件——作为进入相关社会情境及分析潜在社会动态的切入点（Gluckman，1940）。同样，Gupta和Ferguson（1997）反对世界是由不同文化组成的观点，相反，他们指出，由于现代世界的相互联系，没有一个自然的点（natural points）可以将"这里"与"其他地方"区分开来。同样，他们认为研究者应该"去中心化（decentre）"田野的概念，并考察不同社会政治地点之间的相互联系（Gupta & Ferguson，1997）。最近，Hannerz（2010）提醒我们，人类学本质上是关于参与者之间的关系，而不是关于他们自身的位置和位置本身。从这个意义来说，多点民族志田野更多的是一个政治场域，而不是一个地理位置（Wittel，2000），其本质上是情境性的，基于共同的问题或兴趣将来自不同背景的参与者联系在一起。

尽管研究者可以在开始田野调查之前试图明确谁或什么应该被视为该田野的一部分（Zilber，2014），但在多点民族志中，田野之间的边界本质上是模糊的，只能在研究过程中进一步划分（Nadai & Maeder，2005；Zilber，2014）。我不允许这种模糊性使自己气馁，因为我的研究围绕着一个需要被各方"理解"的、被广泛讨论的变革，所以我认为，在这个田野中建构我的选择的最佳方式是追踪医疗和社会领域间的合作。这些各方的感性认识以不同的方式产生，造成了不同的意见分歧和期望矛盾。因此，我决定，我的主要关注点将是（1）市政当局和（2）医疗保险公司，他们在很大程度上是负责为改革后的医疗系统提供资金的战略伙伴。为了了解相关各方是如何理解这一挑战的，我意识到我需要在不同的地方进行研究：分别是双方的"内部"和双方会面的"会议室"（Kellogg et al.，2006）。然而，正如我后来发现的那样，这并不像我最初想象的那么简单。

总之，尽管多点民族志似乎是研究"组织边缘的交叉点"的一种很有前景的方法（Yanow，2004），但它也面临着自身的挑战。在本文的其余部分，我将描述我在各个田野的旅程，讨论我如何应对三个关键的挑战，即：（1）协商访问；（2）在无数潜在路径之间做出选择；（3）理解零散的数据。

挑战1.　你站在哪一边？协商访问以追踪不熟悉的合作伙伴

> 董事们可能会反对的是，他们将不得不与这个参会的人分享自己的策略，而这个人同时在与他们的谈判伙伴交谈。因此，（观察）周三的会议可能比与保险公司本身的磋商更加敏感。（电子邮件，区域秘书长）

尽管在任何民族志研究中，协商访问都是一个棘手的过程，但在多点民族志研究中，这可能更加棘手。由于田野普遍具有独立性（Hannerz，2010），进入某些领域并不保证能进入其他领域。上面引用的电子邮件是一个关键参与者对我关于参加四个有代表性的市议员会议的询问的回应，因为他们正在为与保险公司的首次战略会议做准备。鉴于我对这些合作伙伴之间的关系以及在从未合作过的背景下他们将如何合作感兴趣，我觉得这是一个我不能错过的事件。然而，市议员们对是否允许我参会一事犹豫不决。因为我采取的是多点的方法，所以我不仅要对市议员进行田野调查，还要对他们不熟悉的合作伙伴——保险公司，进行田野调查。我还没有在这个领域建立起牢固的关系。市议员们为什么要信任一个不认识的突然出现的学生？他们（还）不了解这个学生，对她的信任不足以让她知道与保险公司第一次会议的策略，他们与保险公司的关系已经很棘手了。是在我的研究刚开始时，我必须不断地协商，并证明我出席"内部"会议是合理的。在上述情况下，这样做尤其困难。在来回发送电子邮件后，区域秘书长认为我可以去他们的办公室，但这趟五到六个小时的火车之旅可能一无所获。在会议开始之前，我举例说明为什么我的出席对我的研究和相关参与者都很重要——幸运的是，我被允许进行观察。然而，在其他情况下，我的协商却陷入了僵局。例如，在保险公司方面，参加组织内部的会议被证明是不可能的。为了掌握他们的观点，我不得不依靠我在组织间的会议和深度访谈中的观察——这是在多点民族志中的常态（Hannerz，2003；Nadai & Maeder，2009）。

获得进入各个田野的机会是一个棘手的过程。我不得不一次又一次地与来自不同田野的参与者（重新）协商我是否能出席会议，不断努力使他们的利益与我的利益保持一致。有意识地考虑他们允许我访问的内容和原因至关重要。有时，参与者们试图利用我在该领域的地位。例如，为了与医疗机构"打成一片"，一位政策制定者提出，如果我能反过来告诉她，护士们所作所为的"对"与"错"，她可以给我一些地区护士的联系方式（我拒绝了，并强调了我的研究与该领域的相关性）。还有一次，我的怀疑是由一个参与者热忱地建议我参观一个合作项目而引发的，那显然是一个例外，并不代表该项目在大多数地方的运行方式。事实上，该组织的一名当地雇员在和我讨论我的访问时感叹道："哦，是的，她喜欢安排人去参观这个极端例子！"在这种情况下，"人"指的是金融家、部委政策顾问，现在指的是我。最后，当我追踪参与者参观该组织的其他项目时，我对该组织的日常生活有了更好的了解。

参与者们试图利用我跨领域的立场的问题，暗示了我在田野中出现遭遇的第一个问题：我的身份是什么？如前所述，多点民族志除了研究者的角色之外，不允许有任何选择。对我来说，一个更复杂的情况是，我参加的组织间会议往往包括一些我以前从未见过的参与者。我们之间的不熟悉不仅要求我不断地重新协商我的"身份"，而且我也不能假设我的立场对不同的参与者来说是显而易见的。由于不知道我是谁，这些参与者经常想要"定位"我，并觉得有必要理解我的存在。当我和市议员们聊天时（尽管这很有价值），我注意到其他参与者经常把我和市政当局联系在一起，即使我后来介绍自己来自大学。我觉得这影响了其他组织的参与者选择向我倾诉的内容。例如，有一次，我先于市政参与者参加了一次会议，重点讨论社会和医疗领域的整合，在那之前，会议只包括医疗领域的参与者。推动这一项目的顾问对市政当局有着强烈的看法，他告诉我，"你永远不应该把（地方）政府包括在内，这对一体化来说是灾难性的。"后来，当他看到我与到场的市政官员很熟悉时（其中一位经常把我送到火车站，这意味着我在会后一直与她待在一起），他试图缓和他早些时候所说的话。由于这些（无意的）暗示明显影响了我收集的数据（Ybema et al.，2019），所以对我来说，重要的是了解我在田野中的定位，了解与我交谈的参与者如何理解我的背景，以及了解该田野中多点民族志关系的挑战。有鉴于此，我特意提前参加会议，以便让我以前从未见过的参与者们可以了解我是一名学术研究者，而不是与市政当局有关的人。此外，我还确保不总是坐在议员旁边（尽管我坐的时候，他们经常在整个会议期间对我低声谈论他们的私人想法）。没有被视为与市政当局有直接联系，使我能够更好地了解其他参与者是如何理解与他们一起工作的市政当局的。

尽管如此，我仍然还是成了市政领域的一部分，而不是其他领域的一部分——市政领域是我的起点和基础。在参加了大约一年的市政战略会议后，我的出席被认为是理所当然的。我既在邀请名单上，也被期望在那里"加强研究与实践之间的联系"。当我遇到市议员在走廊上秘密交谈时，他们会继续讨论他们与保险公司合作和说服策略的真实意图（不知是关于信息交流，还是主要关于社会领域的金融投资）。他们不仅不顾忌我的存在，还会把我纳入他们的后台对话。再举一个例子，有一次，就在董事会会议即将开始之前，很明显有人忘了给我打印姓名牌。我不介意，并说在轮到自我介绍之前我会一直当一个神秘嘉宾（这些会议往往包括一轮介绍，以熟悉所有相关人员）。其中一位市议员很快插话，请地区办事处的一名员工为我做一个姓名牌，说："现在看起来她不属于这里，显然不是这样的。"虽然有时我觉得很难（持续地）协商并证明自己在谈判桌上的位置，但我也喜欢这些经历。坐在"市政会议桌"上，对我来说就像是另一个家。后来，当我坐在火车上返回自己真正的家，反思自己在这一领域的经历时，我有时注意到，我更容易受到市政方面的影响，而不是我所听到的其他观点。对我来说，这往往是一个信号，让我拉开一些距离，反思我在这个领域的经历，将我在市政会议上听到的故事与我从医疗机构和保险公司听到的故事并列起来。

此外，对不熟悉的合作伙伴的追踪是我的多点民族志的一部分，这在访问和身份定位方面带来了额外的挑战：我将如何访问不同组织领域的参与者并与他们建立联系？以及这些联系将如何影响他们与我分享的故事？这种访问与身份定位的问题迫使我更多地反思我在田野中的关系，以及这些关系对我理解研究结果的影响。我把我从不同参与者那里听到的故事放在一起，思考我对这些故事的感受及其原因。通过这种方式，多点的方法帮助我与我所研究的参与者保持了一定距离。虽然由于多点田野的分段性质，我预计会遇到一些与访问相关的挑战，但我没有预测到我最大的访问挑战之一，即访问超出我能力范围的田野。

挑战2. 无处不在，又所至有限：追踪一个无边界的主题

在我最终能够进入多个组织世界之后，多点民族志中缺乏边界的问题很快变得令人难以承受。不久之后，我发现可以进行的联系数量之多，已足以将我淹没。我觉得我必须无处不在，但又不知道应该在哪里划定界限，该包括哪些东西，也不知道什么时候该离开我的田野。我的导师建议我不要在田野里停留太久，在再次返回之前要退后一步，以保持一定距离。他们自己甚至就"如何重新出现"写过文章，并在田野调查中找到了沉浸和距离之间的平衡（Ybema & Kamsteeg，2009）。然而，我觉得这根本不可能。因为田野太过复杂和多变，我不可能与之保持距离并在返场后仍然了解这个田野。而且田野的变化也是持续的。

每次我回到田野，那里的世界似乎都发生了变化。正如一位市议员所说，新的地方倡议不断涌现，将田野变成了"项目的'意大利面条碗'效应"。当地参与者经常谈到持续的混乱和变化，谈到他们迫切需要在有界范围内有一个方向点来朝着它努力，以及所谓的"空白区域"，即对当地参与者来说很重要但仍不了解的田野合作伙伴。与我所追踪的参与者一样，我也被大量的混乱困住，感觉无法在田野调查中对什么是重要的、什么是不重要的划出界限。我的主题是没有边界的。

我对当地参与者如何从零开始与不熟悉的伙伴建立合作关系，以及当地参与者如何解释他们快速变化的合作环境感到好奇。由于我想追踪社会和医疗领域之间的区域战略合作，所以我的意图是参加与此相关的每一次会议，并探索参与者如何理解这一领域，以及他们自己、对方和他们之间不断变化的关系。然而，不久之后，追踪行动在哪里划定界限就成了问题。事实证明，尽管是战略金融合作伙伴，但医疗保险公司和市政当局实际上并没有相互沟通。因此，没有一个"自然"的田野作为起点。此外，我很快发现，我想要研究的达成共识的过程不仅发生在来自单个组织的参与者之间的会议上（我已经预料到会加入），而且也发生在与所述战略合作之外的组织的参与者的会议上。此外，当我忙于了解这一合作的背景时——这本身就是荷兰医疗体系重大变革的结果——我知道我不能忽视这一变化（以及相关金融合作伙伴的作用）是如何在更实际的层面上表现的。这再次意味着没有一个"自然"的地方来划定界限，以便理解合作参与者的经验。

我并不是唯一一个难以理解田野所发生的一切的人。当地参与者也在苦苦挣扎，我经常听到他们对不断变化的基本规则和合作伙伴关系感到沮丧。当参与者们试图确定他们应该与哪些组织建立联系，以实现他们的社会和医疗服务无缝对接的目标时，经常会出现与他们相关的、之前未知的各方。正如一位全科医生（GP）所提到的：

> 我曾经参加过一个项目［专注于变革］，我觉得了解它在社会领域是如何运作的会有收获。让我惊讶的是，那里有很多我以前从未见过的人。这些人，无论是什么身份，都在为我的病人工作。（笔记，全科医生）

医疗改革就像一颗流星击中了地面——它迅速重塑了整个医疗体系，地方参与者被迫重新设计对接的方式，并筛选出相关的合作伙伴。上面的引文强调了这一点。根据这位全科医生的说法，外面有一个他以前不知道的整个世界。此外，变化是无时无刻不在的。对于市政当局来说，这意味着合作的重点有时会从与保险公司的合作转向与其他领域合作伙伴的合作，如全科医生（GP）和其他医疗机构。我对这个领域的关注也相应地扩大了——我觉得，为了了解当地参与者如何理解该领域的系统性和相关性变化，我不仅要追踪社会和医疗领域的医疗融资者之间的联系，还需要从战略和操作层面上审视他们与医疗机构之间的联系。具体地说，多点民族志的挑战意味着我正在跟踪和观察越来越多的会议，在越来越多的合作伙伴之间，在越来越多的层面上，试图弄明白这一切。

尽管我坚持最初的研究对象——市政当局和保险公司，但我一直在不断扩大我的关注范围，结果我承担了超出我能力范围的工作。我走遍了整个地区，参加会议，与政策制定者交谈，并在家访中追踪护士，试图追踪并纳入似乎与地方治理发生如此重大变化有关的所有事情。然而，最终，我觉得自己无法去所有我需要去的地方，并且——不出所料——最终感觉自己既无处不在，同时又所至有限。我根本不可能追踪医疗改革带来的所有合作。该领域的规模和发展速度让"追踪"这一隐喻成为我研究中的一个问题，即构建多点田野调查——我的田野的边界是什么？我一直在为如何做出明智的决定而苦苦思索，不知道该在哪里划定界限，还担心会错过重要的事件，或是我的田野调查并没有完成就离开了。

当我试图掌握我在整个医疗系统中观察到的感知过程时，我不再觉得我可以控制我所追踪的轨迹。一方面，我觉得自己像坐在一列被困在茫茫荒野中的火车上，而另一方面，我觉得自己像坐在过山车上，试图立刻到达任何地方。我试图追踪在不同地区、不同组织和不同层面上的整合，以了解整合是如何跨地点而非在一个地点构建的，这让我既困惑又疲倦。每次我回到田野时，这些感觉都会加剧，直到最终我感到无法思考或集中注意力。我陷入了僵局，唯一的出路就是完全停止我的田野调查。从某种意义上说，穿越这么多地点所带来的疲惫有助于我获得所需的距离，而且这使我能够中断研究行程（因为并没有一个自然节点来停止我的田野调查），同时"不再进行田野追踪"。我取消了未来的访谈和会议，回到大学的办公桌前，试图弄清楚我在三年前收集的零散数据。

挑战3. 零散的数据：理解我"未追踪"的田野

> 未经加工的现实可能是一个非常混乱且毫无意义的东西：它总是需
> 要一个对话者，一个准备好做构建粗略集合工作的人 [……]，在这个

过程中，令人费解的事件被编织到一个更广泛的结构中，使其成为某种整体的意义（Bate，1997，p.1168）。

于是我就背着成堆的数据回到我的办公桌前。这个田野令人困惑，甚至对其中的参与者来说都是令人困惑的，我需要把不同的片段放在一起，看看我是否能像Bate所描述的那样构建"某种整体"。尽管这通常在民族志中存在挑战性，但在多点民族志中可能更具挑战性，因为"多点性实际上不仅指地点，而且意味着空间化（文化）差异"（Falzon，2009，p.13）。参与者对现实的不同理解以及各自对某些事件、规则和条例的理解方式，使我很难对他们在其快速变化的环境中如何达成共识进行连贯的分析。虽然一开始有点令人沮丧，但我很快就想起了为什么我选择从多点民族志开始：了解各个领域的参与者如何在新颁布的医疗改革背景下理解他们的合作。我开始分析我的数据，寻找能够帮助我理解参与者在跨组织和部门合作时如何理解自己和彼此的东西。通过将这个经验问题与边界工作等理论概念相结合，我能够更好地构建我的数据。

在我的分析中，开展多点民族志的优势和价值也变得越来越明显。我不仅能够体验到参与者们自己经历的一些复杂性和动态性，而且在不同地点进行田野调查也有助于我理解不同参与者之间如何以及何时进行联系。通过阅读我的田野笔记、抄本和在不同地点搜集的文件，我能够描绘出战略伙伴之间合作的出现和演变。在我的研究开始时，金融合作伙伴之间并没有合作的历史。因此，我并没有像我预想的那样简单地参加组织间的会议，而是单独追踪了不同的领域。这样一来，很快就可以发现，不同的参与者对所需的合作有着不同的理解。市议员们——他们刚刚开始负责医疗体系中的大部分工作，包括他们之前没有经验并且迫切需要帮助的工作——认为与保险公司定期举行面对面的会议非常重要，以便共享信息并讨论共同问题。另一方面，保险公司认为新工作是市议员的责任，与他们无关。在他们看来，几乎没有什么工作需要双方的团队合作，在大多数情况下，表面合作就足够了。换言之，很快就可以看出，谈判双方对该领域的变化所要求的组织间金融合作有不同的理解。这种不匹配引发了该领域的参与者很多不好的感觉。保险公司觉得受到了不公平的评判，而市政当局的参与者觉得自己没有影响力，就像他们在与一堵砖墙对话，被迫向保险公司这样的势力妥协。鉴于这种不匹配只能通过研究多个田野而不是一个田野来发现，多点方法在这种情况下显然有其独特优势。

保险公司和市政当局的参与者之间的另一种关系只能通过对多个田野的研究

才能揭示出来,即参与者们都为同一件事相互指责:对方太死板且故步自封。例如,市议员们表示,他们感觉自己"完全依赖于保险公司","没有发言权,只能等待和观察保险公司提出的方案"。然而,这种情况也反过来发生了。保险公司的人告诉我,他们曾试图提出一些计划,但都失败了,因为根据保险公司的说法,"市政当局有他们想遵循的非常具体的政策"并且"对(医疗体系)应该发生的事有不同的想法"。至此,我清楚地认识到,双方都只关注各自的愿景和利益。由于各个合作伙伴之间缺乏对话,双方最终都对改革后的体系构建了自己的解读,包括所需的金融合作,这反过来又导致了合作双方之间的失调和摩擦。多点民族志有助于描绘这些不同的结构和由此产生的失调,当我后来与该领域的参与者分享这些发现时,他们证实了其相关性。正如一位市议员所说:"我们都认为自己是网中的蜘蛛。我是那只蜘蛛,但你也是,而你……但这当然是不可能的。"

尽管这些领域作为一个整体太大,无法把握和理解,但多点民族志帮助我在微观层面上描绘了我在现有医疗体系的某些要素中观察到的社会结构。通过对多个田野的研究,我了解了金融合作伙伴之间的合作是如何从零开始的,以及为什么会有如此艰难的开端。此外,通过将来自不同组织的参与者的故事并置,我也能够阐明后来所讨论的合作伙伴在内容方面的不匹配,是如何导致一体化医疗保健在实际运行中出现问题的。例如,一个经常不明确的讨论点涉及每个合作伙伴的所有权意识:什么属于保险公司的医疗保险领域,什么属于市政当局的社会保障领域?边界的模糊和不明确导致在整体社会和医疗保健的管理方面存在差距。很明显,例如,医疗问题对于市政当局的参与者("生病的人")与保险公司("需要药物治疗的人")来说可能意味着不同的东西,于社会问题也是如此。这种错位的结构引发了广泛的讨论,使当地参与者很难知道谁应该对什么负责。

虽然我最初对我在整个田野调查中收集的零散数据感到困惑,但我最终还是有能力阐明这些不同的结构,以及它们如何在整个系统中构成一个整体,这直接归功于我采用了多点方法。尽管存在挑战,但事实证明,多点民族志是一项值得努力的工作,也是解决我研究的核心问题的最合适方法。这迫使我解释我在田野中所遇到的问题——参与者自己每天都要面临的问题,以及我现在亲身经历的问题。在田野中没有自然的界限,只有我们自己划定的界限(无论是作为研究者还是作为田野参与者)。正如Bate(1997,p.1157)所言:"现在是人类学家停止看到不存在的整体的时候了。"我将在下面的讨论中详细阐述这一论点,并分享我在整个田野调查中所获得的一些经验教训。

讨论：我在追踪医疗领域的合作时学到了什么？

本文阐述了我在荷兰医疗体系中的经历。我已经讨论了我在多点田野调查中遇到的三个主要挑战，并分享了我在应对这些挑战时学到的知识：（1）协商访问的持续需要如何激发对田野中个人定位的反思；（2）无穷无尽的追踪如何迫使我——最终——"取消追踪"我的田野；（3）由此产生的零散的数据如何表明"没有整体可以找到或遵循，只有大量的跨地点"的观点，这些观点可能一致也可能不一致。追踪的做法并不像看上去那样简单。在本次讨论中，我将进一步发展我对追踪这一隐喻的批评，以进一步对未来基于追踪的多点研究工作提供借鉴。

虽然追踪的隐喻为多点田野调查提供了一个直观而具体的概念，但我担心这也会使其看起来比实际情况更直接。关于追踪的隐喻，让我感到困扰的是，就像火车的隐喻一样，它让人觉得似乎只有一个单一对象需要追踪。你只需上火车，在相关地点下车，然后回到火车上继续沿着铁轨前行。这忽略了这样一个事实，即在研究者离开后，"生活"仍在每个"地点"继续——无论是在所在组织内部，还是在与其他合作伙伴的会议期间。因此，这些轨迹并不是一个可以完整描述的地点，而是由无数可能的和可追踪的轨迹组成的（见图1）。马库斯（1995，p.102）指出，多点民族志确实是关于"一个新兴的研究对象，其轮廓、地点和关系事先都是不知道的"，这意味着研究对象将在研究后才知道。然而，我的研究结果表明，所研究对象的整体轮廓、地点和关系根本无法知晓。相反，它们仍然是新兴的。在我的案例中，社会和医疗领域之间的整合是一个广泛分散的话题，涉及许多合作伙伴。没有"新出现的"界限来规定包括什么和不包括什么。事实上，当我在这个田野时，随着越来越多的合作伙伴似乎与我所关注的问题有关，界限好像变得越来越模糊。

那么，一个多点田野调查者如何追踪一个边界如此模糊的对象呢？一个人应该如何决定追踪哪条路径？这些问题的核心主题是如何划定多点田野的边界：我应该把什么视为我研究的一部分，我应该在哪里划定界限？我的田野持续地横向扩展，使我在一个地方停留的时间减少了，这意味着纵向深入探索单一地点的时间减少了（参见Falzon，2009）。我无法跟上我认为应该去的所有地方，我把自己弄得筋疲力尽。此外，还存在这样一个看法，即从一开始就没有一个人类学田野"等待发现"（Amit，2000），并且"到底是什么构成了一个田野"确实成为一个亟待解决的问题。最终，田野工作者负责界定其田野并做出取舍（Candea，2007），无论该田野中的参与者如何指导这些决定。在追踪多点对象的情况下，这种挑战会成倍增加。在这里，需要划定的不是单一边界，而是跨领域的多重边界——这使得研究者需要不断权衡在某一方面花费（更多）时间与在组织领域拓宽视野的重要性。虽然旨在构建多点田野调查，但追踪这一隐喻的特点对我来说是个问题——我应该在多大程度上追踪事态发展？当我推迟在研究所涵盖领域的周围划定边界的问题时，我遇到了自己的研究田野。

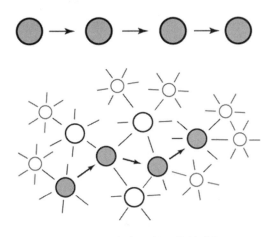

图1　一条路径与无数可能的路径

　　如何划定田野边界的问题本质上把我们带回到什么是田野的问题上，正如我之前所讨论的，这是几十年来一直争论的话题（Gluckman，1940；Gupta & Ferguson，1997）。鉴于当代社会问题的性质——包括其日益频繁的跨越组织边界，这需要跨领域而不是在一个领域内进行研究——定义一个田野的构成就变得更加紧迫。虽然不一定是一个清晰而有界的定义，但学者们提供了一些见解，可以为开展多点研究工作提供一些指导。回顾我自己在追踪医疗领域的合作过程中遇到的三个挑战，并考虑到人类学和组织民族志的见解，我为未来的研究提出了三个相应的建议。我知道这些经验极具实践性，而且多年来一直以某种形式传授给研究者，我并没有幻想这些经验将消除多点民族志固有的挑战，但我相信我的发现可能会帮助到研究者，当他们在多点民族志研究过程中，追踪变得不知所措时，重新获得一些方向。

　　仔细划定要追踪的田野。在民族志研究中，缺乏访问权限通常被认为是一个问题。然而，在追踪多点田野的情况下，可能会出现访问过度的问题。基于Bruni（2006）的访问轨迹概念，多点研究背景下的访问轨迹也成倍增加，重要的是，这并不总是值得追求的（如果不是完全不可能的话）。此外，虽然没有办法预先设定事件的明确界限，但从社会政治事件（Gupta & Ferguson，1997；Wittel，2000）或社会状况（Gluckman，1940）开始可能会有所帮助，并由此得出谁或什么是否应该被视为一个人研究目标的核心（见Zilber，2014）。换言之，事先考虑一下你将接受哪些访问权限可能会有帮助，否则你"处理"的田野会超出你的处理能力（Hannerz，2010）——根据经验来看，我建议尽量避免这种情况，以反身性的态度"取消追踪"某个田野。

正如我在上一点中提到的，某个田野可能包括许多潜在的有趣的线索。这会让田野调查者觉得他或她"必须"无处不在，同样，如果错过了什么好像就等于失败了。然而，事实上，一名田野调查者永远无法追踪所有事情，这不仅因为要考虑相互竞争的优先事项（Hannerz，2010），还因为两个事件可能同时发生（Candea，2007）。因此，研究者应该让自己摆脱"必须无处不在"的需要。然而，这也同样意味着田野工作者自己要对他们在田野中划定的边界负责（Candea，2007）。尽管没有人可以同时出现在所有地方，但我们可以对自己所处的位置和原因保持洞察和反思。周期性地进行田野调查和（快速）取消追踪自己的田野也可能有用。这样做能防止研究者过于沉浸在一个田野中，避免与其试图追踪的当地参与者一样，陷入"只缘身在此山中"的盲点（Ybema & Kamsteeg，2009）。从田野返回，在一定距离内研究我们的田野笔记，也有利于我们重整旗鼓。这在多点民族志中尤其有用，因为当不同的田野似乎在争夺注意力时，它可以帮助我们决定更深入地探索哪个田野。最后，如果"停止追踪"感觉像是放弃了你的研究，那么请记住，大多数民族志可能都是未完成的，随着田野中的生活永在继续。

明智地遵循指导性问题和概念。在1995年的文章中，马库斯从田野调查的角度纯粹地描述了追踪的方法。然而，在多点田野调查中使用追踪的方法会对刚开始的考察和文本工作产生额外的影响（Van Maanen，1998）。考虑到田野工作中可能出现的边界缺失，限制理论概念的数量可能有助于研究者设定边界并理解零散的数据。就我而言，我最初提出的宽泛的研究问题和大量的理论概念让我像一只永远吃不饱的毛毛虫：我需要探索所有可能的路径，因为这似乎与我的研究问题相关。然而，这样做的后果是，我无法深入探讨这些问题，最终感到不知所措。限制理论概念的数量，并据此溯源分析归纳我的田野笔记，可能会使我更加专注于我的写作及我的观察，并决定我在田野中追踪什么。

这篇论文揭示了"追踪"方法的许多优点和缺点，这些优点和缺点以前都没有被阐明过。首先,需要在多个田野之间协商访问,这有助于研究者敏锐地反思自己在该田野的不同立场。其次,广阔的田野(以及随之而来的困惑)可能促使研究者最终"取消追踪"自己的研究对象和参与者,并重新获得临界距离。最后,在零散的数据中寻找一个整体的过程可以帮助学者们认识到,事实上,没有"整体"可以找到。就我而言,这让我亲身体验到研究参与者本身所面临的日常复杂性、不规则性和不确定性,因为他们也需要在多种环境中采取行动。通过这些方式,多点研究使我们能够研究当代社会的复杂性,而马库斯的追踪隐喻为进行多点田野调查提供了一个有用的框架。同时,在不同地点追踪参与者、行为和/或物品也使得我们作为研究者不断重新获得方向感,并界定需要追踪的东西,以避免被田野淹没——从而避免既无处不在,又所至有限的问题。

参考文献

Amit, V. (2000). Introduction: Constructing the field. In V. Amit (Ed.), *Constructing the Field: Ethnographic Fieldwork in the Contemporary World* (pp. 1–18). Routledge London: Routledge.

Bate, S. P. (1997). Whatever happened to organizational anthropology? A review of the field of organizational ethnography and anthropological studies. *Human Relations*, 50(9), 1147–1175.

Bruni, A. (2006). Access as trajectory: Entering the field in organizational ethnography. *Management*, 9(3), 129–144.

Candea, M. (2007). Arbitrary locations: In defence of the bounded field-site. *Journal of the Royal Anthropological Institute*, 13(1), 167–184.

Czarniawska, B. (2007). *Shadowing, and Other Techniques for Doing Fieldwork in Modern Societies.* Herndon, VA: Copenhagen Business School Press.

Evens, T. M. S., & Handelman, D. (2006). Introduction: The ethnographic praxis of the theory of practice. In D. Handelman & T. M. S. Evens (Eds.), *The Manchester School: Practice and Ethnographic Praxis in Anthropology* (pp. 1–11). Oxford: Berghahn Books.

Falzon, M. A. (2009). *Introduction: Multi-sited ethnography: theory, praxis, and locality in contemporary research.* In M. A. Falzon (Ed.), *Multi-sited Ethnography: Theory, Praxis, and Locality in Contemporary Research* (pp. 1–23). Farham: Ashgate

Publishing Limited.

Gluckman, M. (1940). Analysis of a social situation in modern Zululand. *Bantu Studies*, 14(1), 1-30.

Gupta, A., & Ferguson, J. (1997). Discipline and practice: 'The field' as site, method, and location in anthropology. In A. Gupta & J. Ferguson (Eds.), *Anthropological Locations: Boundaries and Grounds of a Field Science* (pp. 1-46). Berkley, California, CA: The Regents of the University of California.

Hannerz, U. (2003). Being there . . . and there . . . and there! Reflections on multi-site ethnography. *Ethnography*, 4(2), 201-216.

Hannerz, U. (2010). Fields Worries: Studying down, up, sideways, through, backward, forward, early or later, away and at home. *Anthropology's World: Life in a Twenty-First Century Discipline* (pp. 59-86). New York, NY: Pluto Press.

Harper, R. (1998). *Inside the IMF: An Ethnography of Documents, Technology, and Organisational Action*. San Diego, California, CA: Academic Press.

Kapferer, B. (2006). Situations, crisis, and the anthropology of the concrete: The contribution of Max Gluckman. In D. Handelman & T. M. S. Evens (Eds.), *The Manchester School: Practice and Ethnographic Praxis in Anthropology* (pp. 118-156). Oxford: Berghahn Books.

Kellogg, K. C., Orlikowski, W. J., & Yates, J. (2006). Life in the trading zone: Structuring coordination across boundaries in postbureaucratic organizations. *Organization Science*, 17(1), 22-44.

Marcus, G. E. (1995). Ethnography in/of the world system: The emergence of multi-sited ethnography. *Annual Review of Anthropology*, 24(1), 95-117.

Marcus, G. E. (2009). Multi-sited ethnography: Notes and queries. In M. A. Falzon (Ed.), *Multi-sited Ethnography: Theory, Praxis, and Locality in Contemporary Research* (pp. 181-195). Farham: Ashgate Publishing Limited.

Nadai, E., & Maeder, C. (2005). Fuzzy fields: Multi-sited ethnography in sociological research. *Forum: Qualitative Social Research*, 6(3), 1-13.

Nadai, E., & Maeder, C. (2009). Contours of the field(s): Multi-sited ethnography as a theory-driven research strategy for sociology. In M. A. Falzon (Ed.), *Multi-sited Ethnography: Theory, Praxis and Locality in Contemporary Research* (pp. 233-250). Farham: Ashgate Publishing Limited.

Van Maanen, J. (1998). *Tales of the Field: On Writing Ethnography*. Chicago: University of Chicago Press.

Wittel, A. (2000). Ethnography on the move: From field to net to internet. *Forum:*

Qualitative Social Research, 1(1), 1–9.

Yanow, D. (2004). Translating local knowledge at organizational peripheries. *British Journal of Management*, 15(S1), S9–S25.

Ybema, S., & Kamsteeg, F. (2009). Making the familiar strange: A case for disengaged organizational ethnography. In S. Ybema, D. Yanow, H. Wels, & F. Kamsteeg (Eds.), *Organizational Ethnography: Studying the Complexity of Everyday Life* (pp. 101–119). London: SAGE Publications.

Ybema, S., Yanow, D., Wels, H., & Kamsteeg, F. (2009). Studying everyday organizational life. In S. Ybema, D. Yanow, H. Wels, & F. Kamsteeg (Eds.), *Organizational Ethnography: Studying the Complexities of Everyday Life* (pp. 1–20). London: SAGE Publications.

Ybema, S., Kamsteeg, F., & Veldhuizen, K. (2019). Sensitivity to situated positionings: Generating insight into organizational change. *Management Learning*, 50(2), 189–207.

Zilber, T. B. (2014). Beyond a single organization: Challenges and opportunities in doing field level ethnography. *Journal of Organizational Ethnography*, 3(1), 96–113.

"电影大篷车"：关于"多点民族志"的实践与反思①

郭建斌

引言

2001年夏天，当我第一次沿着滇藏线乘车进入西藏时，迎面驶来的一辆车厢侧面喷着"流动电影放映车"的厢式货车吸引了我的目光。那时我刚结束在云南的"独乡"为期半年的田野调查。我在"独乡"也询问过当地人看电影的情况，当地人对于电影的讲述，仿佛已经是一种遥远的记忆，在我的田野笔记中，我把当地人对于电影的记忆称为一种"美好的旧时光"。因为这样的一次"巧遇"，在那次对西藏的走马观花式的考察结束后，我开始去查找关于中国农村电影放映方面的资料，才知道自1990年代末期，中国农村电影放映，与我在"独乡"重点关注的电视一样，正在发生着一场巨大的制度性变革，而这样的一场变革，只是在那时的"独乡"，还未得到落实。

2010年6月至2012年8月前后三年的时间里，作者及研究团队对位于云南、四川、西藏三省区交界处的迪庆藏族自治州、甘孜藏族自治州以及昌都地区进行了实地调研，调研的重点正是这一地区的电影放映、观影情况。在此调研中，农村流动电影的放映与观看，又是我们主要关注的方面。在整个课题调研过程中，我们不仅对这三个跨三个省区的三个地州的10余个县的数十名乡镇电影放映员进行了访问，还跟随一些电影放映员到农牧区巡回放映，同时，我们还对各县、地州的电影管理站和电影放映公司（或相应的主管部门）的相关人员进行了访问。此

---

① 此文于2014年发表在《新闻大学》第3期上。

外，我们还对西藏自治区电影公司以及国家广电总局的相关领导进行了访谈。

这样的一种工作方式，从方法的方面来讲，已经和传统意义上的关于某个特定社区的民族志的研究方法有了较大的差别，倒是与人类学自20世纪80年代发生"转型"之后在方法层面上所提倡的"多点民族志"有更多的相似之处。1995年，美国人类学家马库斯发表的关于"多点民族志"一文，是对这一方法最早的、最为系统的说明（Marcus，1995）。虽然在本项研究设计的时候，我们并未把这一方法作为一种主要的方法，但是在完成了研究的大部分计划内容之后，从方法学的角度来思考，我们感觉到我们的做法与"多点民族志"的方法有较多的相通之处。因此，在本文中，我将结合我们的研究实践，对"多点民族志"进行一种方法学的讨论。在西方人类学研究中，"多点民族志"的方法已经得到了一定的实践和讨论。在中国大陆的人类学研究中，并非完全没有这类研究实践，但是对于这一方法的讨论，还不多见。中国大陆传播研究中对民族志方法的尝试，始于21世纪，至今只有10余年的时间。在这10余年中，方法上的应用，刚开始还仅仅停留于一般意义上的民族志方法，但是在最近的相关研究中，也有研究者开始尝试"多点民族志"的方法（张祺，2012）。张祺关于贵州苗族影像的研究，不仅在方法上进行了一种有益的尝试，其所关注的媒介，也不是既往民族志传播研究中重点关注的大众传媒或"新媒体"，而是一种如作者所说的"草根媒介"。这样一项研究，不但较好地实践了与相关学科的前沿理论与方法的融合，而且在田野研究的时间上，张祺的研究也是至今为止中国大陆新闻传播学科中应用民族志方法进行实地研究田野工作时间最长的。这是中国大陆使用民族志方法进行传播研究10余年来的又一个新的亮点。

既然"多点民族志"在中国大陆的新闻传播研究中已经日渐浮出水面，对这样的一个方法问题进行深入、详尽的讨论就显得更有现实意义。因此，本文将围绕这样一些问题来展开：它到底是一种怎样的方法？为什么要提出这样一种新的方法？使用这样的方法可以达到什么样的研究目的？这样一些问题，或许也是我们在实践这一方法时会面临的？对这样一些问题进行深入讨论，似乎也可以避免哈格（Hage）所说的"多点民族志"仅仅是一种时髦术语，"它的意义和结果没有被很多机械地套用这一术语的使用者进行探究"①的困境。

①转引自：Falzon，M. A.(Ed.).(2009). *Multi-sited Ethnography：Theory，Praxis and Locality in Contemporary Social Research*. Ashgate Publishing。哈格的原文是：Hage，G. (2005)，'A not so multi-sited ethnography of a not so imagined community'，Anthropological Theory 5:4，463-75。

"电影大篷车"是我们自己对这样一个关于滇川藏"大三角"地区电影的社会学研究的通俗表述，并不是说我们只关注"流动电影放映车"，为了交流的方便，我通常把这项研究称为"电影大篷车"研究，也以此和"独乡"的电视研究区别开来。

关于多点民族志

多点民族志，英文为Multi-sited Ethnography，对于ethnography，中文目前通常译为民族志[①]，对于这种由人类学家马林诺夫斯基所开创的研究方法，学界似乎已经有了某种共识。但是在原来的民族志这个词之前增加了一个"多点"（multi-sited）的限定之后创造出来的一个新词——"多点民族志"，它到底意味着一种怎样的变化，目前理解上尚存分歧。

在英文中，site一词指的是地点、位置、场所。这样的释义其实包含着两层意思，一层是地理空间的意义，另一层是社会空间的意义。因此在理解这里所说的"点"时，要兼顾到这两方面的含义。在中文的表达中，我们时常也说"田野点"，在这样的表述中，"点"其实同样包含了地理空间和社会空间的意义。但是，无论是英文中的site，还是中文中的"点"，在具体的含义上的确均存在一些模棱两可的地方。这如同在谷歌地图上查找一个地方，在一幅世界地图上，北京可以说是一个点。但是当我们把这个点放大之后，我们立即便发现在这个地点中，又包括很多更为具体的点，比如说天安门是一个点，在天安门这个地点中，又包括很多小的点。"多点民族志"这样一个概念，似乎从一开始就无法逃出这样一种概念的陷阱。如果说这样的逻辑更多只是顾及了地理空间的一面，那么，从社会空间的角度来讲，其实也无法完全摆脱这样的陷阱。或许正是由于这样的一种说不清道不明，"多点民族志"这个概念提出来之后，最为强烈的反应，是来自于那些被称为"单点"（single-site）民族志研究的学者。即便是那些所谓的从事单点民族志研究的学者，他/她们的研究地点，也并非完全就是单一的。比如说我自己以前在"独乡"的研究，在一个更大的空间里，"独乡"可以说是一个点。但是其实是由"独乡"6个行政村组成的，在这6个行政村之下，还有40多个村民小组。我自己所收集的田野资料，虽然主要是一个行政村中的一个村民

①ethnography一词的翻译，也有译为"人种志"的，因为"人种志"的译法与"人种学"的译法相对应，目前"人种学"的译法受到较多的批评，因此，"人种志"的译法也越来越少见。

小组，但是也还有另外三个行政村的资料。因此，当我最初看到关于"多点民族志"的讨论时，让我感到困惑的是这个所谓的"点"到底如何界定。这个问题，也是我们在使用"多点民族志"这样一个概念时首先需要反思的。这一点，在国内外关于"多点民族志"的讨论中，就此进行深究的，似乎也还不多见。正如我在前面说到的，中国大陆传播研究中已经出现了这方面的相关实践，在这种情况下，结合相关的研究实践（而不是进行一种纯粹的理论上的探讨），进一步厘清这样一个概念的基本含义（而不是简单地引用英文文献中不同学者的各种说法），也就显得不是那么多余。

在马库斯1995年的那篇文章中，对于"多点"，并未做出明确的说明。他关于"多点民族志"的想法，一方面是源于20世纪70年代以后关于世界体系（world system）的讨论，另一方面，也和马库斯等人所强调的人文科学的"表述危机"（Marcus，1998）密切相关。对于前者，马库斯所受的主要影响来自于沃勒斯坦（Immanuel Wallerstein）关于世界体系的论述。关于世界体系以及民族志在此时代背景中所面临的"表述危机"，马库斯的理由均是可以接受的。为了应对这样的"表述危机"，民族志自身要做出相应的变化，这一点同样不难理解。但是为什么就一定是"多点民族志"，而不是其他的说法，这一点，始终是马库斯避而不谈的方面。在马库斯谈到"多点民族志"追踪人（follow people）的策略时，他提到了马林诺夫斯基的《西太平洋的航海者》，并把它称为"多点民族志"的原型（Marcus，1995）。如此看来，在民族志方法的开创者马林诺夫斯基那里，在进行民族志研究时，就不是在单一地点进行研究的。那么，"多点民族志"又从何说起？所谓"单点民族志"的说法又是从何而来？或者说这根本上就是马库斯等人自己创造的一个假想的"敌人"呢？

马库斯始终未对所谓的"多点民族志"做出一个清晰的界定[①]，他在谈及相关问题时，主要是围绕日益凸显的世界体系以及对传统民族志的批判与反思而展开的。在对传统民族志进行批判与反思时，马库斯反对的是马林诺夫斯基以及格尔兹等人对"当地人的观点"（或"地方性知识"）的探寻，由于人际与族群之间频繁的交流，这样一些所谓"地方性"的东西其实是不存在的，即便是"地方

---

① 2010年6月16日，乔治·马库斯应邀到西北民族大学做了题为《多点民族志研究的十五年发展》（15 years' development of the multi-sited ethnographic research）的演讲，演讲中文稿刊发于《西北民族研究》2011年第3期（pp. 12-21，满珂译）。在这篇演讲稿中，马库斯结合自己的研究实践对"多点民族志"再次进行了说明，但他同样未对"多点民族志"进行明确的界定。

性"的东西，也是杂糅了其他"地方"的东西之后形成的，没有真正意义上的
"地方性"的东西。在我看来，这一点是理解马库斯在讨论民族志问题时用"多
点"来代替"单点"最为重要的地方。只有这样，我们才能更好地理解马库斯在
讨论多点民族志时的那些具体策略——追踪人，追踪事，追踪隐喻，追踪情节、
故事或寓言，追踪生活史，追踪冲突（Marcus，1995）。由此看来，马库斯所说
的"多点民族志"，就不仅仅是一个研究地点的数量的问题，而是强调根据不同
的研究目的来选择一些彼此之间有关联的研究地点。在民族志研究中，如果目的
还是在于探究所谓的"地方性"的东西，或是某种当地人的说法，即便研究地点
是"多点"的，同样不属于马库斯所说的"多点民族志"。这也是"多点民族志"
最容易引起误解的地方。因此，所谓"多点民族志"，并非仅仅是一个单纯的点
的数量的问题。

　　基于以上的判断，在我看来，所谓"多点民族志"，是对处于某个"体系"
中的不同点上的社会实践的民族志研究，其目的不在于找寻某个（或某些）点上
与众不同的方面，而在于探究共处于一个"体系"中的不同点之间的关系或是
勾连。

方法及其实践

　　在"电影大篷车"的研究中，我们的重点是对云南迪庆、四川甘孜以及西藏
昌都三个地州各县、乡镇电影放映员的访谈以及放映活动的观察。仅仅从这一方
面来看，在前期的课题调研中，我们研究的点涉及这三个地州的17个县以及这些
县中的30余个乡镇。从这样一些点的数量上来看，显然已经很难说是"单点"的
民族志研究。如果仅仅停留在这样一个层面，虽然说已经满足了"多点民族志"
的某些外在特征的要求，但是否是一种真正意义上的"多点民族志"，尚存疑问。

　　对于"电影大篷车"这样一项研究的完整构架来说，如果严格地使用"多点
民族志"的方法，有四个关键的节点，即电影的生产、电影的发行、电影的放
映、电影的观看。这样一种构架，也就是马库斯所说的研究策略中的"追踪事"
的方法，这里所说的事（物），就是电影。由于时间、精力、财力等方面的原因，
在我们的研究中无法完整地涉及这四个节点，更多地关注了后面的三个节点，即
发行、放映和观看。正如前面所说到的，如果仅仅只是关注放映或观影的层面，
无论选择多少的点，都很难算是严格意义上的"多点民族志"，因为各地的电影
观看者所看到的电影，都不是自己拍摄、制作的，而是镶嵌在一个更为庞大的国

家体系当中的。从这一点上来讲，前面说到的张祺对"草根媒体"的研究，她既考察了那样一些乡村影像的生产者，也考察了观看者，仅凭这一点，即便她的研究中未涉及贵州、福建两个在地理空间上有较大跨越的点，同样也满足"多点民族志"的要求①。这一点，也正是张祺所关注的"草根媒体"与我们所关注的在国家主导之下生产、放映的电影的最为突出的区别。

对于电影生产的研究本身是十分复杂的，在我们的这项研究中几乎没有涉及这方面问题，从"多点民族志"的方法视角来看，我们也完全接受读者对于我们这样一项研究是否可以算是真正意义上的"多点民族志"研究的质疑。但是我在这里想说的是，尽管这还不能算是一项标准的"多点民族志"研究，但是我们在研究中除了对观影进行考察之外，也涉及了电影的放映、发行等层面，并且，在实地研究中，为了了解这些不同层面的问题，我们的研究地点不但涉及不同的观影场景，同时还涉及整个电影放映管理体系中不同的层级，即县电影站、地州电影公司（或相应的管理机构）、省（自治区）电影公司、国家广播电影电视总局。这样的一种"多点"，虽然还未穷尽全部可能的点，但是起码也具备了"多点民族志"的雏形，要说这样一项研究与"多点民族志"完全无关，似乎同样也有些困难。

如我在前面交代过的，我们这样一项研究，在研究设计时并未完全按"多点民族志"的思路来设计。目前的这样一种结果，主要是在研究过程中出于了解更为完整的情况的冲动，不断地"顺藤摸瓜"的结果②。正如我在前面讲到的，当我多年前在滇藏公路上看到一辆"流动电影放映车"时，我对这一研究议题产生了兴趣。而我之所以对这一议题产生兴趣，其中很重要的一点是我童年时代在农村看露天电影的经历，这就让我对在新的时代背景下生活在别处的人们是如何观看电影的问题产生了兴趣。在具体的研究过程中，在云南迪庆、四川甘孜和西藏昌都，我们都是从地州一级的电影公司（或是相关的管理机构）开始我们的研究的，这是我们实施这项研究的切入点。从这个点切入之后，向下，我们通过地州电影管理部门的这个渠道找到了县一级的电影管理站，再通过县电影管理站找到

---

①因为张祺所考察的另一个问题是农民工的流动问题，所以她选择福建这个地点并非多余。

②这里所说的"顺藤摸瓜"，在我看来，或许是理解"多点民族志"的内涵的一种更为恰当的中文表述。

了乡镇的电影放映员,通过电影放映员我们再找到了电影观看者①;向上,我们在了解了一些基层的电影放映方面的情况之后,带着一些具体的问题,再访问上级相关的主管部门,如西藏自治区电影公司,国家广播电影电视总局。在这里,所谓"藤",就是那种制度性的层级结构。在中国电影发行体系中,其实还有像中影公司这样的电影发行公司②,由于时间的关系,我们本项研究中同样未涉及这一方面。而仅仅对电影发行、放映的不同层级的行政(或业务)上的主管部门进行了访谈。

这方面,在国外的相关研究中,美国人类学家里拉·阿布-卢赫德(Lila Abu-Lughod)对埃及电视的研究是严格遵循着马库斯所倡导的"多点民族志"方法来展开的。对于多个研究地点的选择,作者这样写道 :

> 我寻找各种各样的更具有地方色彩的、可触及的、可以揭示埃及国家是什么,以及可以阐明电视在其中的位置的语境。这些语境(情景)包括即时的观看场景,在录音棚、知识分子以及文艺界中的电视生产的场景,埃及民族-国家的乡村或都市社会生活场景,以及较少面对面,而是部分存在于想象中的国家生活场景,这些场景通过诸多公共层面,如报纸和其他媒介,人们对于明星或故事的谈论等而得以呈现(Lila Abu-Lughod,2005)。

里拉·阿布-卢赫德的田野是从上埃及农村开始的,此后她在开罗等地访问了一些那些上埃及农村妇女以及在开罗等地的佣人所热衷的电视节目的剧本作者、导演、演员,以及像埃及广播电视联盟(Egyptian Radio and TV Union)这

---

①在此需要做一个交代,当初选择"电影大篷车"这个课题时,我们主要考虑的是语言方面的问题。我们猜想电影放映员应该是可以使用汉语与我们交流的,并且我们还可以通过电影放映员去访问那些不懂汉语的藏民。从实地调研的情况来看,我们此前的这种判断应该说是基本正确的。

②中影公司最早是"中国电影发行放映输入输出公司"的简称。从中华人民共和国成立以来直至20世纪90年代,中国电影发行都在沿袭着一种"统购统销"+"层级发行"的发行模式,即大小制片厂生产的影片都一次性由中影公司买断,然后再由中影公司分别按照省、市、县这样的行政层级的发行公司发行到各家电影院。(翁立,《新中国电影发行变迁谈》,《当代电影》,2009年第12期,pp.56-61)从这一方面来看,严格说起来,国家广电总局电影局是最高层的行政主管部门,包括中影公司在内的发行公司与各省区的电影公司、各地州的电影公司、各县电影管理站,均只是属于业务部门。但是这些业务部门同时要履行来自国家广电总局电影局的一些行政职能,因此,政企难以明确地分开。这一点,在1998年实施电影"2131"工程以来,显得更加突出。

样的主管部门的官员。里拉·阿布-卢赫德关于埃及电视的研究，是"多点民族志"方法在西方新兴的"媒体人类学"（media anthropology）[1]研究中的典范之作。

方法与研究问题并举

就我个人的理解，"多点民族志"并非仅仅只是一种方法，更是一种基于特定研究问题的研究视角，具有更多的方法论意义。正如前面说过的，如果仅仅从方法的角度来考察，这样一种方法在表述上存在不少模糊不清的地方。但是，如果结合具体研究问题，就更容易理解这样一种方法的要旨。这样的理解，似乎也更符合"问题决定方法"的"常理"。

正如前面说到的，马库斯提出"多点民族志"方法，一方面是源于世界格局以及人类生活所发生的变化，另一方面是出于对传统的民族志的批判和反思。在这样一种时代、学术背景之下，马库斯所焦虑的，不仅仅是方法，还有人类学研究如何面对新的时代环境提出新的研究问题。

在"电影大篷车"研究中，我们最先想要探究的研究问题是：电影与"大三角"地区的社会变迁之间到底有着怎样的关系？围绕这样的研究问题，自然需要对该区域内的电影观影、放映的历史与当下的情况进行考察。从某种意义上来说，这样的参与观察与访谈，和传统意义上的民族志研究没有太大的区别。但是随着研究的逐步深入，我们也发现该地区电影与社会变迁之间的关系很难从当地所获得的资料中得到完全的解释，换句话说，当地电影与社会变迁之间的关系的诸多变化，其实是和一个更大的社会制度环境密切相关的。这一制度环境，更为具体地说，就是现代民族国家的建立以及与电影发行、放映相关的政策。这方面的情况十分复杂，我们在此只讲一个新近的变化。当初想到去研究"电影大篷车"，其中的一个考虑是由于最近十多年来中国媒体环境所发生的巨大变化，很多人把目光投向了新媒体的研究，那我就想去关注像电影这样的"传统媒体"。但是当我们2010年6月为该项目研究第一次到达西藏昌都时，我们发现农村电影放映员正在更换数字电影放映机。到2012年8月，当我们第三次到达西藏昌都进行该课题的调研时，昌都地区所有电影放映员全部使用了数字电影放映机。在整个课题调研过程中，我们看到的所有电影均是数字电影，再也未能看到胶片电

---

① 由于篇幅的原因，在此不对"媒体人类学"进行介绍。可参见：郭建斌，《媒体人类学：一项基于文献的探究》（未刊稿）。

影。从这个意义上来说,原来想去关注的"传统媒体"也变成了"新媒体"。为什么会发生这样的一种变化?这样的一种变化又意味着什么?这样一些问题,仅仅从"基层"的调研中,很难得到回答。因为这样一种变化,与中华人民共和国成立之后遍及全国的电影放映网的建立并使得很多生活在边远地区的农牧民能够看到电影是一样的,它完全是源于国家层面的制度安排。在这样一种背景之下,仅仅去讨论电影观看者如何对影片的内容进行解码,对引起电影观看所发生变化的制度环境视而不见,似乎也会使研究问题缺乏针对性和应有的厚度,使学术研究成为一种概念游戏,而不是对具有现实意义的问题的探究。

如上所述,中国农村电影放映从胶片电影到数字电影的转变,虽然我们在"基层"的田野调查中观察到了大量的现象,但是对于这样的一些现象的解释,则很难通过那些来自于"基层"的田野调查资料来完成。这样一种现象,从数字化技术的角度来看,它显然就与马库斯所说的"世界体系"有着密切的关联,但这并非我们考察的重点。我们的聚焦点在于在当下的中国,这样一种新兴的科技手段是如何转变为一种国家治理的手段的,并且,这样一种国家治理手段与中华人民共和国成立之后所建立的电影放映网也有明显的不同,这不仅仅是一种技术手段的变化,还蕴含着更为深刻的变化,从胶片电影到数字电影的转变过程较为明显地体现了技术、市场与政治的合谋。

要对这样的一种现象做出解释,仅仅只是停留在某一个层面上很难达到目的。由此观之,马库斯在提出"多点民族志"时对"地方的"(local)与"全球的"(global)、"生活世界"(lifeworld)与"体系"(system)二元论划分所进行的批评,足够敏锐而富于洞见。当然,马库斯所倡导的基于"世界体系"的民族志研究,其实也有某些模糊不清的地方,就"电影大篷车"相关的研究问题而言,与"世界体系"有某些关联,但是,在我看来,这样的考察,其中一个重要的边界是"民族-国家"框架。这样的一个边界的划定,并不是为了探寻某种与"世界体系"毫无关联的中国的特殊性(这又会回到传统民族志的老路),而是为研究问题以及对问题的回答设定某个应有的边界。在这一点上,我的观点与里拉·阿布-卢赫德在研究埃及电视时所说的"一个国家的民族志"(Ethnography of a Nation)的观点是比较接近的(Lila Abu-Lughod,2005)。

结语

本文以作者近年来所做的"电影大篷车"研究为例,结合"多点民族志"方法，对如何理解"多点民族志"以及相关的方法实践层面的问题进行了讨论，同时，作者强调无论是对于"多点民族志"的理解，还是在其他的研究中，要做到方法与研究问题并举，而不仅仅是为方法而方法。

在结束这篇文章之前还需要说明的是，马库斯在提出"多点民族志"时，他也一再强调这一方法并非人类学的发明，而是首先出现在一些交叉学科的新领域中，这些新领域，包括了媒介研究（media studies）、科学和技术研究（science and technology studies），以及广义的文化研究（cultural studies）（Marucs，1995）。由此可见，"多点民族志"这样一种方法，从某种意义上来说，是在包括媒介研究在内的相关研究领域中首先得到实践的。同时，这也提醒国内使用民族志方法从事新闻传播或是媒介研究的学者或学生们，在谈及民族志方法时，不一定要再次回到马林诺夫斯基那里。10多年前我自己撰写的那篇关于民族志方法的文章也是从马林诺夫斯基讲起的（郭建斌，2003），鉴于当时国内新闻传播研究对民族志方法的陌生，以及我自己当时对国外相关学术信息的把握不够及时，似乎还可以原谅。但是现在国内的学术环境已经发生了巨大的变化，相关的学术资料较之10年前大大丰富了，在这样的情况下，在新闻传播研究中谈及民族志方法时，还是只讲马林诺夫斯基，而对诸如"多点民族志"这样的方法视而不见，那未免学术信息也过于陈旧了。

我在这里说这样的话并非一味地强调所谓的"新方法"，正如上文中说到的，"多点民族志"并不仅仅是一种方法，还是一种研究提问的视角。与此同时，我也不主张为方法而方法，而是强调把研究问题与方法有机地结合在一起。此外，"多点民族志"这样一种新的"方法"虽然在人类学中已经得到了较多的实践，但是这并不是说它已经完全没有了再讨论的问题空间，不断变化的传媒环境，不断深入的问题讨论，必然会使方法暴露出其中的诸多不足，需要我们不断地去完善、修正它。

中国大陆新闻传播研究中实践民族志方法只有10多年的历史，无论在理论还是方法层面，尚存太多的稚嫩之处。本文结合"电影大篷车"研究实践对"多点民族志"方法的讨论，并不是对"多点民族志"这样一种新方法的膜拜，也不是为了提供某种操作指南，而是想由此引发更多的思考和讨论，进而丰富中国大陆新闻传播研究的方法以及理论视角。

参考文献

Marcus,G.(1995). Ethnography in/of the World System:The Emergence of Multi-Sited Ethnography. *Annual Review of Anthropology*,24,95-117.

张祺：《草根媒介：社会转型中的抗拒性身份建构》，中国社会科学院研究生院博士论文，2012年。

乔治·E.马尔库斯，米开尔·M.J.费彻尔：《作为文化批评的人类学——一个人文学科的实验时代》，王铭铭，蓝达居，译，北京：三联书店，1998年。

Lila Abu-Lughod.(2005). *Dramas of Nationhood: The politics of Television in Egypt.* Chicago: The University of Chicago Press.

郭建斌：《民族志法：一种值得提倡的传播研究方法》，《新闻大学》，76（夏），42-45，2003年。

探寻跨国移民研究的恰当策略：多点研究的逻辑和文化干预法的优势

7

安娜·阿梅丽娜[1]

引言：跨国研究缺乏文化视角

在过去的十年中，跨国移民方法得到发展的同时（Basch，Glick Schiller，& Blanc，1994；Faist，2000；Portes，2001；Vertovec，1999），也形成了新的方法论立场（Beck & Sznaider，2006；Pries，2008；Wimmer & Glick Schiller，2003）。最重要的方法论论点是，将有关移民的社会学和人类学研究局限于民族国家的边界是不可行的。仅在民族国家框架内分析集体的文化和社会实践的社会科学家，会忽略不同形式社会生活的存在，从而建立起对社会现实的同质化看法。这也是对以往移民研究的主要批评。

尽管这种批评在很大程度上主张修改方法论的立场和原则，但并没有强调跨国移民的文化视角。因此，与后殖民研究相反，跨国研究对文化的兴趣相当有限（Kivisto，2001）。此外，本文建议区分跨国研究中看待文化问题的三种方式。首先，文化经常以本质主义的方式来描述。这种观点拒绝承认种族和民族等现象的建构主义特征。而且，在移民的跨国活动中提及这些范畴暗示它们几乎是客观的。其次，即使社会科学家认为文化因素对跨国移民的形成非常重要，他们也避

---

①Anna Amelina. (2010). Searching for an Appropriate Research Strategy on Transnational Migration: The Logic of Multi-Sited Research and the Advantage of the Cultural Interferences Approach. *Forum: Qualitative social research*, 11 (1), Art. 17. 本文在翻译时省略了部分与本书主题关联性较低的内容。

免在文化和其他领域（如经济和政治领域）之间建立理论联系（Portes, Guarni-zo & Landolt, 1999）。第三，跨国研究特别参考了 Ulf Hannerz 的克里奥尔化方法（1987, 1996）。这一理论指出了"文化"特有的非恒定性。它将全球条件下不同文化秩序基础上出现的新文化模式的发展概念化。

　　然而，上述考虑"文化"的概念方法在跨国移民的方法论研究中并未得到认可。但是，真正的文化接触将为跨国现象和研究跨国现象的方法提供一个新的视角。这对于澄清这一具体的方法论问题尤为有用：如何对发生在多重文化秩序中的移民跨国实践进行研究？换句话说，这个问题是这样的：哪种方法论策略适合在文化干预（cultural interferences）条件下对跨国形式（如跨国网络、家庭、社区、组织和移民社群）进行研究？因此，本文提出的方法论建议正是着眼于这一点。文章旨在将文化接触和跨国方法结合起来，为开展跨国移民研究制定合适的方法。这项建议可能会引起那些正在寻找新的数据收集和数据解释技术的研究人员的兴趣，这些技术可以让他们研究跨国活动、跨国生活世界和跨国流动形式。因此，文化一词可以等同于意义模式、符号代码（Levi-Strauss, 1958）或话语叙事（Foucault, 2002）等术语。"文化"也可以被描述为一种意义生成和符号活动（Hannerz, 1996; Bhabha, 1994）。该术语还指社会结构总是蕴含在文化解释中。换句话说，社会实践总是与根植于文化中的知识模式相结合。此外，文化干预或文化重叠一词，与行为主体或某些集体面临同一"对象"或"情境"存在不同意义模式的情况有关。这里的关注点指的是对文化干预导致的跨国行动模式进行研究的方法论策略。然而，本文并不讨论与各种文化模式重叠有关的方法论假设，而只讨论构成跨国体系的具体形式，如跨国移民社群、社区、家庭、网络和组织。因此，本文所介绍的方法一方面以多点研究方法（Marcus, 1995）为基础组织数据收集，另一方面使用科学诠释学方法（Reichertz, 2004）对数据进行适当分析。

　　第一，概述文化社会学研究的主要假设以及行动者处理文化重叠（cultural overlaps）的可能策略（第2节）。第二，研究三种跨国研究策略：对方法论民族主义的批判（Wimmer & Glick Schiller, 2003）、世界主义方法论（Beck & Sznaider, 2006）以及跨国空间的关系概念（Pries, 2008）。这涉及如何将各自的方法论与以文化为导向的跨国研究联系起来（第3节）。第三，讨论改变数据收集程序的多点研究方法。此外，还介绍了对数据分析非常重要的科学诠释学方法（第4节）。第四，讨论跨国研究中的"代表性问题"。因此，建议通过组织跨文化和跨学科科学团队开展研究来提高跨国研究的反思性（第5节）。最后，简要得出结论（第6节）。

如何将文化干预理念纳入跨国方法论？

经典的移民理论（Alba & Nee，2003；Gordon，1964）聚焦于在民族国家背景下跨国流动的前因后果。相比之下，跨国移民理论则致力于分析同时处于两个甚至更多民族国家框架内的新社会环境的形成。在这方面，跨国移民被理解为一种流动形式，它使移民能够持续参与不同的跨境形式，如网络、组织、移民社群和机构（Faist，2000；Pries，2008）。移民的这些持续的跨境实践创造了跨越输出国和接收国的特定社会领域，并形成了另一种社会现实（Levitt & Glick Schiller，2004）。跨国移民的各种案例研究不仅揭示了跨国流动所导致的亲属关系的转变（Hondagneu-Sotelo & Avila，1997），而且还揭示了多元地方组织政治（ØStergaard-Nielsen，2003）、经济（Portes，Guarnizo & Haller，2002）和宗教（Levitt，2007）领域的形成。

我认为，跨国行为主体（个人和集体）面临着各种文化秩序。换句话说，文化干预或文化重叠是跨国环境的核心特征，因为以多个地方为导向的行为者和集体经常会经历各种意义模式。这就是为什么这里提出的方法论策略深受文化社会学的影响。因此，本节将讨论文化理论的基本假设，从而勾勒出文化重叠的论题。

Alexander和Smith（2002）认为，将文化定义为一个不受社会结构决定的领域的理论是分析文化进程的唯一有效途径。"文化的社会学（sociology of culture）"倾向于通过提及特定的社会结构事实或原因来解释文化现象，而"文化社会学（cultural sociology）"则旨在将文化要素描述为指导行动模式的工具。从这个角度看，"文化"被理解为社会结构与文化领域关系中的一个"独立变量"（Alexander & Smith，2002，p.136）。同样，Andreas Reckwitz（2001）指出，文化社会学的"强势版本"将社会实践定义为由文化模式所引导。在这种情况下，文化与代理（agency）之间的理论区别被文化模式与社会实践各自类型之间的区别所取代。然而，文化秩序无法独立于社会实践进行经验观察，也就是说，不能作为独立的实体。相反，"文化草案（culture drafts）总是通过社会实践中的意义模式来表达。通过社会实践理论，Reckwitz提出了"做文化"的观点（Otten & Geppert，2009）。这种观点能够揭示复杂的文化转型过程："实践理论认为社会实践通过惯例而不是通过确定脚本和结构来实现连续性和持久性。惯例顾名思义是统一的，但它们也预示着中断和刺激，从而引起社会秩序的变化和协商。"（Otten & Geppert，2009，p.30）

与上述文化的社会学相反，文化社会学的逻辑要求避免所谓的同质文化概念。这一途径部分包含于不同的方法中，并且主要基于三个假设。首先，它假定文化秩序具有内部一致性和封闭性的特征。其次，它指的是对文化再生产的具体理解，它声称，与文化创新相反，文化模式的未经修改的传递是文化动态的共同逻辑。再次，它认为文化秩序与具有代表性的社会群体密切相关。从这个角度看，文化只能在特定的集体中进行研究，而不能同时为不同的群体所共享。

Andreas Reckwitz指出了文化同质化观点的缺点，呼吁人们更多地关注文化重叠的全球传播过程（Reckwitz，2001，p.189）。他认为，今天我们需要一个新的、更加开放的"文化"定义。第一，我们必须将文化现象视为内部流动的和不一致的。第二，我们必须假设相同的文化模式可以通过不同的集体共享。因此，这种方法为我们提供了想象"在单个集体的心理结构中同时存在不同文化模式"的可能性。第三，当前的文化研究方法必须发展出将文化创新动态概念化的术语。此外，它们还必须摒弃将文化再生产视为统一文化模式的持续重复的观点。

这种对文化同质化方法的批判与文化重叠的思想直接相关。特别是，上述第二种观点指出，面对同一"对象"或"情境"的各种不同意义模式，行动者的解释活动起着至关重要的作用。因此，"意义模式"一词指的是各自社会互动或交流的共同意义；将意义的不同方面组合成具体的解释框架。这种解释框架可以在语言和非语言的表达中观察到（Reichertz，2004）。

在这方面，本文认为文化重叠的情况是跨国空间的一个重要特征，因为商品、手工艺品、思想和人员的跨境流通可能会增加文化迁移、转译和交流的动力。更确切地说，跨境流动增加了文化碰撞的可能性。但是，本论文并不强调"文化"与民族国家直接相关。恰恰相反，如上所述，文化是非同质性和非领土化的存在，它始终蕴含在行动模式之中，并受到特定历史背景的制约。

因此，本文建议将文化干预的观点作为重要的指导方针，来研究有关跨国形态的新方法论。不过，在重点讨论这一点之前，应先概述研究者处理文化重叠的三种可能策略（Reckwitz，2001，p.192）。第一种策略是指研究者将不同的文化方案与新的文化方案相结合的情况。这种创新意义模式的产生过程就是众所周知的克里奥尔化（Hannerz，1987，1996）。第二种策略也涉及这样一种情况，即个人或集体可以使用涉及同一"对象"或"情境"的多种文化方案。因此，在这种情况下，研究者试图重新定义意义模式的使用标准。与此同时，研究者会调整文化模式的有效性语境，并将其使用与新的语境联系起来。换句话说，不同的文化草案不是被修改成新的草案,而是根据新的使用标准来使用。第三种策略是,我们可以观察到矛盾的行为框架变得常见的情况。在这种情况下,研究者的意义模式具有多重性的特点,他们对各自的使用规则和语境仍然不确定。Homi Bhabha(1990,1994)在其文化方法中讨论了这一文化立场,他使用了混杂性和文化转译(cultural translation)等术语来澄清多重文化语境中的模糊状况。

总之,文化重叠方法的核心思想是,处理文化干预的不同方式会导致不同类型的社会实践。这种方法可以从文化社会学的角度对跨国行动模式进行具体的解释,将其视为文化流动的结果。这就是为什么对文化草案以及它在实践中应用的研究会成为以文化为导向的跨国研究的重点。此外,上述三种处理文化重叠的策略都是因时而变的。不得不提的是,在特定条件下,第二种和第三种策略可以转变为第一种策略,反之亦然。

通过描述研究者处理文化重叠的不同方式,我沿用了Otten和Geppert(2009)关于跨文化的互动论方法,他们将“文化”重叠概念化为动态过程。跨文化交际的本质主义观点倾向于描述独立意义模式的冲突,与之相反,互动主义方法指出,在跨文化交际的情况下,“文化上不同的观点和社会情景对交流至关重要”(Otten & Geppert,2009,p.43)。因此,我同意互动主义者的论点,即文化干预的方法必须能够“观察新兴的文化过程”(Otten & Geppert,2009,p.43)。

因此,本文的重点是发展一种方法论,使研究由知识模式重叠引起的行为惯例、生活世界和流动轨迹成为可能。这种方法将对行动者处理多元文化秩序的方式做出一些假设。为此,本文将科学诠释学方法与当前的跨国研究方法相结合。文章下一部分将概述当前跨国移民研究的方法论策略。

跨国方法论如何考虑矛盾的社会空间性?

目前有关移民的研究,越来越多地使用各种定性方法。然而,我对跨国移民的特殊兴趣需要更多的方法论概念和技术,这些概念和技术应考虑到社会空间维度的复杂性。这正是本节探讨以社会空间性(socio-spatiality)为重点的新方法假设的原因。本节还旨在将这些技术与文化干预方法相结合。因此,我的论证围绕以下问题展开:跨国方法论如何考虑文化重叠的概念?它们在研究技术和研究单位方面提出了哪些重要主张?

首先,我们概述了对以国家为界限的研究方式及其方法论结果的批评(Wimmer & Glick Schiller,2003)。这种批评促进了世界主义研究方法(Beck

& Sznaider，2006）和跨国空间关系概念（Pries，2007，2008）的形成，下文将对此进行分析。

最早批评所谓的方法论民族主义的研究者中就包括了Andreas Wimimer和Nina Glick Schiller（2003）。这种研究模式将理论和经验分析局限于民族国家的边界。方法论民族主义的主要假设是，社会现实只由民族国家组成。另外，它还包含这样一种观念，即民族国家是围绕具有共同历史和特征的民族集体建立的。在移民研究中，Andreas Wimimer和Nina Glick Schiller区分了三种方法论上的民族主义。第一，他们认为经典的移民研究没有关注民族主义及其对当前国家建设进程的影响。按照他们的说法，社会学将"社会的界限"定义为"与民族国家有共同的边界，很少质疑嵌入这种基本假设中的民族主义意识形态"（Wimmer & Glick Schiller，2003，p.579）。第二，他们指出民族国家通常被理解为自然的实体。这种分析的局限性尤其受到民族国家当局与社会科学之间关系的影响。一方面，社会科学的资助项目通常是政府性的，因此，与民族国家有关的课题是研究议程的重点。另一方面，大学的教学计划仍然依国家而定，因为大学一般都与政府教育部门合作。第三，他们认为社会研究主要关注民族国家的领土边界。但是，权力关系的"领土限制"是在民族国家建立过程中出现的一种历史的新现象。民族国家在建立过程中，其自身受跨境权力动态和活动的影响。民族国家形成的起源并不植根于地理上有限的领土实体，而是可以追溯到帝国和殖民权力的跨境变革（Wimmer & Glick Schiller，2003，p.581）。

尽管这种批评没有直接提到文化干预的概念，但它强调了跨国移民、家庭、组织和侨民的跨境活动所带来的多种甚至多重成员身份的可能性。总之，从文化社会学的角度来看，可以将Nina Glick Schiller和Andreas Wimmer提出的建议理解为一种反对将文化模式与民族国家的框架等同起来的观点。文化草案与选定的国家没有必然联系。相反，意义模式可以由不同群体共享，从这个意义上说，它实际上跨越了民族国家的边界。

在移民研究中，尽管对方法论民族主义的批评受到了认可，但其并没有提出具体的改进措施。正是为了实现这一进步，Ulrich Beck和Natan Sznaider（2006）提出了方法论世界主义的概念。他们从三个方面论证了世界主义方法论的优势：第一，对世界主义哲学溯源的考察；第二，对世界变革的实证分析，根据Beck和Sznaider的观点，这种变革只能被描述为"世界主义化"；第三，方法论程序本身。因此，我们特别关注最后一点。

世界主义的方法论原则是指多重身份的矛盾性。它承认，在新的全球条件下，个人在不同的领域拥有多重身份。它在方法论上承认"兼而有之"的原则，摒弃了方法论民族主义的"非此即彼"的老式原则，后者反映了以民族为界限的社会世界观。

Beck和Sznaider认为，新的方法论立场可能有助于解决目前全球化和跨国研究的一些难题。一个核心的研究议题在于如何明确地剖析并区分全球与地方，以及国家与国际这两个研究层面。这一问题受到以往以国家为界限的研究视角的制约，这一旧有视角决定了在"明显有区别的对立关系"（Beck & Sznaider，2006，p.18）中来思考问题的必要性。与此相反，方法论世界主义的新"兼而有之"逻辑以"多元视角"的方式构建研究：先关注行为主体多重定位策略，然后运用多种观察方式。

因此，在方法论假设中纳入行动者和观察者两种视角，构成了方法论工作的基础。这种新的路径使研究者能够同时从不同的分析角度研究类似的现象。例如，可以通过关注不同层面来分析移民的跨国生活方式：a）在地方层面，观察移民在其居住地的参与情况；b）在国家层面，研究和比较不同民族国家的跨国生活世界；c）在跨国层面，研究人员、商品和思想从一个国家情境到另一个国家情境的来回流动；d）在全球层面，观察移民的跨国政治、经济和文化实践对民族国家政治造成的全球性变化。然而，这一方法论建议还处于发展的早期阶段。因此，这里提出的问题还没有答案："如何使（……）［这种］政治视角透明化并在方法论上可行？"（Beck & Sznaider，2006，p.18）

总之，Ulrich Beck和Natan Sznaider提出的方法论策略包含了跨越民族国家边界的个人身份及社会角色多元化的理念。因此，文化社会学方法可以利用这一途径，设计出一幅个人或群体可以同时对同一"对象"或"情境"共享不同意义模式的图景。这正是为何当前跨国实践以处理文化草案的"兼而有之"原则为指导的假设，必须成为以文化为导向的跨国方法论之核心的原因所在。

虽然Beck和Sznaider的建议提供了多视角的方法，似乎对未来的跨国研究具有重要意义，但他们提供的对于使用哪些研究单位更为合适的信息仍然有限。相比之下，Ludger Pries为跨国"分析单位"的选择制定了更合适的策略（Pries，2007）。Pries没有使用哲学基础作为论据，而是将"分析单位"理解为分析性项目，而科学声明正是针对这些项目提出的。以前，当以"地域"为导向的方法论被认为是理所当然的时候，社会科学中合适的"分析单位"仅限于民族国家的框架，并且不会受到质疑。如今，此方法已经愈发变得难以接受。因此，Pries分析并区分了社会空间的关系性理解和绝对性理解（Pries，1999）。他将跨国分析单位定义为"跨国社会关系",可将其理解为"相对密集和持久的跨国社会实践、符号和手工艺品的组合"(Pries,2007,p.2)。Pries坚持认为,不能再将绝对化的地理类别用作科学言论的社会空间参照(即对应物)。因为地理空间的特性只能被描述为关联的和不连续的,分析的社会空间参照物已被转化为由跨国实践产生的多个定位点。

为了寻找合适的分析单位,Pries建议将跨国研究策略与世界社会研究、跨国比较研究等其他类型的国际研究方法做比较(见表1)。

表1　国际研究的类型(Pries,2007,p.7)

	跨国比较	世界体系研究	跨国研究
参照单位	民族国家、民族社会、边界固定地域	宏观区域、世界体系、全球	跨越国界的、多地方的社会空间
分析单位	社会阶层、价值观、制度、身份	中心-边缘结构、社会阶层、价值观	传记、家庭、组织、机构、身份
测量单位	个人、家庭、礼仪、文本、习俗	商品和信息的流动、组织	个人、家庭、礼仪、商品流通

总之,Pries方法的特点是分析了分析单位和参照单位之间的关系。跨国比较研究直接将参照单位与民族国家的"地域模式"联系了起来,而世界社会研究的参照单位则受到宏观区域及其长期变革的限制。根据Pries的观点,这两种方法都假设地理空间和社会形态是相融合的。换句话说,社会形态(无论是民族国家还是中心/外围结构)都受到地理边界的限制。与这种对社会空间的"绝对化"理解相反,如上所述,跨国方法使用了"社会空间性"这一关系概念。因此,"根据定义,参照单位被认为是多地方的、地理上分散的和非毗连的,但在社会上或多或少是同质并且连贯的社会单位"(Pries,2007,p.9)。

与世界主义方法相比,Ludger Pries的方法论建议为跨国分析单位的恰当设计提供了合理的方向,还能够明确以跨国文化重叠为导向的研究单位。从这一立场出发,并不是所有处理文化重叠的方式都需要被研究,而只需要研究那些在跨国活动中出现的文化重叠形式。

跨国方法论的概述中表明,我们需要不断转变研究方法和技术。在这方面,有三点需要特别强调。首先,当今的社会科学界越来越接受这样一个观点,即我们不能使用受国家地理边界限制的研究策略。根据Wimmer和Glick Schiller(2003)的说法,这些研究策略有不同的表现形式。尤其是在散居地研究领域,我们必须保持谨慎,避免用同质化的角度看待这类跨国形式。其次,我们需要从方法论的角度来看待"多视角"建构的社会现实。这就是为什么Beck和Sznaider（2006）提出的方法论建议为区分"行动者的多重策略"和"多种观察方式"提供了新的可能性。根据Beck和Sznaider的观点，我们必须同时考虑这两个角度。但遗憾的是，对于如何在研究实践中实现这种多重导向的项目，世界主义方法并没有给出足够的提示。此外，它也没有详细探讨如何精确选择合适的研究单位。与世界主义方法相反，Ludger Pries（2007）提出的方法论概念为适当创建跨国分析单位提供了合理的方向。Pries将研究单位定义为关系（relationships），这些关系在多地方的、非同质的"社会空间"中具有社会空间参照，这一定义源于他对社会空间关系质量的理论假设。

文化社会学对跨国研究方法的运用，可以以一种特定的方式来把握这些理念。它建议改变数据收集和解释的方法。首先，根据Ludger Pries（2007，p.7）关于跨国"参照单位"的定义，即"跨越国界的、多地方的社会空间"，数据收集必须采用多点研究方法（Marcus，1995），在不同地方收集数据。其次，这里建议以科学诠释学的方式来解释数据。文化重叠方法在概念上与上述Beck和Sznaider的方法论建议类似（见第4节），根据文化重叠方法，有必要转变解释数据的方式。再次，Beck和Sznaider（2006）强调多角度研究的必要性，是为了加强对方法论的反思。此外，还必须通过组织跨文化科研团队开展研究，将此观点补充到文化导向的跨国方法论中（见第5节）。下文将进一步阐述这些重要观点。

多地点研究与科学诠释学的结合实现了对矛盾实践的分析

要避免方法论上的民族主义，并考虑到多种导向的行动者的策略，一种可选择的方法就是在跨国方法论中加入文化重叠的思想。因此，我们建议将这一思想应用于科学诠释学的方法中。

诠释知识社会学与上文所述的文化方法是一致的，因为它所依据的理念是，行动模式总是嵌入在意义生成（Sense-making）和意义诠释的过程中（Hitzler & Honer，1997；Reichertz，2004）。这一假设也是科学诠释学关注意义模式重建的原因，意义模式一方面指导行动，另一方面又在行动中表现出来。此外，这种方法还强调研究意义模式的解释过程，即行动者对文化草案的使用和获取。尽管必须从行动者的视角进行研究，但这种方法并不试图从主观上解释其预期含义。因此，对于这种方法，行动者是否有意识地感知意义模式并不重要（Reichertz，2004）。

　　一般来说，这一程序可以运用于"所有类型的社会互动和所有类型的文化现象"（Reichertz，2004，p.290）。但我们感兴趣的问题是，科学诠释学如何为跨国条件下的文化重叠研究打开方便之门？首先，必须根据目前跨国研究中使用的多地点研究方法，重新组织数据收集过程（Hendry，2003；Marcus，1995；Mazzucato，2008）。其次，数据分析必须考虑到跨国语境中可能存在的意义模式重叠。在说明这一点之前，有必要简要介绍一下科学诠释学的程序。

　　科学诠释学的程序包括四个阶段。第一阶段，研究小组需要以非标准化的方式开始收集数据。这样做的目的是避免在数据收集过程中出现研究假设偏差，因为大多数研究人员收集的数据与理论背景相吻合，却无法为社会现实提供新的见解。在第二阶段，数据收集结束后，研究小组开始使用所谓的序列分析法来分析数据，首先选择对研究问题有重要意义的文本段落。之后，必须对所选段落的每个句子甚至每个单词进行分析，以提取文本中的意义模式。在此阶段，研究人员会尽可能多地开发每个文本部分中潜在的意义模式版本。在第三阶段，研究人员验证先前开发的知识模式版本的合理性，如果不合理则予以剔除。符合文本结构的版本将被选为合适的意义模式。之后，将这一技术应用于整个段落，接着应用于整个文本。如果存在相互矛盾的情况，则建议重复收集数据。在第四阶段，必须将经过验证的知识模式整合为一个模式，并在研究记录中加以描述。这种最后的意义构建被视为数据分析的结果（Reichertz，2004）。

　　还需要补充的是，这种分析是由研究人员分组进行的，因为小组互动或多或少有助于有效地剔除不合适的意义草案。在这种情况下，"合适"一词指的是，与其他拟定的解释版本相比，以最恰当的方式重构文本段落的意义模式。广泛开发不同的意义草案，旨在防止主观偏见影响分析过程。除此之外，在分析过程中还必须考虑自我反思的策略。一方面，研究人员需要与自己的文化和历史背景保持内在距离，另一方面，必须在研究记录中准确描述各自"生活世界（lifeworld）"的背景。

　　本文提出的建议旨在修改科学诠释学的数据收集方式。因此，必须根据多地点研究技术来组织数据收集工作，该技术建议在不同的地理位置同步收集数据。我认为，对多地点研究的考虑与Ludger Pries（1999，2008）所强调的对社会空间性的关系理解是一致的。这种数据收集形式允许创建跨国分析单位作为分析项目，这一分析项目的空间参照根植于地理分布广泛、多地方组织的空间。因此多点民族志起源于人类学研究，它指出在当代转型中的全球化世界，很难为研究小规模且传统根深蒂固的族群找到合理的理由（Clifford & Marcus，1986），因而讨论了构建合适研究领域的问题（Nadai & Maeder, 2005）。在此背景下，选择多个地方开展研究工作的策略成为构建人类学田野的恰当解决方案（Marcus, 1995）。

多点研究法深刻地改变了人类学研究的核心程序。首先，多点研究认为，民族志不应侧重于描述小群体在一个地点中的面对面互动，因为这种互动发生在"全球""突发"的背景下。因此，这种方法的主旨在于观察在不同地理位置同时产生和遵循的社会实践。其次，这种方法削弱了人类学研究中传统田野调查的作用。经典的人类学研究理所当然地认为，研究人员必须在他们各自的田野中待上两年或更长时间，才能"浸入"他们感兴趣的文化。但是，如果将这一程序应用于多点的田野调查，则需要耗费十年，甚至几十年的时间。由此产生的田野工作的局限，可以通过分割研究活动来解决：例如，在第一个地点的研究活动可以是全面的，而在第二或第三个地点则做有限的研究活动。因此，这种限制取决于研究问题。

构建多地点田野可以遵循不同的模式或方向。除了关注隐喻和故事的流传，也可以参考传记叙事或冲突（Marcus, 1995）。特别是，在跨国研究中，关注人的流动是一种可取的研究路径（Gupta & Ferguson, 1999）。多地点研究技术考虑到了复杂的跨国联系，拓宽了社会科学方法的边界。通过研究不同地区的社会实践，可以发现不同的行动"轨迹"，例如跨国家庭、社区、组织和侨民的行动"轨迹"（Lauser, 2005；Mazzucato, 2008）。

除了改变数据收集方法，我们还建议使用一种经过修改的数据解释方法。根据Beck和Sznaider（2006）关于跨国实践的方法论，我们必须牢记，行动者的多地点组织策略是以所谓的"兼而有之"社会互动规则为指导的。换句话说，行动者形成的行动惯例允许他们同时参与有关同一"情境"的不同意义系统，而无需做出最终的偏好决定。这一观点在文化干预方法中得到了更好的诠释。将其纳入科学诠释学的程序改进了解释数据的方法。如上所述，科学诠释学的目的在于明确各个行动者群体所使用的一种广泛的意义模式。因此，意义模式或知识模式被理解为在各自的社会背景下指导解释过程的框架（Reichertz, 2004）。通过采用文化干预的路径而改变科学诠释学的方法论程序，其分析结果不再是产生单一的知识模式，而是提取多种意义模式。这种改变涉及这样一种假设，即在"跨文化"接触的情况下，意义模式很可能出现重叠。因此，意义的溢出（overflow）成为这种情境下具有决定性作用的特征。意义模式的重叠会打断行动者和集体的行动惯例；然而，只有在成功生成意义的情况下，行动才能继续。换言之，只有当行动者设法降低偶然性时，行动的再现才成为可能。

这种解释程序的目的不仅在于提取有关同一"对象"或"情境"的各种意义模式，还在于描述行动者对各自文化草案的应用。如上所述（第2节），我们至少可以区分出三种方法来解决文化重叠所导致的偶然性问题。第一种方法指的是意义模式融合的可能性，因此被称为克里奥尔化（creolization）方法。第二种方法是重新定义文化草案的使用标准。最后，第三种选择在Bhabha的混杂性方法中得到了理论上的阐述，指的是在恰当地应用意义模式方面，减少不确定性的稳定化过程。因此，科学诠释学对跨国移民研究的贡献在于研究行动者如何处理有关同一"对象"或"情境"的各种意义模式。换言之，我们必须关注这些问题：行动者以何种方式应用不同的意义模式？文化干预的情境下会产生哪些社会实践？

有组织的反思：跨文化科学团队增加怀疑程度

除了修改数据收集和解释方法，拟议的方法还必须考虑到当前社会学和人类学研究中的反思性转向（Clifford，1988）。这就是本节重点讨论研究组织的适当形式的原因。根据科学诠释学的程序，提高个人和科学知识的反思性的常规方法之一就是由一队科学家开展实证研究。科学团队成员之间的相互质疑能使之前确定的信念得到规范，并避免之后出现偏差。在本文提出的方法论策略中，如果由跨文化和跨学科的科学团队开展跨国研究，反思性就会提高。因此，"跨文化"一词指的是科学家社会化的方式，而不是他们的民族或种族身份。这些方式的目的不是从根本上否定研究策略，而是使研究者能够相互制约警醒。

同时，这种研究组织形式还涉及"表征问题"，这主要是当前人类学讨论的一个问题（Clifford，1988；Clifford & Marcus，1986）。这一问题源于人类学关于"西方"科学家对"外来"文化"表征"方式的自我反思。因此，有关"表征危机"的讨论揭示了人类学视角的核心二分法，即对"我们"和"他们"的划分，以及固有的对"同一性（sameness）"和"他者性（otherness）"揭示的兴趣，这些都植根于其殖民历史（Argyrou，2002）。然而，这次讨论湮灭了人类学家创造普遍性知识的雄心，却激发了其对新表征模式的渴望。两种新策略均值得一提，它们旨在重新协定研究者与其研究对象之间的辩证关系。第一种，就是所谓的"对话方法论"，该方法试图消除民族志研究者与"当地人"之间的区别。这就是为什么参与者观察和访谈的记录虽然略带一些科学评论，但它们仍然只是数据收集的结果（Dwyer，1982）。第二种方法，即所谓的"合作方法论"，该方法旨在将"本土立场"纳入人类学文本，并使之与研究者的立场相符。当"本地"访谈者通过口述产生文本时，民族志学者就记录下来，并附上一些科学性评论（Crapanzano，1980）。Schröer（2009）建议以类似的方式在实时记录过程中加入"本地文化"的共同阐释者。这两个方法论概念一方面强调需要避免研究结果过于笼统，另一方面强调对经验材料的客观性进行质疑。"当地的声音"是基于"对话式"和"融合式"方法论进行研究的最终结果（Smith，1989）。这些例子说明了本文所提建议的目的，即组织跨文化和跨学科团队进行跨国研究。首先，这种研究形式可以有效地提高经验材料解释过程中的相互质疑程度。其次，通过将"他者"纳入学科语境，可以避免"普遍性知识"的产生。再次，它能够规避移民研究中的立场问题，这一问题的产生是缘于研究者与被研究群体之间的内外关系渐行渐远（Ganga & Scott，2006；De Tona，2006）。这种有组织的群体反思可以揭示研究过程中潜在的缺漏和权力失衡，并激发对研究者"主观立场"的讨论（Sheridan & Storch，2009，p.32）。

同时，我们必须承认，对"他者"的新表征模式也是学科知识传播的结果。所以，对社会学和人类学研究的自我反思仍然是必要的。因此，无论是以"现代主义"方式追求"更好的"表述，还是通过后结构主义的方式牺牲作者身份，都无法解决"表征问题"。相反，我们只能意识到这一问题，并努力增加反思程度。

结论：灵活方法的核心步骤

文化社会学的理论基础为设计跨国方法论增添了哪些优势？首先，文化社会学为跨国形式提供了特定的视角，并从各种混杂的文化草案中归整出具象化的理论体系。由于文化接触预设了"文化"与"中介"之间的关系，因此它提供了对跨国实践的具体描述。

其次，基于这种方法的研究并不把跨国实践视为人员、商品和思想跨境流通的结果，而是去分析人员、商品和思想跨境流通的社会轨迹和动态，即研究者与所研究的知识秩序产生交集的系列结果。从这个角度看，跨国社会形态在特定条件下是不同文化模式之间不断交融和转变的结果。因此，与纯粹描述不同类型的跨国实践相比，该方法论因揭示研究者所面临的不同文化体系以及阐明研究者处理文化冲突的方式，而更具有解释性优势。

总之，以文化为导向的方法论策略为跨国形式和实践的研究开辟了新的前景，它旨在以恰当的方式拓宽科学诠释学的视野。首先，数据收集方式必须贴合多点民族志研究。这一策略使我们能够避免方法论上的民族主义，考虑跨国背景的关系特质，并设计跨国分析单位。其次，建议对上面所述的科学诠释学的解释程序做一处改动：根据文化重叠的方法，该程序可以在不只是一种，而是几种意义模式的形成后结束。这一变化使我们能够观察研究者的研究方法，这些方法以Beck和Sznaider（2006）所描述的社会互动的"兼而有之"为原则。再次，为了提高反思性，建议组建跨文化和跨学科的科学团队开展研究。这将有利于观察复杂的文化流动及其对跨境实践的影响。

参考文献

Alba, R., & Nee, V.(2003). *Remaking the American mainstream: Assimilation and contemporary immigration.* Cambridge, MA: Harvard University Press.

Alexander, J., & Smith, P.(2002). The strong program in cultural theory. In J. Turner (Ed.), *Handbook of sociological theory* (pp. 135-150). New York: Kluwer Academic/Plenum Publishers.

Argyrou, V.(2002). *Anthropology and the colonial encounter.* London: Ithaca Press.

Barinaga, E.(2009). A performative view of language—Methodological considerations and consequences for the study of culture. *Forum: Qualitative Social Research*, 10(1).

Beck, U., & Sznaider, N.(2006). Unpacking cosmopolitanism for the social sciences: A research agenda. *The British Journal of Sociology*, 57(1), 1-23.

Bhabha, H.(1990). The third space: Interview with Homi Bhabha. In J. Rutherford (Ed.), *Identity, community, culture, difference* (pp. 207-221). London: Lawrence & Wishart.

Bhabha, H.(1994). *The location of culture.* London: Routledge.

Faist, T.(2000). *The volume and dynamics of international migration and transnational social spaces.* Oxford: Oxford University Press.

Ganga, D., & Scott, S.(2006). Cultural "insiders" and the issue of positionality in qualitative migration research: Moving "across" and moving "along" researcher-participant divides. *Forum: Qualitative Social Research*, 7(3).

Gupta, A., & Ferguson, J.(1999). *Culture, power, places: Explorations in critical anthropology.* Durham: Duke University Press.

Hannerz, U.(1996). *Transnational connections: Culture, people, places.* London and

New York:Routledge.

Hendry, J.(2003). An ethnographer in the global arena:globography perhaps? *Global Networks*,3(4),497-513.

Hondagneu-Sotelo, P., & Avila, E.(1997). I'm here but I'm there:The meanings of Latina Transnational Motherhood. *Gender Sociology*,11,548-571.

Kivisto,P.(2001). Theorizing transnational immigration:A critical review of current efforts. *Ethnic and Racial Studies*,24(4),549-557.

Levitt, P., & Glick Schiller, N.(2004). Conceptualizing simultaneity: A transnational social field perspective on society. *International Migration Review*, 38 (145), 595-629.

Marcus, G.(1995). Ethnography in/of world system:The emergence of multi-sited ethnography. *Annual Review of Anthropology*,24,95-117.

Østergaard-Nielsen, E.(2003). *Transnational politics:Turks and Kurds in Germany*. London:Routledge.

Otten, M., & Geppert, J.(2009). Mapping the landscape of qualitative research on intercultural communication:A hitchhiker's guide to the methodological galaxy. *Forum:Qualitative Social Research*,10(1).

Otten, M., Allwood, J., Aneas, M. A., Busch, D., Hoffman, D., & Schweisfurth, M.(Eds.). (2009). Qualitative research on intercultural communication. *Forum:Qualitative Social Research*,10(1).

Portes, A.(2001). Introduction:The debates and significance of immigrant transnationalism. *Global Networks*,1(3),181-194.

Portes, A., Guarnizo, L., & Haller, W.(2002). Transnational entrepreneurs:An alternative form of immigrant economic adaptation. *American Sociological Review*, 67, 278-298.

Portes, A., Guarnizo, L. E., & Landolt, P.(1999). The study of transnationalism:Pitfalls and promise of an emergent research field. *Ethnic and Racial Studies*, 22 (2),217-237.

Schröer, N.(2009). Hermeneutic sociology of knowledge for intercultural understanding. *Forum:Qualitative Social Research*,10(1).

Sheridan, V., & Storch, K.(2009). Linking the intercultural and grounded theory: Methodological issues in migration research. *Forum: Qualitative Social Research*,10(1).

Temple, B., & Koterba, K.(2009). The same but different—Researching language and culture in the lives of Polish people in England. *Forum: Qualitative Social Re-*

search, 10(1).

Vertovec, S. (1999). Conceiving and researching transnationalism. *Ethnic and Racial Studies*, 22(2), 447–462.

Wimmer, A., & Glick Schiller, N. (2003). Methodological nationalism: The social sciences and the study of migration. An essay in historical epistemology. *International Migration Review*, 37, 576–610.

身临其境却不在其中：基于被迫移民背景下多点民族志和实地访问的思考 8

劳拉·K.麦克亚当－奥托和萨拉·尼姆菲尔①

引言：多点民族志轶事

"终于，现在你也进入了多点研究的阶段。"这一评论是针对Sarah Nimführ在一次研究研讨会上提出的，她在会上介绍了关于被迫移民的民族志研究，是由于她决定追踪她的研究对象从马耳他到意大利的迁徙（Nimführ，2020，p.78）。该评论强调了移民研究中日益明显的趋势：当人们跨越民族国家的边界时，就会出现多点研究。沿着这些思路，我们两人都进一步认为，我们最终"补充了我们在马耳他的单点静态研究"，"这里和那里的二元对立已经被打破"，并且"移民的复杂性现在得到了更好的理解"。我们的实际存在和我们自己的跨国流动显然对我们的研究被贴上"多点"的标签具有决定性作用。

但是，这种跨越国界的情况真的构成了被迫移民及其他背景下的多点研究吗？毕竟，跨国现象总是同时具有地方性、国家性和全球性的。那么，研究人员如何应对这些现象？例如，在被迫迁移时，当研究伙伴无法移动并且（有时）无法跨越国界时，或者当研究人员并不总是能够实际"身临其境"时（Feldman，2011）。如果研究人员在研究过程中没有跨越国界，而他们的研究对象跨越了国

————————————

①Laura K. McAdam-Otto and Sarah Nimführ. (2021). Being There While Not Being There: Reflections on Multi-sited Ethnography and Field Access in the Context of Forced Migration. *Anthropological Journal of European Cultures*，30（2）：41-61. 本文在翻译时省略了部分与本书主题关联性较低的内容。

界，那么我们该如何把握"地点"的概念？

当"地点"仅仅等同于民族国家时，多点研究（Marcus，1995；1998）被认为过于狭隘。研究人员跨国界进行的当代民族志田野调查常常被贴上"多点"的标签，这导致人们认为关于"真正的"有关移民的民族志需要是跨国的。然而，移民不仅发生在国界的一侧或另一侧，也发生在国界之间。采用这种方法掩盖了难民的生活现实、他们的流动模式以及有时被迫中断的流动性。更复杂的是，人类学家总是将那些他们听到的但他们并不在场的材料纳入其中。我们将这种现象视为就"非参与地点"进行讨论，强调其与被迫移民的民族志研究的相关性。因此，我们有两个目标：首先，我们建议在研究中不要认为多点性必然涉及不同的民族国家。其次，我们希望为实地考察的讨论做出贡献，并关注谁能在什么时间和什么地点收集民族志材料的问题。是否总是研究人员，还是研究参与者也能获得"民族志的权威性（ethnographic authority）"？在这里，我们将被迫移民理解为审视民族志规范和形式的一个视角。移民运动往往对方法和方法论假设提出挑战，而这些方法和方法论假设虽然不具有普遍性，但在该领域的许多民族志研究中却很常见。因此，我们基于经验材料提出了"非参与地点（un-participated site）"这一术语，以优化依赖情境进行研究的路径。

本文接下来的内容如下：首先，我们强调了多点研究的不同概念；其次，我们对在马耳他收集的经验材料提供了见解；再次，我们在对多点性的不同理解的背景下对这些材料进行讨论。在我们的结论中，我们对被迫移民研究及其他领域的多点研究实践进行了展望。

多点民族志及其各种解释与被迫移民研究

对于民族志而言，20世纪90年代是不断变化的十年：它既是一种特定的文本形式，也是通过实地考察收集材料的实际做法。"写文化论争"（Abu Lughod，1991；Clifford & Marcus，1986）探讨了代表性问题，一些学者批评了将空间与文化等同起来的做法，许多人反对从整体上看待文化。然而，由于"超全球化（hyperglobalisation）"（Rodrik，2011），世界及其社会面临着快速变化：移民越来越多地呈现出新的形式，贸易变得更加一体化，旅行变得更便宜和快捷，技术发展日新月异。而民族志学者对这些现象有着极大的兴趣。因此，这一时期提出流动研究的新概念也就不足为奇了：Gisela Welz（1998）的"流动目标"，Ulf Hannerz（1996）的"超越国界的关系"，当然还有George E. Marcus 于1995年提出的"多点民族志"概念。可以说,Marcus的概念已经盛行一时,至今仍是人们津津乐道的话题,但一些学者已经将其称为"流行词",认为其使用方式"膨胀",存在"过度简化"的问题(Hage,2005;Hannerz,2003;Herzfeld,2004,p.216)。

学界对多点民族志的炒作伴随着对单点民族志的贬低,因为这些民族志现在被认为已经过时。无论谁被称为单点民族志学者,都很容易被怀疑是在复制整体主义以及空间与文化的等同性。然而,一些学者认为,民族志研究本质上是流动的,正如Bronislaw Malinowski等人所做的一切,都是流动的(Schmidt-Lauber,2009)。Hannerz(2003,pp.202-203)称,文化现象总是"在途中"被研究的,而对单点民族志的理解似乎是一种追溯性的归因(Hage,2005;Haller,2005,pp.159-161;Marcus & Okely,2007,p.357;Schmidt-Lauber,2009,p.248)。Ruben Andersson(2017,p.95)更进一步认为,单点和多点民族志之间的区别是"一种非自然的关注"。

无论我们是将多点民族志理解为一种创新,还是将其理解为民族志研究的延续,总之,随着这一概念的日益凸显,出现了非常不同的解释、应用和调整。在下面的段落中,我们将讨论其中的几种,并指出在欧洲的方法论论争中尤其普遍存在的有关多点民族志的困惑。

关于什么是地点以及在哪里可以找到地点的问题

关于多点民族志的争论必然会产生的第一个困惑是,究竟什么才是地点(site)。不同的研究者对这个问题有截然不同的答案:Andrea Lauser(2005)将她的研究田野称为地点;Zsuzsa Gille(2001)也以类似的思路进行论证,并将地点和视角等同起来。Welz(2009)假设地点是全球现象在当地进行协商的地方,并认为研究人员在这些地方的存在很重要;在这里,"看见"和"选址(siting)"很重要。Brigitta Schmidt-Lauber(2009,p.245)和Eckert等人(2020,pp.51-52)将多点性理解为研究全球化过程的一种方法,并与简单地合并不同研究地点的方法保持距离;Sabine Hess和Maria Schwertl(2013)认为,一个田野只能通过不同地点的组合而出现,他们将其称为集合体;而Ghassan Hage(2005,p.466)则相反,他将地点和田野等同起来,从而认为多点研究一般是不可行的。Mark-Anthony Falzon(2009)将地点的功能理解为对比和比较。Joanna Cook、James Laidlaw和Jonathan Mair(2009,p.69)建议使用"非地点田野

（un-sited field）"来从现有地理位置中辨别田野。Raymond Madden（2010）加入了争论，宣称多点性和无地点性都不会挑战单点的概念，从而拒绝质疑后者的准自然存在。

无论对多点（sites）的理解如何不同，可以说多点民族志已成为当代民族志的黄金标准。几乎所有近期出版的民族志都使用了Marcus的概念，研究人员也倾向于将他们的研究设计为多点研究。虽然Hage（2005，p.464）已经警告过，"在两个或三个地点之间来回穿梭"并不能满足多点的标准，但研究人员，即使像Marcus所说的那样，四处流动并追踪其研究对象，如果他们的研究没有覆盖不同的州，也往往不会被称为多点研究（例如Kratzmann，2007）。Anna Eckert、Brigitta Schmidt-Lauber和Georg Wolfmayr（2020，pp.51-52）批评说，这样一来，研究人员的角色似乎被简化为简单地访问不同国家的不同地方。如果将多点等同于不同国家之间来回穿梭，那么这会让研究听起来更大、更好、更具有普遍性——这是资助者通常喜欢听到的特点。以这种方式使用关于多点性的论述往往会掩盖民族志研究需要时间的事实，而"一劳永逸"的态度不会产生深厚的人类学知识。

在上一段中，有一个问题——本文的一个重要关注点——已经浮出水面：在围绕多点民族志的争论中，地点和民族国家越来越被等同起来。这一点尤为有趣，因为近年来民族志研究也越来越多地以数字方式进行，例如在社交媒体平台或互联网论坛上（Wittel，2000）。虽然对田野"地方性"（Haverinen，2015）的理解以及关于民族志地点的问题因此变得更加动态，但在某些情况下，民族国家的作用却处于次要地位。然而，在多点研究设计中，特别是在（被迫）移民研究中，地点与国家的等式一再被重新激活。因此，如果研究考虑到了不同的民族国家，而且研究人员曾在这些国家出现过，那么这项研究通常就被视为多点研究（例如Amelina，2010；Hendry，2003；Kratzmann，2007；Lauser，2005；Mazzucato，2008）。这是一个重要的发现，特别是考虑到多点民族志旨在批判方法论上的国家主义（Beck & Grande，2004；Wimmer & Glick Schiller，2002），它表明许多研究利用了Marcus的观点，但其核心却偏离了Marcus的观点。

重读Marcus的原著可以发现，他并没有认为多点研究方法意味着研究人员必须（实际地）跨越国界。Marcus最初的论点似乎在被夸大采用的过程中被遗忘了：他认为，民族志田野工作的目的不再是明确地从整体上研究文化，也不是要把文化固定在一个特定的地方（Abu Lughod［1991］以及Clifford和Marcus［1986］在"写文化论争"中都提到了这一观点），而是发展一种系统观，使研究者能够在更广泛的背景下对所研究的(文化)现象进行本地化和理解(Marcus,1995,p.96)。Marcus(同上)写道,研究不能再专注于对一个地点的深入研究:"它(多点民族志)发展了一种研究策略或设计,承认宏观理论概念和世界体系的叙事,但不依赖它们来构建一组研究对象的文本架构"。Regina Römhild(2006,p.181)在2006年提到Marcus的观点时提醒我们,"固定"和"流动"并不相互排斥;民族志始终是一种(固定的)当地化实践。她认为,多点民族志的挑战在于"将该领域扩展到各种社会、文化、话语、经济和政治场所……即一个'多地点'的田野,如果这些地点可以被定位在某一地理空间内,那么它也可以被局限在该地理空间内"(Römhild,2006,p.181)。这强调了多点研究不一定要跨越国界进行。

　　然而:为什么最近出版的有关被迫移民的民族志几乎没有采用这些解释呢?在阅读有关多点性的各种解释时,人们很快就会产生这样的印象:我们现在面临的不是方法论上的国家主义,而是方法论上的跨国主义。这是因为研究越来越多地寻求比较,而理想的典型比较选择往往是民族国家创造的类别(Weiß,2010)。这里的危险在于使民族国家的归化永久化(Bogusz,2018;Wimmer & Glick Schiller,2002)——关于被迫移民的多点民族志研究为何特别容易受到这种方法论跨国主义的影响,我们将在下一节中探讨。

多点民族志与被迫移民研究

　　移民研究通常属于所谓的"流动性转向"的范畴(Sheller & Urry,2006)。由于被迫移民是一种真正的跨国现象,多点民族志已经变得非常流行,并成为一种有用的研究策略(Römhild,2006,p.181)。话虽如此,"流动性已成为需要观察的范畴"(Schmidt-Lauber,2012,p.571),这也影响了实际的研究实践:研究被迫移民的学者越来越多地"追踪"(Marcus,1995)他们的研究伙伴,并"追踪"他们跨越国界。事实上,国家框架对如何看待移民(McAdam & Otto,2020)、如何对待移民,以及移民是否希望留下来或继续他们的旅程都有很大影响。毫不奇怪,重新陷入一种方法论的国家主义的形式很容易发生;Bridget Anderson(2019)甚至认为,"方法论国家主义问题在移民研究中尤为严重",尤其是因为移民通常被理解为民族国家秩序的问题。

　　移徙活动本身也将不同的地方相互联系起来,将不同国家的人们联系起来,将不同的地方和人们相互(重新)联系起来。并且被迫迁徙通常不是线性的;难民的迁徙通常不是沿着一条直接的路径，而是经常循环往复。因此，研究人员对难民进行自发的跟踪调查，对于更好地理解混乱的移民形式非常有价值。基于这些原因，多点民族志和流动研究者的理念在移民研究中得到了广泛认可，因为它涉及"之字形移民"这一全球现象（Hage，2005，p.465）。

既然我们已经证明了对研究地点的不同理解，说明了多点民族志的一些适应性情况，并阐明了多点民族志与移民研究之间的关系，那么本文引言中提到的轶事就更容易理解了：我们的同行当然希望支持我们，并鼓励我们在移民研究中对民族志的当代理解的方框中打钩。此外，这则轶事还表明，多点民族志作为一种多国研究设计的理解显然非常普遍。虽然我们并不反对进行多国研究，但与Römhild和Marcus一样，我们也认为：（1）多点研究并不一定意味着多国研究；（2）研究者不可能也不一定要亲临所有研究地点才能将其考虑在内。无论是离线研究还是在线研究，研究地点的不可访问性都是民族志研究的固有特点，但在移民研究中则更为明显。迄今为止，文献还没有充分解决当研究人员的（实际）在场无法在多点民族志中得到保证时会发生什么的问题。我们通过探究Bubak和Blaze的故事，进一步了解多点民族志在移民研究中的应用。

相同的抵达国，不同的移民流动：马耳他难民研究的经验启示

正如本文引言中所述，我们都曾在马耳他对难民进行过研究（Nimführ，2020；Otto，2020）。这个岛国是我们研究的地理起点，马耳他因此成为我们第一次见到研究对象的地方。我们对他们如何在这个岛国航行感兴趣，希望更多地了解他们的日常生活，并研究了欧盟边境制度对他们流动模式的影响。我们都受到了Marcus "追踪和跟踪"思想的启发（1995，pp.105-106）；当我们的研究伙伴离开马耳他时，我们也试图和他们保持联系，我们"追踪"了他们，我们在马耳他以外的国家与他们会面，但我们也意识到，他们的移民之路早在我们相遇之前就已商定好了，当然，我们没有去过他们途经的这些地方。然而，我们也在岛国境内追踪他们：我们陪同他们去寻求庇护者登记处预约，我们应邀去他们家里做客，我们去他们居住的营地看望他们，我们陪同他们去非政府组织，我们一起在餐馆吃饭。

在马耳他"追踪"研究对象的实践背景下，我们开始质疑多点性与多国研究的等同性，以及研究人员（实际）在研究地点的必要性。

Bubak的故事：从索马里经埃塞俄比亚、苏丹到马耳他——中转之地

　　Bubak出生在索马里，是父母的长子。他们家就住在索马里首都摩加迪沙热闹的市场附近。2010年的一天，在他15岁左右的时候，父母的房子被附近的爆炸炸成了废墟。最初的惊吓过后，Bubak去当地医院寻找家人，但被告知他的父母和兄弟姐妹都不在医院。他意识到自己不能继续生活在索马里，于是开始寻找离开的办法。Bubak来到埃塞俄比亚，在那里做日工。赚够钱后，他继续前往利比亚，在那里被叛军扣留，后来设法逃脱。他花钱买了一个座位，乘船来到欧洲的马耳他。经过年龄评估，Bubak被归类为一名"举目无亲的未成年人"，被安置在一家国营护理机构。在那里，他遇到了Laura McAdam-Otto，并成为她最重要的研究伙伴之一。Bubak带Laura McAdam-Otto去了一些对他来说很重要的地方，比如索马里餐馆，并带她参观了马耳他政府收容难民的开放中心，他还分享了很多自己移民的故事，其中他经常提到埃塞俄比亚、苏丹和利比亚的一些地方。

　　Bubak对在马耳他的生活相当不满。他不能上学，很难找到工作，零花钱很少，而且每天都会遇到种族主义。由于Bubak的附属保护地位和未成年人身份，他不能在Schengen区内旅行。Laura McAdam-Otto和Bubak相识几个月后，Bubak离开了马耳他，正想去往德国。途中，他经常通过Skype给她打电话，告诉她自己的行程。Laura McAdam-Otto了解了Bubak前往德国的路线，她甚至与Bubak当时所在的意大利难民营里的人交谈；她还了解了奥地利和德国边境的警察管制情况。最终，Bubak抵达了德国，并定居于此。最近他在这里完成了学业，也在这里和Laura McAdam-Otto重逢。

Blaze的故事：从尼日利亚经利比亚到马耳他——最终目的地

　　然而，并不是所有的难民都能成功地离开马耳他，正如Blaze的故事所说明的那样。Blaze和他的妻子Jessica于2002年离开尼日利亚前往利比亚工作。然而，2011年2月之后，在利比亚获得正常和稳定的工作变得越来越困难，尤其是对撒哈拉以南非洲的人来说。这位32岁的尼日利亚人（Blaze）告诉Sarah Nimführ，他一直生活在被民兵在街头袭击的恐惧中。撒哈拉以南的非洲人有被利比亚反政府武装误认为是Gaddafi政权雇佣兵的危险。由于无法选择返回尼日利亚，Blaze和Jessica违背了最初的意愿，决定前往欧洲。他们凭借积蓄穿越地中海，于2011

年3月抵达马耳他,在那里申请庇护。然而,由于繁琐的行政程序和缺乏双边协议,马耳他政府没有将难民驱逐到尼日利亚,这对夫妇收到了拒绝庇护的通知,并面临着无法离境(non-deportability)的情况。他们不得不留在马耳他,2015年,他们在政府收容寻求庇护者的一个开放中心遇到了Sarah Nimführ。然而,这对夫妇并没有被允许在那里永久定居;相反,他们不得不多次搬家。有时,他们可以租一套公寓,有时他们住在一套合租公寓里,最终他们搬到了岛中心的一个开放中心,该中心由一个非政府组织在教会的赞助下运营。由于Blaze失业,这对夫妇便再也买不起房子了。

Blaze和Jessica在抵达马耳他后有了两个孩子,但他们仍然担心自己的未来。尽管如此,他们还是希望在另一个欧盟国家为他们的孩子和自己创造一个更美好的未来。Blaze听说在其他欧洲国家,人们的种族主义程度较低,在意大利获得保护身份会更容易。Blaze一家多次询问Sarah Nimführ离开马耳他的可能性,结果她陪同Blaze一家去了一家法律咨询处。然而,根据民权律师的说法,由于文件丢失和驱逐令悬而未决,Blaze一家不可能按规定离开马耳他。由于难以组织和负担这种旅程,这家人无法选择以无管制的方式离开地中海岛国,因此他们不得不留在马耳他。

从Bubak和Blaze的多点研究(不可)流动性中汲取经验

Bubak和Blaze在移民、流动和不可流动方面有着截然不同的故事。Bubak的叙述表明,他的欧洲之旅途经不同的国家,研究人员不可能出现在每个涉及向欧盟被迫移民的流转地(另见Craith & Hill,2015,p.42),例如撒哈拉沙漠或利比亚的监狱。然而,要正确理解他的故事,就必须考虑到这些地方。从Blaze的叙述中我们可以看出,他在抵达欧洲后无法继续跨国流动,因此不得不留在马耳他;然而,在马耳他的不同地方,如开放中心、难民公寓或法律咨询处,移民都是经过协商的,通过他的不可流动性,我们也可以更多地了解难民在欧盟边境制度中的流动情况。

他们的故事和流动情况是我们在研究过程中反复听到和经历的典型事例。他们是我们讨论多点性和对该方法的不同解释的出发点。在反思我们的研究方法和研究实践时,我们提出了以下问题:当我们前往马耳他的不同地方,追踪Blaze和Bubak的联系时,我们是否就已经以多点方式开展了研究?非政府组织、律师事务所、政府部门的办公室、难民公寓或难民营是否未被当作被迫移民谈判的地点？更北边的难民营，比如布巴克案件中的意大利难民营，是否也属于我们的地点（sites）？追踪难民到其他国家，是否与Marcus在马耳他采取的追踪策略完全相同，就像Blaze和Jessica在"困顿"中的多地生活（Hage，2009）？

在Marcus的早期著作（1986，1989）中，他建议确定并访问不同的地方，这些地方可以位于一个或多个民族国家。但前往不同国家开展研究并不是他的主要建议。Marcus认为，Paul Willis的民族志著作《学做工》（*Learning to Labour: How Working Class Kids Get Working Class Jobs*，1981）充满了对研究参与者互动的地点之间的参照。Marcus提到了几个例子，如公寓、学校、商店和俱乐部，在这些地方，研究人员和研究合作伙伴混杂在一起。

此外，Marcus的意图是超越空间与文化的等同关系，并克服整体性方法。他极力主张将实地研究及其相应成果与具体环境联系起来。无论我们是在一个国家还是在多个国家开展研究，都可以满足这些前提条件。当然，当研究人员跨国开展研究时，研究背景会有所不同，也可以回答其他问题，但在一个地方（如马耳他）开展研究与Marcus概念化的多点研究并不矛盾。在这两种情况下，我们考虑到了"社会、文化、话语、经济和政治地点"（Römhild，2006），它们已成为我们实地构建的一部分。多点研究，尤其是被迫移民研究，一再被等同于研究人员在多个国家的存在，这一事实造成了一些后果：没有跨越国界的研究人员无法获得多点性这一质量标准。然而，主要问题在于，过分强调跨越国界的民族志往往会掩盖难民（如Blaze）的生活现实，而这些现实并不一定是跨国的。在本文中，我们认为"追踪"他们的日常生活轨迹——去律师事务所、教区和他们的家——不仅符合多点性的标准，而且为被迫移民研究领域增添了丰富的实证经验。

然而，在Marcus的作品中至关重要的也是研究人员的身临其境。但Blaze和Bubak的故事都揭示出，在我们没有或无法进入的地点，流动性（mobility）也是经过协商的。然而，考虑到这些对研究伙伴非常重要的地点，对于更好地理解他们的生活现实和不同形式的流动是有意义的。

通过这些动态，我们可以认为：首先，不能将研究地点与民族国家等同起来；其次，在被迫移民研究的动态背景下，考虑研究人员无法访问的研究地点也是至关重要的。简而言之：认真对待Bubak和Blaze的迁徙路径，我们可以从被迫移民研究的多点性（multi-sitedness）中学到两点：（1）多点研究可以在一个地方进行，不（一定）要求研究者跨越国界；（2）将非参与地点，即研究者无法（实际）进入的地点纳入研究，有助于更好地理解难民生活现实的复杂性以及（不可）流动性的多重协商。重要的是要将这种无法进入的情况概念化，以便能够讨论这些动态并将其整合到知识生产过程中。

正如我们上文的文献综述所表明的，关于什么是多点研究的问题一直存在各种争论，但迄今为止，文献还没有充分讨论研究者是否必须亲临这些特定地点的问题（Schmidt-Lauber，2012，p.563）。无论研究者是将研究地点等同于民族国家，还是认为多点民族志取代了"过时的"单点民族志，这些方法似乎都需要研究者亲临现场。然而，民族志研究，尤其是被迫移民领域，其特点是高度不可进入，这就是为什么我们提出了"非参与地点（un-participated site）"这一术语。参与观察固然重要，并因其具体原因而成为民族志的核心方法，但我们支持区分参与和非参与地点的概念。我们无法访问相关地点——如警方听证会或年龄评估会——不应被理解为缺乏参与意愿；相反，在我们开展研究时，要么被拒绝进入某些地点，要么感兴趣的地点已不复存在。因此，我们将被拒绝或无法进入理解为实地调查的一种症状。我们通过与官方机构和民间组织的人员谈话和交流，补充了关于这些难以进入的地点的民族志材料，如听证会或年龄评估会，以收集对这些未参与地点的多个观点。因此，研究对象的解释是非参与地点所固有的。如果我们当时在场，可能会产生其他材料和解释（参见Schmidt-Lauber，2007，p.229）。我们为"非参与地点"概念的发展提供了一种"针对具体经验案例的情境研究方法"（Nieswand，2009，p.20），并加入了将民族志日益视为"零散"的趋势（Günel et al.，2020）。

简而言之，将我们未亲身到过的地方视为研究地点不仅符合建构主义者对研究领域的理解（Hess & Schwertl，2013），而且还将民族志的主导权交给了研究对象。这进一步打破了人类学家作为英雄的形象（Sontag，1966），也让我们能够尝试知识生产的新形式。这种方法还能让我们更好地理解难民生活现实的复杂性，而不仅仅是将他们描述为到达欧洲后才开始存在的人物。事实上，他们并不是"没有历史的白板"（Braun，2016，p.210），他们带着自己的经历、动机和想象来到马耳他，这些经历、动机和想象在许多地方形成，并继续影响着他们在欧洲的生活和移民之路。通过开放多点性概念，将未参与地点纳入其中，可以更好地把握地点和时间的多重同时性，以及法律和社会背景（Braun，2016，pp.210-211；Nimführ，2020，p.168）。因此，包含未参与地点的多点性有助于解决自"写文化论争"以来所讨论的代表性问题。当然，与此同时民族志的自我反思仍然不够，因为研究者不可能亲临所有现场。

为此，我们批判性地反思了当前对"多点性"的理解，并以马耳他难民的实际移民活动为契机，以一种全新的、不同的方式思考"多点性"。在此，我们批判性地反对在研究人员之间贴上标签，而呼吁研究难民流动的具体路径——因为像Blaze和Bubak这样的故事是当前欧洲移民动态的特征。为了公正地对待他们的故事，我们希望在一个地方创造出开放的非参与性地点和多地点。

结语和展望

自首次发表近三十年以来，Marcus的多点民族志概念在移民研究和其他领域都得到了各种各样的解释、应用和进一步发展。在这个过程中，这个概念得到了不同的应用，这些应用与公正地对待全球化趋势和研究人员对流动性的关注有关。最后，多点研究设计能满足研究资助者的各种要求：它承诺通过纳入不同国家的研究来提高普遍性，并使研究看起来规模更大并且更好。

然而，这导致我们的研究对象在生活现实的重要方面仍然被忽视。因此我们对这些方面很感兴趣，并试图用我们的概念和研究方法去接触它们。有一种观点认为，民族志方法论的变革主要涉及从单点研究向多点研究的过渡（Andersson，2017，p.95），但我们并不认同这种观点。

民族志作为一种方法，与研究者的（身体）在场密切相关：无论是线下环境中的身体在场，还是在线研究设计中的个人在场。参与和亲临现场可以通过刺激和自我反思的瞬间获得洞察力。参与观察已成为黄金标准，其他方法已被宣布为"不完美的替代方法"（Fine & Abramson，2020）。因此，民族志研究是"具身"的。然而，在元层面上，本文提出的问题是，什么才是真正的民族志材料？本学科当前的争论集中在如何理解"进入"——以及被拒绝或不可能进入——田野，将其视为富有成效的邂逅，并与知识生产相关（Andersson，2016；Straube，2020）。因此，还应当在全球COVID-19大流行的背景下解读本文，目前，几乎不可能在实际共同在场的情况下开展研究。面对面的观察会在多长时间内中断、受到影响或冲击，目前还不确定。替代方法，如将研究对象作为合作者或助手，通过在线访谈或其他互动模式以数字方式收集材料，或分析叙述，目前已不再仅仅是一种选择，在许多情况下，如果想继续开展研究，就必须这样做。这使得反思和方法创新成为可能，从而产生新的鼓舞人心的民族志形式，而迄今为止，这些形式往往只能作为次优解决方案使用。虽然在线研究会带来不同的氛围，但它们也可能给我们带来新的见解，并让我们接触到以前无法接触到的受访者和地方——因此，非参与地点是一个不只适用于被迫移民研究的概念。

在马耳他移民研究的背景下，我们对多点民族志这一被多次提及和应用的概念的相关术语进行了反思，并对某些术语进行了澄清和重新解释。首先，我们表明，在一个地方进行的研究与Marcus提出的多点方法并不冲突。此外，我们还指出，人类学家在其研究中一直包含第三方材料和叙述。研究人员无法进入特定地点这一事实在被迫移民研究中尤为突出，但在大流行病的背景下，这种研究目前正在大规模展开。为了更好地描述这些无法进入但对研究至关重要的地点，我们提出了"非参与地点"的概念。我们深信，一项有说服力的多点民族志研究，无论它是在一个地方还是在几个地方进行，都需要公正地反映我们研究对象的日常生活世界——包括参与和非参与地点。

参考文献

Abu-Lughod, L. (1991). Writing Against Culture. In R. Fox(Ed.), *Recapturing Anthropology: Working in the Present*(pp. 137-162). Santa Fe: School of American Research Press.

Amelina, A. (2010). Searching for an Appropriate Research Strategy on Transnational Migration: The Logic of Multi-Sited Research and the Advantage of the Cultural Interferences Approach. *Forum: Qualitative Social Research*, 11(1).

Anderson, B. (2019). New Directions in Migration Studies: Towards Methodological De-Nationalism. *Comparative Migration Studies*, 7.

Andersson, R. (2016). Here be Dragons: Mapping an Ethnography of Global Danger. *Current Anthropology*, 57, 707-722.

Andersson, R. (2017). 'From Radar Systems to Rickety Boats: Borderline Ethnography in Europe's Illegality Industry'. In A. Elliot, R. Norum, & N. B. Salazar (Eds.), *Methodologies of Mobility: Ethnography and Experiment* (pp. 88-108). Oxford: Berghahn Books.

Clifford, J., & Marcus, G. E. (Eds.). (1986). *Writing Culture: The Poetics and Politics of Ethnography*. Berkeley: University of California Press.

Cook, J., Laidlaw, J., & Mair, J. (2009). What if There is No Elephant? Towards a Conception of an Un-sited Field. In M.-A. Falzon(Ed.), *Multi-Sited Ethnography: Theory, Praxis, and Locality in Contemporary Social Research* (pp. 47-72). London: Ashgate.

Craith, M. N., & Hill, E. (2015). Re-locating the Ethnographic Field: From "Being There" to "Being There". *Anthropological Journal of European Cultures*, 24(1),

42-62.

Falzon, M. A. (2009). Introduction: Multi-sited Ethnography: Theory, Praxis and Locality in Contemporary Research. In M.-A. Falzon(Ed.), *Multi-sited Ethnography: Theory, Praxis and Locality in Contemporary Research* (pp. 1-23). London: Ashgate.

Feldman, G. (2011). If Ethnography is More than Participant-Observation, then Relations are More than Connections: The Case for Nonlocal Ethnography in a World of Apparatuses. *Anthropological Theory*, 11(4), 375-395.

Gille, Z. (2001). Critical Ethnography in the Time of Globalization: Toward a New Concept of Site. *Cultural Studies, Critical Methodologies*, 1(3), 319-334.

Günel, G., Varma, S., & Watanabe, C. (2020). A Manifesto for Patchwork Ethnography. Member Voices, *Fieldsights*.

Hage, G. (2005). A Not So Multi-Sited Ethnography of a Not So Imagined Community. *Anthropological Theory*, 5(4), 463-475.

Haller, D. (2005). Let it flow: Economy, Spirituality and Gender in the Sindhi Network. *Anthropological Theory*, 5, 164-175.

Hannerz, U. (1996). *Transnational Connections: Culture, People, Places*. London: Routledge.

Hannerz, U. (2003). Being there . . . and there . . . and there! Reflections on Multi-Site Ethnography. *Ethnography*, 4(2), 201-216.

Haverinen, A. (2015). Internet Ethnography: The Past, the Present and the Future. *Ethnologia Fennia*, 42, 79-90.

Hendry, J. (2003). An Ethnographer in the Global Arena: Globography Perhaps?. *Global Networks*, 3(4), 497-513.

Herzfeld, M. (2004). *The Body Impolitic: Artisans and Artifice in the Global Hierarchy of Value*. Chicago: University of Chicago Press.

Kristmundsdottir, S. D. (2006). Far from the Trobriands? Biography as Field. In S. Coleman & P. Collins(Eds.), *Locating the Field: Space, Place and Context in Anthropology* (pp. 163-178). New York: Berg.

Madden, R. (2010). *Being Ethnographic: A Guide to Theory and Practice of Ethnography*. London: Sage.

Marcus, G., & Okely, J. (2007). How Short Can Fieldwork Be? *Social Anthropology*, 15(3), 353-367.

Marcus, G., & Saka, E. (2006). Assemblage. *Theory, Culture & Society*, 23(101).

Marcus, G. (1986). Contemporary Problems of Ethnography in the Modern World System. In J. Clifford & G. Marcus(Eds.) , *Writing Culture : The Poetics and Politics of Ethnography* (pp. 165-193). Berkeley : University of California Press.

Marcus,G.(1989). Imaging the Whole : Ethnography's Contemporary Efforts to Situate Itself. *Critique of Anthropology* ,9(3) ,7-30.

Marcus,G.(1995). Ethnography in/of the World System : The Emergence of Multi-Sited Ethnography. *Annual Review Anthropology* ,24,95-117.

Marcus,G.(1998). *Ethnography Through Thick and Thin.* Princeton : Princeton University Press.

Marcus, G. (2012). Multi-sited Ethnography : Five or Six Things I Know About It Now. In S. Coleman & P. von Hellermann(Eds.) , *Multi-sited Ethnography : Problems and Possibilities in the Translocation of Research Methods* (pp. 16-33). New York : Routledge.

Mazzucato, V. (2008). Simultaneity and Networks in Transnational Migration : Lessons Learned from a Simultaneous Matched Sample Methodology. In J. DeWind & J. Holdway(Eds.) , *Migration and Development Within and Across Borders : Research and Policy Perspectives on Internal and International Migration* (pp. 69-100). Geneva : International Organization for Migration.

McAdam, M., & Otto, L. (2020). Ideas Under Construction : Views on Migration from the European Southern External Border. *Political Studies.*

Mukadam, A., & Mawani, S.(2006). Post-Diasporic Indian Communities : A New Generation. In S. Coleman & P. Collins(Eds.) , *Locating the Field : Space , Place and Context in Anthropology* (pp. 105-128). New York : Berg.

Nieswand, B.(2009). Ethnography Between Locality and Sociality. MMG Working Paper 09-06, *Max Planck Institute for the Study of Religious and Ethnic Diversity* , 1-26.

Rodrik, D.(2011). *The Globalization Paradox : Democracy and the Future of the World Economy.* New York : W. W. Norton.

Schmidt-Lauber, B.(2012). Seeing, Hearing, Feeling, Writing : Approaches and Methods from the Perspective of Ethnological Analysis of the Present. In R. F. Bendix & G. Hasan-Rokem(Eds.) , *Companion to Folklore* (pp. 559-578). New York : Wiley and Sons.

Sheller, M., & Urry, J.(2006). The New Mobilities Paradigm. *Environment and Planning A* ,38,207-226.

Straube, C.(2020). Speak, Friend, and Enter? Fieldwork Access and Anthropological Knowledge Production on the Copperbelt. *Journal of Southern African Studies* ,

46,399-415.

Van Duijn,S.(2020). Everywhere and Nowhere at Once:The Challenges of Following in Multi-Sited Ethnography. *Journal of Organizational Ethnography*, 9（3）, 281-294.

Willis,P.(1981). *Learning to Labor:How Working Class Kids Get Working Class Jobs*. New York:Columbia University Press.

Wimmer,A.,& Glick Schiller,N.(2002). Methodological Nationalism and Beyond:Nation-State Building,Migration and the Social Sciences. *Global Networks*,2（4）, 301-334.

Wittel,A.(2000). Ethnography on the Move:From Field to Net to Internet. *Forum: Qualitative Social Research*,1(1).

流动中的民族志：从田野到网络再到互联网

9

安德里亚斯·维特尔[①]

引言

Clifford Geertz（1973）认为，20世纪50年代末到60年代初的文化人类学概念非常直截了当："他们在那里有一种文化，你的工作就是回来告诉我们它是什么。"如今，人们普遍认为，越来越难以仅用一些术语来构思人类学研究。这种方法受到的批评主要集中在民族志实践的两个问题上，即"族群"和"对族群文化的描述"。后者涉及民族志学者与其研究对象之间的关系。它质疑传统的文本化和表达形式。关键术语包括他者化、作者控制、客体化危机、对话性或多元文本。所有这些都是由"写文化论争"发起和记录的。在下文中，我将不再提及对文本表达，即"描述性文本"的批评。相反，我将转而讨论民族志实践中受到质疑的第二个问题——对"族群"的评判。

鉴于我们在过去几十年中目睹的发展和变革，"一种文化在那里"的概念变得越来越难以维持，这种想法首先意味着它是一个统一的整体，其次它是独特的并且不同于其他文化。社会已经现代化和分化，文化也是如此。通过媒体、电信、经济、移民、旅行和民族志学者等"职业陌生人"（Agar，1980），一个社会与另一个社会以及一种文化与另一种文化的联系得到了加强。Clifford（1997）认为，人的位置由迁移和停滞构成。文化的表象边界是建构出来的，而不是被发现的，这一观点已成为该学科的主导立场。人们普遍认为，即使是最微小的地理区

---

①Andreas Wittel.（2000）. Ethnography on the Move：From Field to Net to Internet. *Forum：Qualitative Social Research*，1（1），Art. 21.

域也存在着多种文化，而非单一的文化。Gupta和Ferguson（1997a，p.2）总结
道："曾经看起来是逻辑上不可能的东西——没有民族的民族志——对许多人来
说，已经变得完全合理，甚至是必要的。"

超越"田野"

随着文化的多元化，"田野"作为一个地理上界定的研究领域的概念也成了
问题。第一次关于民族志实践可能产生的后果的思考始于20世纪80年代中期。
Marcus和Fischer（1986）指出，对地方和区域世界的人类学研究往往低估了塑造
地方环境的跨国政治、经济和文化力量。考虑到这些全球力量，民族志的概念应
该是多地方或多地点的。由于人和物都有可能变得越来越具有流动性，因此民族
志必须与这些流动结合起来。

目前，我们可以看到民族志现代化的两种策略，它们超越了在具有明确边界
和界线的地理区域进行实地考察的传统。第一种策略建议"自觉地嵌入世界体系
的研究"，"从单一的地点和当地情况中走出来……考察文化意义、对象和身份在
弥散的时空中的流动"（Marcus，1998，p.79）。与这一方法密切相关的是关于重
新定义"田野"概念的建议。Gupta和Ferguson（1997b，p.37）在提到Appadurai
的著作时，建议对"田野"的概念进行重新定义。与其用"田野"来表示"此
地"和"别处"的地方性，不如将"田野"概念化为"政治意义上的地点"。"我
们可能会从这样的举措中，减少对'田野'（在'某某之中'的意义上）的感觉，
而更多地感觉到一种关注和重视多重社会政治现场和地点相互交错的研究模式"。
作者认为，对田野工作的这种重建将重新定位参与观察的作用：它将继续成为人
类学方法论的重要组成部分，但不再被崇拜。

与此密切相关的建议还有——借鉴Castells（1996）的"网络社会"——从
研究场域转向网络的民族志。网络仍然与类似地理空间的田野密切相关。与田野
不同，网络是一个开放的结构，几乎可以无限扩展，并且具有高度的动态性。更
重要的是：网络不仅由一系列节点组成，还包括节点之间的一系列连接。因此，
网络既包含移动和流动，也包含居住和聚居地。网络的民族志则包括对网络节点
的研究，以及对这些节点之间的联系和流动（资金、物品、人员、思想等）的研
究。所有这些高度理论化的方法（从单一地点到多地点，从地理区域到政治意义
上的地点，从田野到网络）都侧重于空间，侧重于社会和文化差异的空间化
问题。

克服传统田野调查概念的第二种策略是从物理空间向所谓的网络空间转变,这种策略虽然理论化程度较低,但却有快速增长的研究成果作为基础。互联网的发展是我们这个时代最伟大的文化现象之一,几乎影响了生活的所有领域。因此,研究在线交流和互动以及高度媒介化和互动的相关空间的民族志工作迅速增加也就不足为奇了:虚拟城市、虚拟大学、虚拟社区护理、虚拟组织、虚拟决策环境、远程医疗、远程购物、虚拟市场、虚拟现实环境、虚拟家庭——这个列表只是指英国正在进行的ESCR资助的"虚拟社会"项目的一些项目名称(2005年8月)。赫尔大学最近举办了一个名为"民族志与互联网"的会议。

揭示复杂性

这两项策略都超越了将"田野"这一概念视为地理上界定的地点,这表明民族志正在发生变化。这是从田野到网络再到互联网的转变。然而,迄今为止,人们几乎没有讨论过所有这些民族志现代化尝试的实际研究意义。在本文的以下部分中,我将解释为什么实际研究意义确实是深远的。现在是时候关注由新一代民族志学者引发的这一转变及其影响了。首先,我将探讨从田野到网络的转变。然后,我将讨论从物理空间到网络空间的转变。

不过,在这样做之前,必须先解决另一个问题。如果实地考察不再是描述民族志实践的主要特征,那么还剩下什么?我们怎样才能使民族志的概念超越长期居住在遥远而未知的地方这一概念呢?超越"田野工作"的民族志重构方法之一是将其目的和目标作为界定原则。通过研究文献可以发现,民族志实践的目标是多重的、多样的和异质的。目前,我只能简要概述我对民族志实践目的的看法。我想说明两点:(1)民族志实践是参与性的,是民族志学者与被观察社会情境的共同在场。这种共同在场是否需要一个单一的共享空间,是一个值得讨论的问题,尤其是在在线民族志的背景下(我会再讨论这个问题);(2)民族志的目的在于揭示背景,从而揭示复杂性。这种方法的潜力不在于降低复杂性,不在于构建模型,而在于Geertz所说的"深描"。我的假设是,目前人类学内部的争论是关于民族志复杂性的不同模式的争论。要解释这一点,我们不妨回溯一下早期的民族志实践。一个世纪前,像A.C.Haddon、Franz Boas以及几年后的Bronislaw Malinowski这样的民族志学者,不仅通过研究脱离语境的对象——这就是纸上谈兵的人类学家所做的——而且还通过研究自然环境中的人,彻底改变了人类学。对他们来说,了解社区/部落及其文化、仪式和互动模式的关键,是长期沉浸在另一种生活方式中。从脱离语境的对象到研究自然环境中的人，这一转变必须被理解为复杂性的增加。在20世纪初还很有意义的事情，现在却成了争论的焦点。在当地有限的区域内进行长期的参与观察，有利于建立面对面的关系，而往往会忽视那些更加中介化的互动形式。它重视永久居住地，而忽视流动性。它重视边界和差异，往往忽视连接和连接性。一个世纪前，在社区的自然栖息地进行实地考察具有整合背景的巨大优势，而在当代民族志中，将同样的做法教条化似乎取得了相反的效果——它反而排除了观察对象的背景。

从田野到网络

在网络中和网络上进行民族志研究，研究者需要仔细考虑应包括网络的哪些区域和哪些部分，哪些部分应有选择地保留，以及排除哪些部分。这种在空间上限制研究区域的做法并不新鲜。传统的研究田野也必须加以构建。然而，由于田野似乎都有所谓的预设边界，即地理、社会或文化边界，因此田野的构建变得更加容易。与此相反，网络在某种程度上是无限的，它是开放的结构以及高度动态的。如上所述，通过划定边界，民族志学者积极并有意识地参与了空间的构建。在这方面，网络研究的框架不仅预先构建了任何民族志调查的结果和结论，这种框架还成为一种政治实践。

在开展网络民族志研究的过程中，实地调查的意义更为重要（我在这里使用"实地调查"一词，只能说明它的重要性，因为似乎不可能简单地用另一个词来替代它）。如果将"田野"中的实地调查替换为网络中和网络上的实地调查，那么许多民族志假定就会受到质疑。其中之一就是时间方面。民族志学者不再需要在一个地方花费数月甚至数年的时间，而是需要将可用的时间预算分配开来。民族志的多地点性越强，用于单个节点或节点之间单个联系的时间就越少。同样，这也会对民族志调查产生影响。

Geertz要求"深描"的前提是，只有当民族志学者能够深深地沉浸在所要描述的文化中时，才能实现深描。根据Geertz（1973，p.5）的观点，理解的过程发生在实地，而不是后来在办公室分析数据时。这种理解过程指的是被考察文化的隐蔽方面；他追求的是"从表面上解释神秘的社会表达"。这种方法基于符号和文化是"意义之网"，是一种符号学方法。在单个节点受到时间限制的情况下，对网络进行民族志研究是否能像Geertz所展示的那样，成功地揭示出深层次的、隐藏的符号维度，这一点值得怀疑。然而，不仅仅是时间限制和较少的深入观察会导致对网络单个节点的描述单薄、分析平面。它们之所以变得单薄和平面，是因为需要观察的是网络本身，而不是单个节点。所需要的是对网络、其动态以及人、事物、活动和意义之间关系的相互作用进行深入描述。这种民族志研究既不寻找文化的深层内涵，也不寻找隐藏的意义层。相反，文化是在"两者之间"的领域中产生的，它是一个动态的过程，关乎文化形成和消失。

传统田野调查与网络民族志之间的另一个重要区别是准入问题。传统民族志中的一个著名角色是"看门人"（gate keeper）。通常情况下，总会有一个人为研究人员打开田野，向他介绍部落/社区，充当部落/社区与民族志研究人员之间的中间人，并一步步小心翼翼地让研究人员熟悉对他而言陌生的环境。通常情况下，这个唯一的看门人还有其他功能。他既是民族志学者的重要信息提供者，也是部落/帮派/社区的正式或非正式领袖。以Whyte的"街角社会"为例。一位看门人，意大利帮派的首领，让Whyte得以进入该帮派，后来甚至让他顺利进入整个地区。然而，网络民族志不可能在一个看门人的帮助下进行。网络不是一个联系紧密的网络，各个节点之间的联系可能相当薄弱。民族志学者不可能指望在其中一个节点建立起联系后，就能进入所有节点。在最不利的情况下，有多少相关节点就需要有多少看门人。

这对民族志工作有何影响？首先，与单个地点相比，进入多个地点可能需要更多的时间，从而减少了后期研究的时间。其次，网络越来越成为生产、调动和传输信息与知识的网络。与这些知识相比，民族志知识相当薄弱，无法立即使自己合法化。民族志学者很可能会发现自己处于乞求者的境地。获取信息通常是在经济框架内协商达成的，以交换为基础，这取决于民族志学者能提供什么。也就是说，为了获得访问权，民族志学者需要熟悉网络中流通的知识。熟悉到足以提出有说服力的论点，说明被观察者最终将如何从研究中获益。再次，网络影响到观察者与被观察者之间的关系，影响到家与"田野"之间的关系。被观察者不再是"他者"，网络已经嵌入其中。在地理上和社会上，它没有部落/社区那么遥远。

总而言之，从传统的田野调查转向多点的网络民族志，将改变民族志学者与被观察者之间的关系，使家与偏远"田野"之间的界限变得不那么清晰。这将减少在单一地点所能花费的时间，从而消极地影响对隐藏的、深层次的意义的找寻。

从……到互联网

在最后一部分，我将谈到从物理空间到网络空间的转变，并概述一些实际的研究意义。显然，在互联网或虚拟空间开展民族志研究有许多可能的方法。我不打算涵盖这些广泛的可能方法。相反，为了说明现实空间中的民族志研究与虚拟空间中的民族志研究之间的区别，我将只关注虚拟空间中的实地研究，也就是对聊天室、邮件列表、3D世界等网络活动的在线研究，一种不追求与"田野"面对面接触的研究形式。最近几年的大量研究涉及身份认同问题、（新的）集体形式和（新的）交流与互动形式。纯虚拟空间的民族志研究无疑是超越传统"田野工作"方法的最激进的尝试。它将民族志实践扩展到一个未知的领域。但另一方面，它又远远超越了传统，以至于虚拟民族志必须应对一系列严重的困难。我想讨论其中的四个问题。

虚拟民族志面临的第一个问题是网民数据的有效性。有关年龄、性别、国籍等信息的准确性很难核实。人类学家不依赖确凿的事实，而是依赖用户的可信度和自己的判断。此外，这种不确定性在一个以游戏性著称的空间里尤其成问题。玩弄自己的身份，用虚拟的性别改变自己的真实性别，从而成为另一个人，一个所选择的线上身份可以与线下身份一样真实的人——所有这一切都应该是互联网的吸引力所在。

第二个问题涉及民族志调查的关键方法，即参与观察。显然，观察只能在相当有限的范围内进行。我们可以观察网站随着时间的推移而发生的变化、讨论列表的形成、聊天区文字的增长或3D环境中头像的移动。然而，我们无法观察到"真实的人"，而这正是参与观察的意义所在。因此，必须解决的问题是参与观察与民族志实践之间的关系。如前所述，参与观察必须是民族志研究的主要方法，这一点已不再是理所当然的了。Gupta和Ferguson（1997b，p.37）认为，参与观察应该去伪存真："与社区成员交谈并与他们生活在一起，与阅读报纸、分析政府文件、观察管理精英的活动，以及追踪跨国发展机构和公司的内部逻辑相比，其地位日益重要。"不过，他们仍然承认，"参与观察仍然是定位人类学方法的重要组成部分。"我同意这一立场。我们不必将参与观察神圣化或奉为圭臬，但它对于理解社会情境、日常惯例和具体实践的价值是不可低估的。

第三个问题提出了联系的问题。在谈到网络民族志时，我认为这将带来民族志探究的变化，即从意义到联系的变化。我们对网络的深描必须说明和阐明网络的节点、链接和流量,即网络的结构。如果这一论点是有道理的,那么它对虚拟空间意味着什么呢?显然,互联网是一个网络。它由节点和链接组成。但我们要处理什么样的连接呢?我们处理的是超链接,而不是真正的连接。超链接纯粹是抽象的、逻辑上的连接,它们并不告知连接的质量、是强连接还是弱连接,仅仅是从一个节点/网站移动到另一个节点/网站的流量。因此,我们面临着两难境地。我们要对网络进行深描,就必须对连接和连接性进行深入描述。虚拟空间中的连接性由超链接表示。超链接对表示和表达社会联系是一种贫乏而单一的方式。

在纯虚拟空间开展田野工作的第四个问题是语境概念。民族志学者与其田野之间的错位导致缺乏对物理环境的共同和相互感知。它无法提供关于用户的身体和审美(着装)特征的任何信息。我们对互动模式的分析也受到影响。面对面的对话不仅包括口头语言,还包括手势、姿势、声音和气味,而在线交流仅限于书面语言和少量所谓的表情符号。虚拟空间中的实地考察无法依赖于外部的结构化形式。

为了总结这一点,我又回到了我所确定的民族志工作的核心目标之一,即揭示复杂性。在地方社区开展田野调查的传统形式受到了批评,因为它们没有以适当的方式整合背景(如全球影响、一个田野与其他田野建立的联系等)。在某种程度上,虚拟空间的实地考察也遇到了类似的问题。在这里,虚拟空间与现实空间之间的联系被低估了。缺乏背景(这里指的是离线或物理环境的背景)并不能揭示复杂性,反而会降低复杂性。

请不要误解:我并不想反对纯虚拟空间的研究。这种研究当然是必要和有益的,但是,我对将其称为"民族志"还有些犹豫。虚拟空间研究只有当研究是多地点的,而且是物理意义上的多地点研究时,才会成为虚拟田野工作。比如在学校、网吧、工作场所和私人生活场所。如果进行的是单点研究,即在研究人员办公室的电脑上进行研究,那么省去民族志这一术语而改为会话分析、文本分析或话语分析可能更为恰当。

我对虚拟空间实地考察的关注不仅仅是方法论的,它们还受到目前非常流行的"真实"和所谓"虚拟"之间的区别的启发和影响。这种区别由科幻文学、媒体和社会科学同时构建,在在线或虚拟世界与离线的真实世界之间划出了一条鲜明的界线。关于网络相关问题的辩论似乎暗示着现实的双重性。虚拟组织出现在传统组织的旁边,虚拟大学提供新形式的教育和培训;与社会相对应的是虚拟社会,与文化相对应的是虚拟文化。现实社区似乎在信息时代消失了,也许作为对这一变化的反应,学术界和新媒体从业者正忙于构建虚拟社区。例如,Virilio

（1995）认为，我们正面临着"方向的根本丧失……正在形成将可感知的现实复制为现实和虚拟的过程。"与这一观点相反，我主张从虚拟或在线世界与现实或离线世界不相分离的角度出发。从理论层面上讲，此种观点是有问题的，因为它暗示存在一个真实的现实，一个没有被媒介化的现实。毕竟，虚拟一词的引入无助于更好地理解当前社会和社会内部的变革。而实证研究令人信服地表明，电子邮件、在线聊天、网上冲浪和其他互动实践对于从事这些活动的人来说是非常真实的体验。必须承认，使用互动媒体进行交流就像打电话或面对面对话一样真实。我们不应强调现实空间和数字空间之间的差异，而应该引入更多的关系视角，并将重点放在相似性、关联性和重合性上。而实现这一目标的方法正是现代化的实地调查。

结论

与民族志调查的对象——族群一样，民族志本身也在流动。它正在从作为空间定义的"田野"转向社会与政治的地点、网络和多点方法。它正在从物理空间转向数字空间。这种转变似乎是必要的。然而，这些转变给研究带来了很大的实际影响。我认为，网络上和网络中的民族志不仅改变了民族志调查的性质，而且在方法论意义上（研究时间、获取途径）也可能难以实现。主要关注网络空间的民族志研究问题更大。我认为，对物理世界的排斥不太可能揭示背景和复杂性。因此，民族志面临着两难境地。一方面，突破"田野"概念（即地理上有限的区域）的尝试早该进行。另一方面，这些尝试也清楚地表明很难摆脱类似"田野"和"田野工作"的概念。

参考文献

Agar, M.(1980). *The Professional Stranger*. San Diego: Academic Press.

Appadurai, A.(1991). Global Ethnoscapes: Notes and Queries for a Transnational Anthropology. In R. Fox(Ed.), *Recapturing Anthropology*. Santa Fe: School of American Research Press.

Castells, M.(1996). *The Information Age: Economy, Society and Culture. Vol. I: The Rise of the Network Society*. Malden, MA: Blackwell Publishers.

Clifford, J. (1997). *Routes: Travel and Translation in the Late Twentieth Century*. Harvard University Press.

Clifford, J., & Marcus, G. (Eds.). (1986). *Writing Culture: The Poetics and Politics of Ethnography*. Berkeley: University of California Press.

Geertz, C. (1973). *The Interpretation of Cultures: Selected Essays*. New York.

Gupta, A., & Ferguson, J. (Eds.). (1997a). *Culture, Power, Place: Explorations in Critical Anthropology*. Durham: Duke University Press.

Gupta, A., & Ferguson, J. (Eds.). (1997b). *Anthropological Locations: Boundaries and Grounds of a Field Science*. Berkeley: University of California Press.

Marcus, G. (1998). *Ethnography through Thick and Thin*. Princeton: Princeton University Press.

Marcus, G., & Fischer, M. (1986). *Anthropology as Cultural Critique: An Experimental Moment in the Human Sciences*. Chicago: University of Chicago Press.

Virilio, P. (1995). Speed and Information: Cyberspace Alarm.

10

追寻全球青豆的足迹:
多点民族志研究的方法论考量

苏珊·弗瑞博格[1]

非洲青豆已成为新的全球食品经济的象征之一,热带地区向北方数千公里以外的市场出口高价值的新鲜农产品,贸易越来越不受时空限制,却越来越受到欧洲市场严格的质量和安全标准的约束。但是,由于殖民地关系仍然主导着这种贸易,在法国买到的非洲青豆和在英国买到的往往不是来自非洲的同一个地方。尽管欧洲正在实现统一,但几乎可以肯定的是,青豆在欧洲市场的出口受到了不同形式和程度的加工与监管。这要归根于截然不同的生产和分配的社会关系。甚至在烹饪之前,每一个环节都不一样。

我将讲的英国青豆和法国青豆商品链之间的巨大差异,尤为有效地印证了Goodman和Watts(1997)在《粮食全球化》一书中已经提出的观点:即经济自由化、监管协调和跨国投资进程并不一定会抹杀(事实上可能会突出)粮食供应实践和网络中的地域差异(Goodman,1997)。但是,这种对差异和偶然性的分析带来了方法论上的挑战:如何更好地确定跨国粮食商品链中差异和变化的来源?这个问题不仅关系到经济地理学和农业食品研究领域,也关系到更广泛的跨国商品"社会生活"研究(Apparurai,1986)。

当然,首先要确定权力和控制的位置。Gereffi强调,不同的关键代理人主导着不同的产业链,这取决于所涉及的生产流程和市场。进入壁垒较高的行业,如汽车和电脑,被称为"生产者驱动型",而纺织品、鞋类和大多数(如果不是全

① Susanne Freidberg.(2001). On the trail of the global green bean: methodological considerations in multi-site ethnography. *Global Networks:a Journal of Transnational Affairs*,1(4):353-368.

部）农产品链则属于"消费者驱动型"，因为汽车和电脑主要由掌控营销、品牌和设计的公司控制（Gereffi & Korzeniewicz，1994；Raikes et al.，2000）。新鲜农产品的决定因素则是大型食品零售商（Barrett et al.，1999；Marsden，1997）。

零售商在农业食品体系中发挥着巨大的作用，这一点几乎没有人会反对。但它们对供应和营销的控制依然有限，因为在某些关键方面，农业食品与其他商品并不相同。以非洲青豆为例：当代法国和英国农业食品零售商之间的差异很大，但这并不能解释为什么法国和英国的商品链在从农场（前者以非洲农民生产为主，后者以大规模种植园为主）到市场（法国人喜欢散装豆子，英国人喜欢预先包装、修剪和微波炉加热好的豆子）的整个过程中都是不同的。同样重要的是非洲独特的地区农业历史，以及法国和英国不同的殖民主义、贸易和烹饪创新历史。最重要的是，非洲向欧洲出口青豆和其他新鲜食品的贸易必须被理解为一系列相互关联的人类活动和生物自然过程，所有这些活动和过程都受到一系列不可预测的风险的影响，从虫害、风灾到航班取消和市场供应不足。因此，这种贸易在很大程度上依赖于信任关系、频繁的沟通和各种风险管理战略，而这些因素加在一起，就不容易通过对单个地点或区域的传统研究来获得。

本文展示了比较性的多点民族志研究如何揭示构成跨国食品商品链的动态的、地理上分散的活动和社会关系。由于需要揭开全球化的神秘面纱并将其"落地"，为此，许多人呼吁开展多地点性研究（Burawoy et al.，2000；Marcus，1998；Miller，1997；Mitchell，1997）。本文实际记录了开展此类项目的经验，包括其所有的优点和缺陷。

该项目试图为调查当代工业化世界对食品安全和质量的担忧与某些跨国食品商品链正在进行的结构调整之间关系的研究做出贡献。更具体地说，它力图证明主要以Anglo为中心的文献所忽视的一点：即使是全球食品贸易中的一个小部门（如非洲—欧洲新鲜蔬菜贸易）内发生的结构调整也不是同质的。相反，它在地域上各不相同，并由特定群体的"商业文化"以及特定地方的食品生产和分销历史所决定。

下一节概述了1993年4月和1999-2000年在布基纳法索、赞比亚、伦敦和巴黎进行的研究。文章的其余部分首先讨论了该项目的分析概念，然后讨论了实地工作中遇到的挑战和困境。我不会轻视研究中的障碍，毕竟在这些行业里，调查人员都被视为可疑人员而遭隔阂，欺骗和保密也是司空见惯的。不过，我确实认为，在比较研究的背景下，这些障碍并没有那么可怕，而是很具有启发性，因为它们显示了不同商品链的运作是如何受到特定经济压力、政治制约和文化规范的影响。

田野

　　青豆出口的比较研究源于我做博士期间在1993年4月对布基纳法索西南部商业种植园的社会历史进行的实地研究。通过在种植园地和市场的参与式观察以及访谈，我熟悉了布基纳法索商业蔬菜生产和销售的日常活动和挑战（Freidberg，2001）。此外，我还记录了一些当地商人的职业履历，他们在最近的贸易自由化伊始，就向欧洲出口青豆（Freidberg，1997）。这种传记方法借鉴了 Gregoire 和 Labazée等人的做法，他们在研究非洲企业家精神时，通过传记来了解企业家个人如何通过家族继承和后天努力的结合来创业（Gregoire & Labazée，1993；Labazée，1988，1994）。另外，通过和商人访谈，我还了解了有关农产品出口物流和法国市场的信息。

　　20世纪90年代中期，越来越多的非洲国家开始听从世界银行和其他捐助者的建议，种植青豆等高价值的"非传统"农产品用于出口（Jaffee，1995）。但是三次标志性的大事件使得非洲国家的出口主动权岌岌可危。第一，关贸总协定谈判"乌拉圭回合"要求结束欧洲与其前殖民地的优惠贸易安排，从而使布基纳法索等热带和反季节农产品出口国可与巴西和美国的佛罗里达州等地竞争。第二，致命的埃博拉病毒在中非和西非两次暴发，再加上一系列关于热带"新兴"病原体的有影响力（也许是危言耸听）的书籍和文章的出版，加剧了西方将非洲视为疾病肆虐的"热区"的观念流行（Garrett，1994；Kaplan，1994；Preston，1994）。第三，疯牛病危机以及有证据表明贸易的增长是全球食源性疾病发病率上升的部分原因（但绝不是全部原因），这促使食品进口问题成为欧洲潜在的政治问题。尽管欧盟曾因来自内部的食品危机（如英国的疯牛病和后来比利时的二噁英污染鸡事件）而分裂，但欧盟对外部威胁的反应通常是坚定一致的。因此，近年来，欧盟不仅一直在禁止使用激素喂养的美国牛肉，而且还对来自非洲部分地区的鱼、肉和农产品实施了一系列禁令，因为这些地区要么暴发了疾病，要么缺乏适当的文件证明，从而被怀疑受到了污染（尽管通常没有证据）。

　　在同一时期，英国的研究人员发现，英国超市从肯尼亚（前英国殖民地）采购新鲜蔬菜时，开始减少对小型农民合作社的依赖，而更多地依赖大型种植园，因为大型种植园更容易证明其符合超市在劳工、环境，尤其是农场卫生和化学品使用方面的严格标准（Dolan et al.，1999）。但是，这种由小型农民合作社到大型种植园的转变会成为整个非洲大陆的趋势吗？在20世纪90年代末，法国的前殖民地似乎不太可能出现这种情况，部分原因是这种种植园虽然在科特迪瓦和中非法语区的热带水果出口地区并不少见，但在适合种植青豆等蔬菜的地区却很少见，而且一般都不成功（Mackintosh，1989）。此外，肯尼亚的转变反映了英国超市越来越直接对海外采购"一言堂"，而法国零售商出于种种原因却不愿如此。最后，有关这两个国家的饮食、烹饪方式和习惯历史的大量文献表明，抛开刻板印象不谈，英国人和法国人对什么是"好吃的"有着截然不同的看法（Harris，1986）。鉴于这种饮食和烹饪规范对一个国家的食品进口模式有着不小的影响，例如，英国从非洲进口的小玉米等"亚洲人爱吃的"蔬菜的数量远远超过法国或任何其他欧洲国家（Graef，1995），它们就成了任何当代跨国食品商品链分析中必不可少的部分。无论如何，当我开始比较非洲与欧洲英法两国之间的新鲜蔬菜贸易时，我就是这么想的。

本研究的第一阶段实地考察在汉吉斯国际市场进行，该市场自称是世界上最大的农产品批发市场，也是非洲法语区大部分青豆的目的地（几乎所有其他青豆都运往马赛）。汉吉斯位于巴黎郊区奥利机场附近，是一个由仓库、装卸码头和卡车停车场组成的巨大混凝土空间，其间还穿插着几家酒吧和小酒馆。大部分农产品的实际交货和出货时间都在清晨，但批发商，尤其是进口商的大部分业务都是在晚些时候通过电话完成的。我利用以前在布基纳法索实地考察时获得的信息和联系人，采访了几乎所有在非洲工作并愿意与我交谈的进口商（共18人），以及各种批发商、运输商和新鲜农产品贸易协会的代表。虽然这些在办公室进行的访谈与传统的参与式观察很难相提并论，但经常打断谈话的长途电话也恰好提供了不同进口商如何进行交易和处理日常危机的实例。此外，我还在批发楼层和他们经常光顾的一家酒吧与贸易商们（绝大多数为男性）进行了多次闲聊。

六个月后，我在青豆"出口旺季"（1月至3月）返回布基纳法索。在与新鲜农产品出口商协会主席会面后，协会的所有活跃成员（10名，其中有1名女性）都愿意与我交谈。在这些访谈中，他们讨论了自己的职业历史、作为出口商的工作以及这项工作近年来发生的变化。正如我稍后将再次讨论的那样，他们最初的配合态度并不一定表明他们有意透露更多信息。因此，我还采访了种植者合作社的成员和社长，与向园艺出口部门提供援助的机构代表进行了交谈，并拜访了我之前研究中的几位知情者。最后，我经常去瓦加杜古机场的主要包装车间，那里有几百名工人（大多是年轻妇女）为夜间航班分拣和包装豆子。多亏了那里友好的布基纳法索女经理，我可以在包装车间里随心所欲地与工人们交谈，亲身了解他们是如何从次等豆子中二次分拣出好豆子的。这样的机会出乎我的意料，而且事实证明这种机会是不可再有的。在英国农产品的产业链中,这种明显缺乏卫生意识和无纪律的做法会被认为是危险和不专业的。

对于非洲英语国家的案例研究,我选择了赞比亚。在某些方面,将赞比亚与布基纳法索形成对照是一个更好的案例研究:两国的人口数量和人均收入(分别为1000万和320美元)几乎相同;两国都是内陆国,都是后社会主义国家,都处于类似的模糊的民主过渡状态。不过,我并不认为这两个国家是"典型的"法国或英国种植园出口国。例如,布基纳法索出口部门的结构和社会组织所反映的地理和历史条件与塞内加尔和摩洛哥的农业变革条件截然不同,而矿产丰富的赞比亚在历史上对出口农业的忽视也使其有别于肯尼亚和津巴布韦。从这个意义上说,"法国农产品出口国"和"英国农产品出口国"这两个标签更多的是在表明特定殖民地经历和地方的重要性,以及殖民后与大都市的持久联系,而不是描述一种标准的出口国类型或贸易关系。

布基纳法索和赞比亚最大的差异在于农业生态(布基纳法索水源较少,生长季节较短)和种植园出口部门自身的特点。布基纳法索的出口由几家小公司(有时是一人公司)经营,而赞比亚的出口则完全由两家大公司控制,这两家公司出口的蔬菜种类相对较多,其中大部分是预包装蔬菜(如雪豆、小玉米、小南瓜、辣椒,当然还有青豆)以及玫瑰。这些公司(与津巴布韦的大多数公司一样)的资金来自外国公司资本,由欧洲后裔(男性)经营;布基纳法索的所有出口商都是布基纳法索人,资金来源包括非正规信贷、银行贷款和创造性地使用外国援助资金。布基纳法索几乎所有的种植者(主要为男性,但也不完全是男性)的种植面积都不足一公顷,使用的劳动力既有家庭劳动力,也有雇工。相比之下,赞比亚的种植园面积从30公顷到几千公顷不等,由出口公司或商业外包种植者(也是欧洲后裔)所有,并由工人计量劳作。最后,在过去几年中,布基纳法索的蔬菜出口量有所下降,而赞比亚的蔬菜出口量则大幅增长;布基纳法索的蔬菜出口部门被普遍认为处于危机之中,有可能完全失去在欧洲市场的地位,而种植园出口业则是赞比亚经济中最具活力的部分。

在赞比亚进行的实地调研包括采访两家公司的中高层管理人员,以及他们的一些外包种植者。我还非正式地采访了这些公司的一些低层员工(其中大多数是赞比亚黑人),以及许多促进该国种植园业发展的顾问和非政府组织工作人员。种植园业在当时是赞比亚经济中发展最快的部门。正如我将在最后一节进一步讨论的那样,在赞比亚进行实地调研所遇到的问题与在布基纳法索完全不同,这不完全是因为赞比亚的"样本量"比布基纳法索小得多(仅有两家公司),而是因为公司经理们更担心负面宣传，因此对任何类似记者的人都更加怀疑警惕。我认为，这反映了英国媒体更倾向于"点名批评"的报道，尤其是在食品行业。

最后，在赞比亚期间，我筹备采访了两家主要在伦敦从事农产品代理的出口公司。他们的公司主要向英国的顶级超市提供新鲜农产品。虽然这些代理商名义上扮演着与法国进口商相同的中介角色，但实际上他们更多的是满足超市的要求。不过，他们也非常适合谈论新鲜农产品贸易中的权力动态和最新趋势，我很幸运，我遇到的这两个人都愿意配合我。他们还能够讨论赞比亚与其他供应来源（即肯尼亚和津巴布韦）的比较。

在随后的伦敦和巴黎之行（2001年1月和7月）中，我与一些进口商保持了联系，并采访了两家采购赞比亚蔬菜的英国超市的产品经理。目前正在进行的有关英语国家产业链的研究工作得益于与几位英国研究人员的讨论，他们已经对这一领域进行了研究并发表了著作。这种非正式的磋商与合作几乎可以丰富任何类型的研究，但在多地点实地项目中尤其宝贵，因为在这些项目中，各个领域不仅地理位置分散，而且变化迅速。换句话说，共享知识有助于弥补全球化经济中研究工作在跨地区流动方面遇到的一些困难。

研究工具

政治经济分析影响了早期关于粮食全球化的大部分研究。这些文献（已在其他方面进行了详细的回顾与批判（Busch & Juska, 1997; Goodman, 1997; Goodman & Watts, 1997），它们或多或少地将粮食视为一种与其他商品类似的商品，并认为工业和农业的历史发展轨迹具有很强的相似性，因为两者都受到企业资本流动速度加快和复杂性不断增加以及民族国家权力不断削弱的影响（Bonanno, 1994）。此后，许多文章对这些相似之处提出了质疑，认为宏观政治经济学不仅忽视了地区的独特性，而且忽视了在全球粮食系统中推动变革和"构建价值"的两类关键因素的作用（Marsden, 1997）：第一类是消费者以及供应和监管消费者食品的机构，第二类是直接或间接作用于食品的多种生物自然特性。商品链分析的优势之一在于，至少在理论上，它以这种或那种方式同时考虑了"消费"和"自然"。在现实中，最大的问题是哪种方式——哪种田野调查和分析方法——能最有效、最连贯地捕捉到商品链不同环节之间关系的复杂性和历史动态性。多点民族志提供了一种恰当的方法，但前提是调查的重点要明确（Marcus, 1998）。本节将讨论设计和实施本项目的思路。

消费、质量和惯例

在农业食品研究中,"承认"消费者的理论和实证研究都必须考虑消费者对其食品供应实际行使多大权力的问题(Fine & Leopold,1993;Miller,1995;Warde,1997)。20世纪60年代和70年代的"反主流文化"无疑有助于将"天然"和"民族"食品带入主流社会(Belasco,1990;Goodman & Redclift,1991),而针对生物工程食品和"麦当劳化"的抗议活动也广为人知(Bové et al.,2001)。这有助于鼓励欧洲和北美的农民转向有机生产和手工生产。但 Marsden、Flynn 和 Harrison 认为,在英国,消费者运动总体上对国家食品政策的影响相对较小,而英国政府对疯牛病和其他食源性风险的灾难性处理可以说给了消费者比大多数工业化国家更多的动员理由。他们断言,顶级连锁超市反而利用其对供应商的影响力,成为全国食品供应最值得信赖、反应最迅速的把关者。在维护消费者利益的过程中,他们也能够塑造消费者利益(Marsden et al.,2000)。但并非所有地方都是如此。虽然在西欧大陆的大部分地区,大型连锁超市现在也主导着食品零售业,但它们对消费者关注的问题的影响显然没有英国那么大。当然,它们并没有取代法国专业屠夫、面包师和顶级市场杂货店所享有的"专家"角色(Ducrocq,1999;Larmet,1999)。就本项目而言,显而易见的是,消费者最终无法直接控制跨越国界的食品进口。因此,尽管以消费者为基础的研究数据可以提供有用的背景信息(我也利用了这些信息),但民族志调查似乎应该侧重于那些确实拥有这种控制权的人,以及他们确保供应满足消费者需求的方法。

在这方面,法国的传统理论提供了一些有益的指导。在法国这样的国家,粮食过剩长期以来一直是比粮食匮乏更严重的经济问题,因此,相较于其他方面,传统理论主要研究"质量"如何帮助农场和企业在竞争激烈、挑剔的市场中生存。在当代农业食品文献中,"质量"一词有不同的定义(Murdoch et al.,1999)。Bertil Sylvander用"质量"一词来区分传统的食品标准(如大小或重量)和品质(如纯度、"新鲜度"和口感),前者是一眼就能看出的,而后者可能来自特定的生产过程,但并不总是一眼就能看出或得到普遍认可。根据这一定义,质量是一种建构———一种消费者可能接受并重视的建构———其营销依赖于外部保证手段或"惯例"。这包括质量保证的"制度性"手段(如认证、标签和"可追溯性"系统,表明商品是如何生产的)和"交易性"手段(即买方信任卖方的规范和惯例)(Sylvander,1995)。

本项目的主要目标之一是调查不同类型的买卖双方交易惯例如何塑造种植者、出口商和进口商的关系和日常工作活动。在跨国青豆贸易中，质量保证既有制度性手段，也有交易性手段，但在对英国和法国出口的商品链中，这两种手段的运作方式截然不同。在前者，大量的文书工作以及一批监督员和记录员确保每一颗青豆从种下那一刻到售出的全程都受到监控。此外，几乎所有农产品都在赞比亚进行修剪和包装，装入贴有超市标签的微波塑料盒中。在英国，零售商的自有品牌标签已成为一种比其他任何地方都重要的制度惯例，它向消费者承诺了不言而喻的质量和价值（尽管空运的娃娃菜并不便宜，每公斤12~15英镑）。

尽管赞比亚的出口商和英国的进口商都强调了相互了解和信任的重要性，但整个关系取决于双方在记账和现场审计方面都符合超市的期望。进口商与超市采购商之间的关系也是如此，一位进口商称这种关系"超越了个性，完全是一种专业关系"。

相比之下，在向法国出口的产业链中，所有豆子都是用2.5或5公斤的纸箱散装装运，部分原因是法国的预包装豆子市场非常小（几乎完全由肯尼亚供应）。根据欧盟法律的规定，所有纸箱都必须贴上等级、口径和原产地的标签，但法国进口商更依赖于非洲供应商的信誉和过往表现，而不是纸箱标签或其他书面质量保证。毕竟，在标有"顶级品质"的纸箱底部藏匿劣质青豆是非常容易的，事实上，某些出口商就是以这种伎俩而闻名。对于买家，法国进口商历来依赖频繁的个人接触来销售产品。他们苦于大多数法国超市采购商的来去无踪，这些采购商与英国同行一样，越来越多地要求进口商遵守严格的标准清单。正如一位进口商在谈到这一趋势时所说：

> 以1.57-67类西红柿为例。从理论上讲，如果这是一种工业产品，那么它们都是一样的。但说到水果和蔬菜，这些产品从视觉和味觉上都可能完全不同。因此，如果你不能通过电话向潜在买家解释你的产品是这样或那样的，他就会依赖于一个完全没有意义的标准。因此，无法为自己的产品辩护是一件令人沮丧的事情。

对机构和交易惯例的使用和看法的比较分析表明，首先，财富和权力的分配不同。在赞比亚，企业资本和英联邦援助使出口部门能够满足零售商对可追溯性和预包装设施的需求；而在布基纳法索，资金则更加稀缺和分散。在英语国家的产业链中，英国五大超级市场几乎垄断了国内食品市场，这使得它们不仅可以对价格、包装等进行严格控制，还可以对供应商的日常商业行为进行严格控制。至少在后一个领域，法国进口商有更大的余地决定与谁做生意以及如何做生意。

其次，比较分析有助于阐明不同国家和国际监管机构的现实意义以及监管变化的影响。例如，欧盟已经统一了农药残留法，导致非洲种植园种植者现在使用的许多化学品可能被禁用（Chan & King，2000）。但欧洲农产品进口商都知道，某些大陆入境口岸的检查要比其他口岸宽松；可疑货物的运输路线也会相应改变。与此同时，英国政府的农药残留委员会每年都会"点名批评"所有被发现销售受残留污染食品的零售商。英国进口商和超市代表对此表示压力山大。

但是，市场的结构和管理并不能单独解释特定商品链中的贸易关系是如何实际形成和维持的。在英国农产品商品链中，所有出口商和进口商不仅是英语使用者，而且"白人"和"男性"的共同身份更利于拉近关系。与布基纳法索出口商和法国进口商之间的关系相比，布基纳法索出口商和法国进口商之间的关系在轻松程度、共鸣程度甚至团结程度上都有很大不同，因为他们各自对"法国人"（或"白人"）和"非洲人"的定性往往使这种关系复杂化。换句话说，信任虽然成为"交易"惯例的基础，但在参与者不仅因距离、种族或文化成见以及殖民统治记忆而产生分歧的交易中并非"万金油"。这些困难可能不会被公开讨论，但它们会在不经意的言谈中、贸易伙伴之间不经意的对话中，尤其是在对植根于不同殖民历史的商品链进行比较分析时显露出来。事实上，在研究跨国商品链时采用多点民族志方法的最有力论据之一，就是它能让我们深入了解信任关系的社会和历史基础。最后，回到消费者的角色上来，对惯例的比较分析能够表明，日常的商业活动是围绕消费者的需求以及如何最大化满足消费者的需求进行的。

自然与网络

食物的本质有何独特之处，这个问题并不新鲜。早期的农业政治经济学文献大多讨论食物生产完全工业化的自然障碍（Goodman et al.，1987；Mann & Dickinson，1978），而研究消费的社会学家和人类学家则撰文广泛论述了食物消费与令人眼花缭乱的各种食物禁忌、焦虑、准备和进餐仪式之间的关系，他们探讨了食物消费中突出的亲密性、物质性以及某些方面的风险（Douglas，1984；Fischler，1993；Mennell et al.，1992）。

分析大自然如何影响食品分配的当代研究相对较少，但这对于理解"全球化"（适用于食品）的真正含义显然至关重要。迄今为止，食品中的"有机"成分（Fine，1994）对形成汽车和运动鞋行业中的那种真正全球化的"流水线"生产造成了一定的限制（Dicken，1998）。相反，在过去的三十年中，跨境和跨洋食品贸易——尤其是新鲜水果和蔬菜的数量和多样性在不断增加，更广泛地说，"农业食品网络"的扩展和重组不仅涉及商业，还涉及研究、投资和宣传（Lockie，2000）。

最近对此类网络进行的三项分析强调，它们是一种文化的"混合体"，包括广泛的机构以及非人类"行动者"，从植物到机器，再到自然。在加拿大的油菜籽行业，"机构、人、物和符号之间关系的扩展和改变"导致了适合人类食用的油菜籽新品种的诞生（Busch & Juska，1997）。在美国玉米产业，杂交玉米的发展依赖于一个不断扩大的"集合体"，其成员包括但不限于母本种子系、基因库、政府赠地的学院、农民，甚至人类和牲畜的新陈代谢（Fitzsimmons & Goodman，1998）。在企业资本主导的咖啡世界里，一个由活动家、农民合作社、银行家和传真机组成的网络支撑着另一种咖啡"公平贸易"（Whatmore & Thorne，1997）。

所有这些例子都表明，行动者网络分析可以将自然从背景中抽离出来，融入跨国食品商品链的构成过程和关系中。然而，当商品是产自萨赫勒地区的新鲜青豆时，没有一个例子能说明大自然是多么危险、不确定以及易显现的影响因素。多出一毫米的周长、斑点、皱纹或弯曲都会毁掉一颗"上等"或"特等"青豆的市场价值，而虫害或特别强的风力（布基纳法索的生长季节正好是哈马丹风的季节，即来自撒哈拉沙漠的刺骨沙尘风）则会毁掉整批作物。但在布基纳法索的青豆种植业中，最常见的"自然灾害"是由于航班延误等非自然原因导致易受损的青豆在运往市场的途中滞留，从而干瘪腐烂。赞比亚的新鲜蔬菜也容易遭受类似的危害，但先进的冷链设施、保养得更好的车辆以及更为集中的生产区，都有助于农产品在运输途中保持其"新鲜度"（关键品质）。在欧洲的入境口岸，人类活动和技术的紧密配合对于保持产品的新鲜度和市场价值仍然至关重要。来自撒哈拉以南非洲的航班都安排在黎明前抵达，这样农产品就能在当天上午在批发码头或在运往超市的途中售出。

总之，努力培育、修剪、保护或与生物自然的时钟赛跑，是跨国青豆贸易的日常活动和关系的核心。虽然所有高度易腐商品的贸易都是如此，但在商品链的各个环节——田间地头、卡车、机场、仓库、办公室——度过一段时间，是了解非人类"行动者"作用的最直接方式之一，因为在此期间，你至少会感受到它们的某些影响，比如正午的高温、爆胎和停电。多地点比较民族志研究还可以确定哪些自然过程和行为主体是地方或商品特有的，哪些是持续存在或偶尔存在的，哪些是某一特定行业的人类参与者最关注的，等等。此外，这种实地考察还能揭示不同地点的"人与自然"互动如何塑造地点之间的人际关系。例如，布基纳法索出口商很难在收获和运输之间保持产品鲜而不腐，这是他们与法国进口商关系紧张的一个主要原因。毕竟，如果法国进口商收到了干瘪的青豆，将对自身客源产生无法估量的损害。

挑战

在多地点田野调查项目中，清晰的分析框架有助于明确每个地点的目标，从而有助于消除对此类项目所能达到的认识深度的疑虑。当然，这也是人类学传统上对社会科学田野方法的最大质疑，认为这些方法并不以深入或全面了解特定社会为目标（Marcus，1998）。尽管很少有人会质疑多点民族志的合理性和价值，但实际操作中的困难依然存在。

有些问题是传统的单点民族志所熟悉的调度问题，只不过多点民族志的问题数量成倍增加。这些问题或多或少都会造成严重的障碍，这取决于研究的范围以及可用的时间、资金和其他资源。例如，理想的情况是我能够流利地讲出在每个地点可能遇到的所有语言。实际上，这是不可能的。虽然我掌握了英语、法语和一些迪欧拉语（布基纳法索南部的语言之一），但我没有时间学习莫雷语（布基纳法索其他地方的语言）或赞比亚首都卢萨卡的几种非洲语言中的任何一种（尤其是我在两个月前才决定去赞比亚而不是津巴布韦）。碰巧的是，我最想了解的地点和社会环境其实完全是法语或英语的；在布基纳法索，我只是偶尔使用翻译。不过，如果这项研究的重点是生产工作和生产关系（即在田间地头和包装车间），而不是销售，那么当地语言就会更加不可或缺。

另一个问题是时间。撇开大多数田野研究人员面临的实际时间限制不谈（至少当田野不在家附近时），许多当代多点民族志的主题甚至可能不适合过去人类学田野调查所特有的延长时间框架。在跨国蔬菜贸易中，法规、政治、技术和市场都在迅速变化，我认为我需要在相对紧凑的时间跨度（15个月）内访问所有地点，以了解它们在大致相同条件下的各种情况。因此，田野调查的效率至关重要，尽管当地电话线路的限制或我需要见的人的高度流动性常常让我感到沮丧。然而，最终最大的问题并不是时间不够，而是进入调查所期望的公司办公室、会议室和仓库等地方的机会有限。有更多的时间并不一定就能更好地进入这些地方，但可能会开辟其他信息渠道。就我而言，在非上班时间与我感兴趣的公司的员工或熟悉这些公司的人交谈，往往能获得有用的意见和线索。

能否接触与自我展现相关，即如何将自己展现为与研究对象休戚相关的"一路人"的问题。这个在别处已经广泛讨论过的问题具有行为性和认知性，因为它在研究中对打开局面尤为重要，所以往往产生相当直接的战略影响。尤其是在商品链研究中，许多研究对象相互对立，要么是竞争对手，要么是地位高度不平等（也许是不稳定）的交换和合同关系的当事方。在这种情况下，自身的定位在某种程度上被简化了，因为非欧蔬菜贸易中的所有参与者都面临着同样的强大力量：竞争激烈的欧洲市场、压价的超市、"偏执狂"消费者、酷爱丑闻的大众媒体。尽管进口商、出口商和种植者显然没有同等能力来对抗这些力量，但我还是毫不夸张地向所有这些群体表示，我是一个关心整个贸易未来的人。由于他们也有同样的担忧，大多数人都愿意与我交谈，有些人甚至迫不及待。

我的可信度似乎还得益于我的研究涉及大量实地考察这一事实。在跨国新鲜农产品贸易中，互联网和其他通信技术的使用越来越多，但这并没有降低面对面接触和"在场"经验的价值。即使是那些95%的工作时间都待在有空调的公司办公室里的英国进口商，也描述了他们向"刚从超市出来"的消费者调研时的挫败感以及对非洲实地情况的一无所知。由于我刚从赞比亚来，又在非洲法语区和法国批发市场待过一段时间，因此避免了"闭门造车型学者"的标签，反而被认为是可能真正掌握有用信息的人。

尽管如此，我的研究范围无疑让一些研究对象感到紧张，因为他们知道我会与他们的供应商、客户或竞争对手交谈。承诺保密的声明并不一定能让他们这种惯于被背弃出卖的人放心。就像在法语国家的贸易中，或者像在赞比亚一样，在一个如此小而亲密的社区中工作，没有人是真正能被保密的。这个社区的一些成员还担心我可能是公司的间谍，或者更糟糕的是，是"英国广播公司"的卧底。

但是，即使他们并不怎么关心保密问题，许多人也希望积极地塑造自己的形象，这也是可以理解的，因此他们更愿意讨论另一个群体的弱点和错误行为，对自己却避而不谈。充其量，他们可能承认在其所处的环境中"发生"过错误行为，犯过错误——但不能归咎于他们。例如，布基纳法索的出口商大谈种植商和进口商的两面三刀，却把他们自己的不正当交易的名声归咎于少数不择手段者的行为。在赞比亚，一家出口公司的代表将劣质产品归咎于外包种植者"管理不善"，而外包种植者则声称，只要市场不景气，该公司就会拒收完全合格的产品。同样，了解"整个故事"的基本问题也不是多地点研究独有的。但至少在商品链研究中，这种方法提供了部分解决方案，因为多地点研究可以进行跨国交叉验证。分析商品链上不同环节的参与者的故事并不一定能澄清谁在说谎或谁是"正确的";但它确实有助于将这些故事置于当地和商品链的跨国背景中。换句话说，它有助于理解个人陈述本身和不同陈述人之间的矛盾和模糊之处。

最后，对跨国新鲜食品贸易的实地考察不能不提出有关研究的政治和政策影响的问题。至少在一些与当代反全球化抗议活动有关的团体看来，非洲法国豆体现了全球化食品经济的不公平：在食物不足的国家，通常由日收入不到一美元的人从事生产，而后斥巨资运输供富裕的城市居民消费，后者却从不用考虑本国农产品的季节性。最近一部名为《嫩豌豆先生》的英国电视纪录片已经捕捉到了这一相当准确的特征，这让与英国贸易的企业当局有充分的理由担心新闻报道。这也使他们急于强调其行业的至少三个积极方面：第一，非洲的出口种植业雇用了数以万计的人，而这些人所在的地区就业选择很少；第二，这些人中的大多数是妇女，她们的工资对改善家庭生活至关重要；第三，种植园业（至少在赞比亚、肯尼亚和津巴布韦等国）的劳动和环境标准高于任何其他农业分部门。所有这些也都是事实，并为该行业的论点提供了坚实的支持，即总体而言，非洲国家受益于欧洲对反季节的进口"原生态"及其他新的水果和蔬菜需求。

多点民族志研究有助于理解，甚至对有争议的商品链中不同参与者的立场产生共鸣，从而使全球化政治复杂化。但理解各方并不一定会让人束手无策。在非欧种植园贸易中，道德贸易运动，更具体地说是英国政府支持的道德贸易倡议（ETI），是采取进步行动的一个潜力十足的斗争武器，ETI试图制订"提升世界工人条件"的行为准则。这绝不是一场草根运动：虽然乐施会、基督教援助会等团体和一些工会都参与其中，但一些最有力的支持者是英国的超级市场，它们试图抵御困扰运动服装业等行业的剥削指控。尽管如此，肯尼亚、津巴布韦和赞比亚的新鲜农产品供应商还是采用了ETI行为准则，涉及农场杀虫剂使用、卫生、工人住房和医疗保健等方面。当然，在这三个国家中，主要由白人拥有的蔬菜农场不仅有财力，而且有充分的政治理由（在国内种族和土地关系紧张的背景下）来维持社会责任的形象。如果行为守则没有考虑到那些几乎没有企业化耕作的国家之间截然不同的情况，"道德贸易"就有可能成为排外性贸易。

但这种可能性是可以避免的，因为ETI已经成为超级市场、供应商、工会会员、活动家和研究人员（后几类中的人有些重叠）之间在会议、印刷品和网上进行讨论的论坛。在非洲种植园业内，这些论坛的一些参与者呼吁制订涵盖更多国家、更多商品（即热带水果）和更多类型企业（即小型农场）的守则。此外，一些人还呼吁重新分配道德贸易的财政负担，让零售商承担目前由生产商承担的部分费用。换句话说，道德贸易倡议不仅成为挑战道德贸易范围的平台，也成为挑战种植园商品链中整个权力平衡的平台。在这些链条中进行细致的定性实地调查，可以大大完善和加强变革的论据。显然，世界体系中的民族志（Marcus，1998）在新出现的论坛和网络中占有一席之地，这些论坛和网络既是全球化的产物，也是对全球化的挑战。

结论

本文认为，多地点比较民族志提供了有关跨国贸易关系的洞见，这是传统的"单点"民族志或纯粹基于宏观政治经济学的分析所无法揭示的。以非洲和欧洲之间的新鲜高价值蔬菜贸易为例，这种方法有助于将独特的商业文化置于特定的殖民历史、自然地理以及食品安全和质量的建构之中。从更广泛的意义上讲，它有助于对全球化进行批判性分析，区分经济自由化和监管协调的所谓同质化力量，以及跨国贸易参与者适应、抵制或无视法律和政策正式变化的各种方式。

尽管如此，与任何方法一样，重要的是要认识到并预见到对研究内容的潜在障碍和最终限制。在多点民族志研究中，有些限制因素纯粹是实践方面的，但另一些限制因素则是研究对象的内在原因，因为许多活动和社会关系无法以任何传统的方式加以观察。这些障碍要求研究者在实地考察中发挥创造力和协作精神，并在介绍研究成果时保持坦率和谦虚。在理想的情况下，这种研究项目的多边和比较结构有助于打开原本可能关闭的大门，调和明显相互矛盾或模棱两可的说法，并确定进一步调查的方向。

参考文献

Appadurai, A.(Ed.).(1986). *The social life of things: Commodities in cultural perspective*. Cambridge: Cambridge University Press.

Barrett, H., Ilbery, B., Browne, A., & Binns, T.(1999). Globalization and the changing networks of food supply: The importation of fresh horticultural produce from Kenya into the UK. *Transactions of the Institute of British Geographers*, 24, 159–174.

Belasco, W.(1990). *Appetite for change*. New York: Pantheon.

Bonanno, A.(Ed.).(1994). *From Columbus to ConAgra: The globalization of agriculture and food*. Lawrence: University of Kansas Press.

Bové, J., Dufour, F., & de Casparis, A. (2001). *The world is not for sale: Farmers against junk food*. New York: Verso.

Burawoy, M., Blum, J., George, S., Gil, Z., Gowan, T., Haney, L., Klawiter, M., Lopez, S., Riain, Ó., & Thayer, M. (2000). *Global ethnography*. Berkeley: University of California Press.

Burnett, J. (1979). *Plenty and want: A social history of diet in England from 1815 to the present day*. London: Scolar Press.

Busch, L., & Juska, A. (1997). Beyond political economy: Actor-networks and the globalization of agriculture. *Review of International Political Economy*, 4, 668-708.

Coffey, A. (1999). *The ethnographic self: Fieldwork and the representation of identity*. London: Sage.

Dicken, P. (1998). *Global shift: Transforming the world economy*. London: Peter Chapman.

Dolan, C., Humphrey, J., & Harris-Pascal, C. (1999). Horticulture commodity chains: The impact of the UK market on the African fresh vegetable industry. Institute of Development Studies, University of Sussex, Brighton, England.

Douglas, M. (1984). *Food and the social order*. New York: Russell Sage.

England, K. (1994). Getting personal: Reflexivity, positionality, and feminist research. *Professional Geographer*, 46, 80-89.

Fine, B. (1994). Towards a political economy of food. *Review of International Political Economy*, 1, 519-545.

Fine, B., & Leopold, E. (1993). *The world of consumption*. New York: Routledge.

Fitzsimmons, M., & Goodman, D. (1998). Incorporating nature: Environmental narratives and the reproduction of food. In B. Braun & N. Castree (Eds.), *Remaking reality: Nature at the millennium* (pp. 194-220). New York: Routledge.

Freidberg, S. (1997). Contacts, contracts and green bean schemes: Liberalisation and agro-entrepreneurship in Burkina Faso. *Journal of Modern African Studies*, 35, 101-128.

Freidberg, S. (2001). To garden, to market: Gendered meanings of work on an African urban periphery. *Gender, Place and Culture*, 8, 5-24.

Gereffi, G., & Korzeniewicz, M. (1994). *Commodity chains and global capitalism*. Westport, CT: Greenwood Press.

Goodman, D., & Redclift, M. (1991). *Refashioning nature: Food, ecology and culture*. New York: Routledge.

Goodman, D., & Watts, M. (Eds.). (1997). *Globalising food: Agrarian questions and global restructuring*. New York: Routledge.

Goodman, D., Sorj, B., & Wilkinson, J. (1987). *From farming to biotechnology: A theory of agro-industrial development*. New York: Basil Blackwell.

Haraway, D. J. (1991). Situated knowledges: The science question in feminism and the privilege of partial knowledge. In *Simians, cyborgs, and women: The reinvention of nature*. New York: Routledge.

Harris, M. (1986). *Good to eat: Riddles of food and culture*. London: George Allen.

Jaffee, S. (1995). *Marketing Africa's high-value foods: Comparative experiences of an emergent private sector*. Dubuque, IA: Kendall/Hunt.

Lockie, S. (2000). Beyond the farm gate: Production-consumption networks and agri-food research. *Sociologia Ruralis*, 40, 3-19.

Mann, S., & Dickinson, J. (1978). Obstacles to the development of capitalist agriculture. *Journal of Peasant Studies*, 5, 466-488.

Marcus, G. (1998). Ethnography in/of the world system: The emergence of multi-sited ethnography. In G. Marcus (Ed.), *Ethnography through thick and thin* (pp. 79-104). Princeton: Princeton University Press.

Marsden, T. (1997). Creating space for food: The distinctiveness of recent agrarian development. In D. Goodman & M. Watts (Eds.), *Globalizing food: Agrarian questions and global restructuring* (pp. 169-191). New York: Routledge.

Marsden, T., Flynn, A., & Harrison, M. (2000). *Consuming interests: The social provision of foods*. London: UCL Press.

Mennell, S. (1985). *All manners of food: Eating and taste in England and France from the Middle Ages to the present*. Oxford: Basil Blackwell.

Mennell, S., Murcott, A., & van Otterloo, A. (1992). *The sociology of food*. London: Sage.

Miller, D. (Ed.). (1995). *Acknowledging consumption: A review of new studies*. New York: Cambridge University Press.

Miller, D. (1997). *Capitalism: An ethnographic approach*. Washington, DC: Berg.

Murdoch, J., Marsden, T., & Banks, J. (1999). Quality, nature and embeddedness: Some theoretical considerations in the context of the food sector. *Economic Geography*, 75, 107-125.

Teuteberg, H. (1992). *European food history: A research review*. New York: St Martin's Press.

Warde, A. (1997). *Consumption, food and taste*. London: Sage.

Whatmore, S., & Thorne, L. (1997). Nourishing networks: Alternative geographies of food. In D. Goodman & M. Watts (Eds.), *Globalising food: Agrarian questions and global restructuring* (pp. 287-304). New York: Routledge.

任意地点：捍卫有边界的田野

11

马泰·坎迪亚[①]

引言

这篇文章并不是关于电影的，而是关于人类学方法论的，是关于人类学方法论是如何被"世界越来越紧密地联系在一起"这种感觉所塑造的。更具体地说，我将探讨关于多点研究的呼吁，这些呼吁敦促我们扩大民族志的可能性和视野，以应对复杂的世界。本文以我自己最近在法国科西嘉岛的田野调查为基础，提出了这样一个问题：如果我们走上另一条道路，即自我限制的道路，而不是扩张的道路，那么民族志会是什么样子？

1995年，George Marcus提出了"多点民族志"一词，该词在人类学界内外享有盛誉。Marcus（1995）的文章与其说是一篇纲领性文章，不如说是对现有研究策略的回顾。尽管如此，它通过梳理历史背景、提出一系列实用建议以及对潜在批评和焦虑的防御，框定和具体化了一种方法论趋势。早在十年前，Marcus和Michael Fischer就在他们的著作《作为文化批判的人类学》中提出了"多地域民族志"（Multi-locale ethnography）的概念（Marcus & Fisher，1986，pp.90-95）。多地域/多点民族志试图使人类学去适应自20世纪70年代以来被称为"世界体系"并在20世纪90年代被日益描述为"全球化"的不断变化的现实。这意味着对"传统的"人类学方法的重构，即在一个单一的限定地点进行深入的参与观察，也就

①Matei Candea.(2007). Arbitrary locations：in defence of the bounded field-site. *Journal of the Royal Anthropological Institute* (*N.S.*)，13，167-184. 受限于篇幅，本文在翻译时部分内容有省略。

是Marcus和Fisher所说的"将民族志描述局限于一个限定的田野或地点和一组研究对象的惯例"（1986，p.90）。这意味着比那些将当地环境与全球系统联系起来的研究更进一步，因为这些研究"在很大程度上仍然是以可知社区为研究和写作的框架，用Raymond William的话说，根据定义，民族志学者一直在这样的环境中工作"（1986，p.90）。虽然以这句话作为实际人类学实践的定性也许值得商榷，但在当时却准确地代表了Marcus后来所说的这门学科的"研究想象"，即"一种不断变化的预设或感觉……这种预设或感觉影响着研究思路的形成和实际田野工作项目的开展"（1999，p.10）。

单一的方法论，其敏感性和认识论预设，不再被认为足以适应一个日益流动、变化和相互关联的世界的现实。Marcus和Fisher指出，即使是人类学文本的非专业读者，也越来越意识到对"一种文化"进行地方化整体研究的谬误（1986，p.95）。人类学若要保持说服力和有意义，就必须调整方法以适应"碎片中的文化"，这些文化越来越多地通过抵制和适应非个人化的政治经济体系而日益结合在一起（1986，p.95）。这就需要将民族志学者从限定地点的概念束缚中解放出来，允许他们追踪人、思想和物品的流动，追踪和绘制复杂的网络。到1995年"多点性"一词被提出并公开发表时，这一实践和理念已与更广泛的有关全球化（例如，Appadurai，1991，1995，1996）和网络（Latour，1991；Mol & Law，1994）的人类学文献进行了交流，这表明人们对刻板的社会科学方法产生了更广泛的不满。

本文第一部分试图描述这种新的"研究想象"（用George Marcus的话说）的特征，这种想象的核心是解放、复杂性和延展性。回到我之前的比喻，在过去的十年中，人类学领域的理论家一直是Peter Jacksons而不是Lars von Triers：主要的驱动力是超越边界、空间、知识和学科的界限，在多重空间、时间和语言中编织出日益复杂的论述。然而，我将论证，在多点研究敏感性中隐含着（有时是明显的）整体主义的一种有问题的重构——这表明，跳出我们的田野将使我们能够提供"在那里"的整体性的描述。

这促使我重新思考有界田野的价值，即我所说的"任意地点"，它是一种突破封闭和挑战整体性的方法论工具。因此，本文的副标题不应被理解为呼吁回归"传统实践"：我在此提出的有界田野是基于对以往实践的不满，而正是这些不满催生了多点性本身。为了说明任意地点这一概念，我将简要介绍我自己在科西嘉岛的"田野"，以及将其视为"有界"分析单位的意义。

在这一略显抽象的理论讨论之外，还有一个更具实验性和经验性的讨论。

George Marcus在《厚积薄发的民族志》一书的序言中指出，他提出多点民族志的概念，部分原因是为了回应他和其他研究生的困境，即"正在成长中的人类学家"在论文研究项目中在惯例和创新的相互作用下艰难行进（Marcus，1999，p.11）。Marcus的多点民族志在很大程度上已经成为常规方法的一部分，而本文正是从类似的动机中产生的：它反映了一位崭露头角的人类学家的困境。根据我在科西嘉岛的包容与排斥研究中所遇到的民族志和理论问题（Candea，2005），我将提出，多点想象的优势在于它使人类学家能够以前所未有的方式拓展他们的视野，而它的弱势则在于它缺乏对界限、选择和抉择过程的关注，任何民族志学者都必须经历这些过程，才能将田野经验最初的不确定性转化为有意义的描述。

当然，如果把"研究想象"与它所产生、促成或激发的实际研究混为一谈，那就大错特错了。正如所谓的"传统"民族志想象在实践中产生了与《西太平洋的航海者》或曼彻斯特学派的"拓展个案法"一样的具有流动性和"多点性"的成果一样。最近，受"多点想象"启发的民族志在实践中必然会涉及边界和限制问题，而多点性的理论建议并没有明确解决这些问题。本文借鉴了各种非人类学的潜在灵感来源，最后呼吁将这种界限和自我限制的过程变得更加有意义和明确。

多点想象1：无缝连接的世界（seamless reality）

自20世纪90年代初以来，人类学关于田野的思考有两大主题：无边界性和复杂性。理论家提出并且民族志学者也证明，人类学可以在任何地方以任何方式谈论任何事情，从而进一步突破所谓的"正统人类学"的界限。现在有关于过去、未来、"世界体系"的人类学，也有关于个人生活史、地铁和管道、奇异和平庸、贝类和虚拟现实的人类学（Callon，1986；Fortun，2001；Latour，1993；Linger，2001；Wilson & Peterson，2002）。

这种对象的多重性与方法的多重性密不可分，George Marcus在十多年前撰写的"多点民族志"一文中为这一人类学新思潮提供了一个关键注解：

> 对我来说，发展民族志研究的多点策略，以发现和界定更复杂、更令人惊奇的研究对象，是目前扩大民族志知识的意义和力量，同时也是改变其形式的一个重要途径（Marcus，1999，pp.13-14）。

Marcus在其1995年的著名文章中提出了一系列多点民族志研究的可能策略，

其中除一个策略外，所有策略都以"追踪"为前提（追踪人、物、隐喻、冲突等）。"追踪"将我们带到不同的地点，每个地点都被认为不是一个不与全球系统交流的自成一体的地方实例，而是直接研究该系统本身的民族志地点。

这是因为，正如这些作者和其他作者所明确指出的，他们的现实模式是无缝的。George Marcus、Arjun Appadurai和Bruno Latour等其他理论家一起，摒弃了地方与全球之间的对比，强调任何"全球"实体在其所有方面必须是也只能是地方性的。由此可见，每一个"本地化"的地点研究都是——必须是，也只能是——同时是对"世界系统"的研究（Appadurai，1995；Latour，1991；Marcus，1995）。

我把他们的现实模型描述为"无缝（seamless）"的，并不是说这些理论家一定会无视他们的材料中明显存在的阻塞、限制和界限——尽管一些全球化理论家确实受到了这种指责（Navaro-Yashin，2003，p.108）。我将在下文中探讨这些界限在他们的论述中所占据的地位。在此，我指的是他们描述的认识论基础：与以往由离散的"文化花园"（Fabian，1983，p.44）组成的世界（有天然的边界和明显的可比性）的概念相反，多点性的世界是由一块单一的、多线的布（尽管有结、裂缝和撕裂）编织而成的。因此，隐含的意思是，田野是从这个无缝连接的世界（seamless reality）中切割出来的一个或然框架。Vered Amit对田野的这种偶然性表达得最为清楚（2000b，p.6）："在一个无限联系和相互重叠的世界里，民族志田野不可能简单地存在，等待发现。它必须被精心建构，与所有其他可能的语境相分离，其构成关系和联系也可以被提及。"

多点想象2：作为民族志对象的地点

文章论述到这里，还算顺利。但是，如果"田野"是从一个天衣无缝的现实中切割出来的框架，那么是如何切割的呢？在1995年的文章中，Marcus并没有提到这一点，而"多点民族志"中的"地点"部分也没有详细阐述。

这并不仅仅是疏忽，而是表明了这样一个事实，即田野的明确划分越来越不在民族志学者的掌控之中。田野往往被理解为相互冲突的政治和认识论过程的产物，而这些过程本身就应该是人类学研究的对象。

Arjun Appadurai在其关于"地方性"的著作中，甚至追溯到过去：民族志的主要研究对象一直不是实际的地方，而是"在地化"过程（1995，p.207）。即使人类学家认为他们研究的是有地理界限的地点，但实际上他们研究的是"地方化"过程,并为这一过程做出了贡献。Appadurai认为,民族志一直误以为地方就是过程,因为它倾向于想当然地认为地方讲述的就是关于自身的永久性故事(1995,p.207)。

换句话说,在这次民族志方法的重构中,不仅没有遗忘地方性,而且也没有遗忘停滞、阻隔、限制和隔阂。但是,它们的地位发生了变化:地点、场所本身已成为民族志研究的对象而非工具。也就是说,民族志学者越来越多地被理解为在对其研究对象有意义的地点工作。分析的相关边界不是先验固定的,而是在实地"发现"的。因此,Marcus十分认同:

> 当代民族志研究的知识环境使其显得不完整,甚至微不足道,如果它没有在自己的研究设计中包含对文化形态的全面描绘,那么文化形态的轮廓就不能被假定,这本身就是民族志研究的关键发现(Marcus,1999,p.117)。

因此,矛盾的是,"研究设计"必须是"民族志调查"的结果。然而,研究除了最宽泛的初始方向都是事后"设计"出来的。这相当准确地反映了许多情况下的实际状况,但它确实表明"地点"不再是研究者设定的初步限制,它们是在最初的开放式研究过程中发现的。这既符合人类学长期以来对开放性的合理评价(见下文),也符合将地点视为"研究对象"的新概念,即是"信息提供者"创造的人为因素,而不是"民族志学者"创造的。

从这个意义上说,Akhil Gupta和James Ferguson后来对人类学领域的解构可被视为Appadurai和Marcus论点的顶峰(Gupta & Ferguson,1997)。这些作者要求人类学家完全放弃"有边界的田野",同时关注地点在政治学和认识论上的构成方式(1997,p.38)。通过这种方式,他们将"多点"田野工作的方法论项目推向了逻辑的尽头,这种方法论项目始终更关注多重性(联系、迁移、"追踪"),而不是"地点"。有边界的地点,即地方本身,成为了研究的对象,民族志学者现在可以自由地追踪他人进行边界划分、本地化和划界。作为人类学启发式工具和分析框架的"地点"也随之消解。

然而,这一点与前一点之间存在着某种差异:一方面,正如我们所看到的,多点性突出了地点在无缝连接的世界(seamless world)中的建构和偶然性;另一方面,将"选址(siting)"留给其他人并且去研究"他们的"地点的愿望,似乎又恢复了先前的观念,即地点是一个真正存在的实体,是有待发现的东西。

Kim Fortun在最近一本自我限定的多点民族志的导言中,对博帕尔灾难后的宣传工作进行了文体创新的描述，就是这种悖论的一个例子：

> 我前往博帕尔收集材料，以说明对化学污染的担忧产生的背景。很
> 明显，博帕尔不能被视为一个"个案研究"，一个易于组织以达到比较
> 目的的有边界的分析单位。相反，博帕尔没有显示出时间、空间或概念
> 的界限（Fortun，2001，p.1）。

但是，正如Fortun在几页之后指出的那样，有界性是一个方法论问题，也就
是说，博帕尔本身既不受边界限制，也不是无边界。当然，我们可以将博帕尔事
件"构想"为一个案例研究（然后追溯其与其他案例的所有"联系"和"相似之
处"）；同样，我们也可以——Fortun做得很巧妙——将其分析为"一股旋
风——一股由对立气流产生的漩涡，将一切都吸入一个向上的螺旋中——而受害
者就处于风暴中心"（2001，p.1）。然而，这是一个分析性的（在此情况下是政
治或伦理的）决定。

问题在于，当它把（无）边界性作为外部世界的一个真实特征（博帕尔"没
有显示边界的证据"），而不是一个方法论问题时，多点研究方法就忘记了边界
作为人类学实践的可能性，甚至是必要性。这既给人类学认识论带来了问题，也
给田野工作者的实践带来了问题。我们从后者谈起。

多点想象3：解放

人类学中关于多点性的主要隐喻是解放和"时代变迁"：为了应对和参与一
个突然变得或突然被认定为无缝、"流动"和相互联系的世界，民族志学者需要
从有边界的田野地点的限制中解放出来。

本着这种精神，Vered Amit的作品集《构建田野》致力于"开辟……人类学
探究的范围"（2000b，p.2），作者以各种方式探索"典型"田野工作的局限。
Amit对方法论解放的呼吁是基于她对民族志作为一种强大的、不受约束的生成实
践的理解：

> 因此，过度确定田野工作实践就会削弱民族志的力量，因为民族志
> 有意为意料之外的发现和方向留有余地。如果人类学家在坚持正统方法
> 论的同时，先验地限制而不是开放有待研究的环境范围，那么他们在认

识论上就会与自己的学科目标背道而驰（2000b，p.17）。

这正是我第一次尝试民族志时所秉持的精神，我最近将其写成了一篇关于科西嘉岛排斥与包容的论文（Candea，2005）。虽然从表面上看，我的工作和居住地集中在一个最"传统"的环境中，即科西嘉岛北部的一个村庄，但我的亲身经历却有力地体现了Marcus的观点，即任何田野工作在开始时都可能是多点的，因为民族志学者面对的是一个陌生环境的多元性。然而，Marcus（1995，p.100）认为，这种初始状态并不会持久："随着研究的发展，选择原则的作用是根据长期以来关于研究对象的学科观念来约束有效的田野"。Marcus先于Amit，似乎对这些束缚田野经验生成多样性的因素深表遗憾。但在我看来，十年过去了，这些"长期存在的学科观念"已无处可寻。Marcus和其他人无疑是成功的，我在科西嘉岛的一个村庄里发现自己对"研究对象应该是什么"没有任何感觉。这并不奇怪：多点想象在拓展人类学的可能性和适合"田野工作"的主题范围方面发挥了至关重要的作用。例如，Collier和Ong（2005）的大作（*Global assemblages*）的目录，就足以说明近来人类学视野扩展所带来的好处。

但这一成功也削弱了"传统方法"批评者曾竭力反对的准则和僵化规定。由此带来的解放也有其弊端。作为一名民族志新手和博士生，我当然有我的研究计划书的详细文本，但我被明确告知，这不是一份真正具有约束力的文件，"没有人最终能完成他们一开始就想完成的工作"。恰恰相反，我被告知我应该对所有事情都感兴趣，而我确实如此。

这种最初的不确定性在整个田野工作中一直存在。本应将我束缚在枯燥乏味的单一研究对象上的"选择原则"从未实现。本着多点民族志的精神，我在"村庄"内外的多个空间中追踪人、故事、隐喻和冲突，并持续关注这些空间的构成方式。但在实践中，这导致了持续的不确定性：要追踪多少线索？要寻找多少背景？多少信息才是足够的信息？

我不是无处不在的，我必须做出选择：是去剪羊毛，还是接受邻居家的邀请？是在双语课堂上"做"参与式观察，还是跟随老师们去岛的另一边参加关于"双语"的培训课程？是在村中心"闲逛"，浏览专门讨论科西嘉岛的博客和论坛，还是去村里或地区档案馆，或者巴黎的国家档案馆看看？是与邻居在酒吧里共进晚餐，还是与同事一起去附近小镇俱乐部？田野工作涉及不断的选择，而且往往没有充分的理由优先考虑其中一个。

因此，在过去13个月的时间里，我始终有一种不完整感和随意性，一种错失、模糊和不合理的不确定性，一种永远无法在正确的时间出现在正确的地点的强迫感。我的许多同事都有这种焦虑和纠结，但事实证明，这些焦虑和纠结是田野工作经历中富有成效的方面：久而久之，这些焦虑和纠结迫使我批判性地思考那种想象中的完整性和整体性，而我自己的努力似乎与这种完整性和整体性背道而驰。不过，这次经历也让我明白，我所遭受的肯定不是束缚，也非学科刻板带来的重负，这显然是"选择的负担"（Salecl，2004）。

当然，无论是在科西嘉岛还是后来的"写作"过程中，我都做出了选择，确定了主题、题材和感兴趣的领域，限制了我在不同方向上的研究范围或深度。在本文的后半部分，我将通过"任意地点"的概念，描述这一过程中写作部分的概念基础。至于田野调查部分，自由和无拘无束的想象让我觉得任何选择、界限或限制都是一种不正当行为，就像"田野调查"包括每一种可能的互动、实践或观察一样，让我感到不安的是，独处的任何时刻都是"逃避"的证据——没有什么是越界的，也没有下班时间。

有人可能会反对说，上述感受绝不能完全归咎于多点想象。事实上并非如此——我从与更资深的同事的讨论中了解到，这些都是田野工作过程中相当普遍的特征——但它们是多点想象没有解决的问题，而且多点事实上还加剧了这些问题。我必须补充一点，我并不是天真地认为"约束"田野地点就能为我们提供有限的值得采集的信息。任何地理或理论上的界限都无法消除"内部"发现更多复杂性的可能性（Strathern，1991）。但是，明确指出某些东西"不在范围之内"的必要性，就在于能缓解这种困境，把感觉上的虚幻的不完整性转化为实际的方法论决定，由民族志学者进行反思并承担责任。这种对自我限制的关注，可以找到一个例子，Liisa Malkki关于接受不了解之事物的含义以及她对民族志学者作为"调查者"身份探究被隐藏事物的批评，有一番精彩讨论（1995，p.51）。

这种对自我限制的明确考虑与我在上文所勾勒的多点研究想象相悖，并引发了一系列重要问题：解放真的是我们所需要的与世界的复杂性相匹配的东西吗？传统的田野地点过于局限是否是一切问题的原因？在多点性的背后，是否潜藏着一种特别的希望，即一旦我们突破田野地点的限制，我们就能征服无缝连接的世界（the seamless world）？

如果我们像道格玛①电影制作人一样，认为思考和参与复杂世界的最佳方式

_____

① 道格玛（Dogme）是由丹麦导演拉斯·冯·提尔和托马斯·温特伯格等人于1995年发起的电影运动。该运动的目标是：在电影摄制中灌输朴素感知和纯粹性，强调电影构成的纯粹性，并聚焦于真实的故事和演员的表演本身。

恰恰是自我设限，寻求某种方法论上的极简主义，为我们所允许的事物设定任意的界限，那又会怎样呢？我们自己要做什么？其中的一个方面可能涉及我们自己负责划定的田野地点。

这并不是在呼吁时光倒流。恰恰相反，我提出的这种有界田野地点的前提是，我们要认识到，任何地方的环境在本质上都是多点的。即使是在科西嘉岛北部的一个小村庄，问题也不在于多地点，而在于地点。正如我希望在下一节中说明的那样，问题不在于找到多种多样的线索，而在于找到包含多重性的方法。

乡村民族志？

鉴于"村庄"在人类学方法论的争论中具有极高的象征意义，经过深思熟虑后，我把我田野调查的村庄称为"任意地点"。这样做的目的是要质疑两种观点：第一，即使是"在一个村庄"，民族志也只能是"多点的"；第二，这使我们不必对自己的地点进行限定。

科西嘉岛西北部的克鲁塞塔村通常包括三个主要村落，高大的石墙房屋簇拥着狭窄蜿蜒的街道。从这些小村庄的外围开始，逐渐延伸到公社（法国的行政区划）的大部分地区，大约在20世纪60年代末开始出现许多别墅。第一批别墅中的一栋属于现任校长的叔叔，他在距离最大村落中心近一英里的地方建了一栋孤零零的房子。校长回忆说，当他的叔叔第一次在村外建造他的独栋"别墅"时，克鲁塞塔村的许多人都说"他疯了"。但很快，其他克鲁塞塔村人纷纷效仿他的做法，包括校长本人。校长向我解释说，他的决定是出于"逃离"和"自主"的需要，他希望远离村子中心的近邻，因为在那里，每个人都知道每个人的事情，邻居们总是对他呼来喝去（Jaffe，1999，p.43）。

自20世纪60年代以来，老村落周围又建起了更多的别墅，这使景观发生了巨大的变化，这也是大多数科西嘉岛村庄的共同特点，有时人们不屑地将其称为"乡间住宅"。乡村的绿色结构慢慢被别墅的白色小洞填满——这一景象在更广泛的范围内引起了人们的共鸣，隐喻着从最初的完整和统一状态开始衰败。

随着时间的推移，在村子外围建房从一种怪癖变成了一种相当传统的社会成功标志，被正面称为"造房子"。

在1999年撰写的一份关于学校及其环境的官方报告中，克鲁塞塔村学校校长对该村作了如下评价：

I.1）地理、文化和社会数据

……

克鲁塞塔村的人口分布在3种栖息地：

A）古老的传统居住地（村庄中心）人口相对稀少。冬季有许多空房子（几乎没有现代设施）。这些房屋通常由马格里布移民居住。

B）社会住房，HLM类型，位于学校附近。居住着许多家庭，通常有许多的儿童，但经济能力较弱：失业率高或从事临时工作。这些人往往是从外地来科西嘉岛找工作的……

C）村子周围：许多舒适的独立别墅，绝大多数都住着克鲁塞塔村人。

如果我们更具体地考虑马格里布人（过去几年约占在校学生的25%），就会发现他们要么居住在旧村庄（出租房），要么居住在市政/政府公寓。由于工作的不稳定，这些人的生活非常不稳定：许多有五六个孩子的家庭只在村里住上几年，甚至几个月就离开了。

……

只有居住在C类住房中的本土人口才真正稳定。

校长所说的三部分的社会（tripartite sociology）反映了当地的话语，在这些话语中，村子的中心代表着相对贫穷、老龄、空虚，以及极端来说某种形式的"边缘性"。尽管许多自诩为"当地人"的人对这一边缘中心的逐渐"清空"集体表示遗憾（不管他们是否真的住在那里），但这一变迁有其自身的动力：中心的"边缘性"本身就是人们搬到边缘地区"安家"的动力。

住在别墅里的人通常要到附近的镇上上班，也往往在镇上社交，因此很少在老村中心看到他们。不过，正如老师的报告所指出的，他们而不是中心区的居民，通常被认为是克鲁塞塔村的"本地人""稳定的"居民。当然，老年人被认为是一种"超本土"（super-autochthony）的守护者，是"传统"的生动体现。然而，无论他们在科西嘉岛和乡村的某些想象中处于怎样的中心地位，这种中心地位本身就是一种边缘化的形式，在这种形式中，他们成为民族志研究敬而远之的对象（McKechnie，1993）。其他"边缘人"，如生活在中心地区的马格里布人和非科西嘉岛人，在很大程度上加剧了这些问题的复杂性（Candea，2005）。

这些对老中心的复杂态度，在我自己住在村子里的时候得到了有趣的体现。克鲁塞塔村受过教育的中产阶级居民认为，我在"老村庄"租住公寓是非常合适的。很明显,这里是社会科学家的理想居所,既是关注"传统"的"人类学家",也是关注边缘化和"社会问题"的"社会学家"。另一方面,人们并不期望我在别墅区做太多的研究,而且我逐渐意识到,我对这些空间的侵入被默认为是我从"田野"中抽身,退回到"现实生活"中的一种表现。事实上,有几次我自己成了边缘中心和中心外围之间的调解人,比如学校老师让我询问我的邻居牧羊人是否允许他的学生来旁观母羊挤奶,以及他的妻子让我确保今年圣诞节会给她留一只羊羔。

克鲁塞塔村的许多中产阶级居民从这些中心与外围之间脱节的部分中发现了村庄"社会结构"的崩溃。"暴力和不文明现象增多""人口老龄化""移民融入程度低"也被认为是社会结构崩溃的标志,所有这些主题在法国公共辩论中都很常见。因此,法国《世界报》的编辑J.M.Andreani(1999),也是一本关于科西嘉岛的书的作者,写道:"没有人……能阻止科西嘉岛社会缓慢而不可阻挡的变迁。因为它是由地方性暴力造成的,它失去了任何开放性或视角,困于失去了传统的地标和框架。"这些担忧源于对社会的理解,即社会是一个有机整体,但又是受到威胁、不断分解的实体,就像一幅正在解开的挂毯。提及"当地社会结构"既表明了这种完整感,也表明了潜在的解体风险。事实上,这两者是密不可分的。Maryon McDonald认为,"多数派和少数派是一起诞生的,而少数派则是在诞生时就在消失"(1993,p.227)。同样,可以说"社会结构"生来就在解体。

事实上,尽管社会解体的"问题"带有一种紧迫感和新近的失落感,同时还暗示着"不久前"的一个完整的社会结构,但我们很快就会发现,社会以同样的方式、出于同样的原因"解体"已经有很长一段时间了。下面是1914年法国教科书中的一段话:

> 农村人口外流的后果令人痛心。到处都是废弃的农场、荒芜的小村庄、部分被毁的村庄、无人打理的田地。外来移民一直在增加:由于工程(公路、运河、火车轨道)的缘故,许多意大利人和西班牙人在该国定居,但很少有人选择入籍(Eisenmenger & Cauvin,引自Thiesse,1997,p.87)。

正如Anne-Marie Thiesse在研究法兰西第三共和国学校手册中对"地区"的推崇时所指出的那样,20世纪初对这些"问题"的部分回应是对地方"遗产"的重视,即用当时非常科学的民俗学和民族志术语将人们与他们的根源"重新联系"起来(Thiesse,1997,p.38,p.103及以后)。作为"解体结构"的社会应运而生。

这些早期对学校作用的构想与最近在法国公立学校（如克鲁塞塔村学校）扩大"科西嘉岛语言和文化"的教学项目之间有着惊人的连续性（Candea，2005）。校长本人是这种地区化教育的坚定支持者，他对村庄的描述是一个复杂谈判过程的一部分，在这个过程中，他在法国国家教育系统提供的框架内实现了他的双语（科西嘉岛语/法语）学校教育愿景。

就其本质而言，这种解体社会的问题是以完整性、整体性和一体化作为常态的前提。在科西嘉岛，欧洲乡村常常被框定在对完整性的一般想象中（Holmes，1989；Williams，1975），而高耸入云的山村这一经典形象则是这一想象的核心，它既是温暖、亲密的社区，又是令人望而却步的岩石堡垒（Candea，2005；Jaffe，1999）。在克鲁塞塔村，这种对完整性的期望是代际断裂、建筑激增、不稳定的外来人口和荒废的村落中心显现出来的背景。

在这种情况下，我们该如何理解"田野"的概念呢？上述对"克鲁塞塔村"实体的描述可以说是"多点"的，既包括作为物理地点的"村庄"的许多异质空间，也包括对"科西嘉岛村庄"的描述所使用的许多历史、制度和概念空间。

这里有许多线索可循。有些空间，比如旅游旺季时我在老村里的邻居，可以被亲切地认为是"面对面交流的人类社区"（Gupata & Ferguson，1997，p.15）；其他空间，如别墅和附近的城镇，或许可以被想象成"社会经济的集合体"；科西嘉语活动家或日益减少的活跃牧羊人在岛上留下的网络和痕迹，又或者法国教育行政部门的坚固网络，都可以成为流动分析的主要候选对象。事实上，在所有这些可能的地点中，"克鲁塞塔村"可能是最不显著的选择之一，因为除了行政边界和对一个原本统一状态的浪漫想象之外，它似乎很少被其他东西维系在一起。但我要论证的是，这正是它作为一个任意地点的价值所在。

相比之下，多点想象会促使我放弃克鲁塞塔村，追踪离开村庄的痕迹，去发现某种更广泛的跨地方"文化形态"的轮廓。这表明，多点想象中隐含着对整体性的自相矛盾的重构。

新整体主义

Marcus和Fischer在他们对"多点民族志"的最早描述中已经指出：

在民族志的整体性目标推动下，这些理想的实验超越了传统的社区研究环境，试图设计出结合民族志和其他分析技术的文本，以把握通常以客观化术语表现的整个系统，以及牵扯其中的人们的生活品质（1986，p.91）。

Adriana Petryna（2002）对切尔诺贝利事故后生活的描述就是这方面的典范。Petryna将私密环境中敏感的民族志片段与跨国医学辩论和清晰生命史的翔实描述联系在一起，以精湛的技巧将一个环境的多种语言编织在一起，"如果个人对痛苦的描述能够被听到的话，必须转换成符合标准类别的数字和代码"（2002，p.20）。Petryna的研究设计遵循了Marcus所描述的模式——从最初对切尔诺贝利"受难者"的局部研究开始。后来作者发现她必须离开这个有边界的地方："很明显，为了对切尔诺贝利的生活经历进行合理的分析，我必须进行多点的工作。"（2002，p.17）。这（正如Marcus的引述所表明的）是一个隐含的整体项目，在这个项目中，"整体"在这里是指"切尔诺贝利生活经历"的现实，被认为实际上超越了任何单一地理位置的边界。就其本身而言，打破边界的愿望预设了一个"在那里"的整体（也许就是上文Marcus所说的"文化形态"），而边界的存在阻碍了我们对其进行全面的研究。

多点性的新整体论也是一个修辞问题。因此，Marcus（1999，p.35）引用了Robert Thornton（1988）的说法："对整体的想象是民族志在修辞上的当务之急，因为正是整体的形象赋予了民族志一种闭合感，而其他体裁则是通过不同的手段来实现这种感觉的。"在其他地方，作者（反问）：

> 问题在于，人类学民族志是否能够或应该满足于"部分知识"，从而将其整体性、意义和论证的背景让位于历史和政治经济学的既定理论框架和叙事，就民族志自身实践及其鼓励的感知能力而言，这些框架和叙事限制了民族志所能发现的范围（Marcus，1999，p.5）。

当然，Marcus的新整体论是一种非常不同的整体论，但它似乎打破了早先将片段和局部作为"后现代民族志"（Tyler，1986；Strathern，1991，p.22）特定领域的呼吁。事实上，它将"后现代民族志"本身存在的悖论推向了逻辑的尽头，Marilyn Strathern指出了这一悖论：

> 在拼图中，人们无情地体现了"整体性是修辞本身"这一认识，或者说，拼图不是收集，而是展示不同元素的离散性（intractability）。然

而，这种显示事物无法相加的技巧往往包含了更多而不是更少的剪裁——一种对感知事件、时刻和印象的超剪裁（hyper-cutting）。如果元素是以众多拼图的形式呈现，那么它们就不可避免地成为来自其他整块、更大的碎片（fragmentary）的一部分（Strathern，1991，p.110）。

如果说后现代民族志是通过展示民族志的片段来构建整体，那么多点民族志则试图追踪和涵盖这些整体本身。

但是，难道我们不能与Thornton一样，想象一种民族志，它的力量不在于完成，而在于永远遵从封闭性——无论是整体论的封闭性，还是"碎片"世界的"碎片"拼图的封闭性？

无论如何，Marcus所说的"多点想象"没有留给我们恰当的方式去想象这样的民族志。通过打破界限和消除限制，它将部分知识重构为不够好的或不完整的描述，而这种描述可以通过良好的研究设计，通过更加无拘无束和无所畏惧的追踪行为来消除。

正是针对这种新的整体论，这种对完整性的恢复，我提出了有界地点的价值。将"克鲁塞塔村"作为我的田野调查地点，将其整合起来进行分析，恰恰是为了突出其断裂性和不完整性；这是为了抵制将其分解为更广泛的整体实体的一部分，无论是旧的整体主义（"科西嘉岛人""马格里布人""科西嘉岛""法国"等）还是新的整体主义（"全球资本主义""活动家网络""非法劳工的跨国流动"等）。将克鲁塞塔村作为一个任意的地点，一个没有总体"意义"或"一致性"的地点，就是要记住，所有这些异质的人、事物和过程都是"拼凑"在一起的，并在一个地理空间中易于重叠，质疑人们可能会认为他们所"属于"的"文化形态"的完整性。从这个意义上说，克鲁塞塔村并不是一个需要解释的对象，而是一个洞察复杂性的偶然窗口。

任意地点

我说的并不是什么新东西。多点支持者所怀疑的那种"传统人类学田野地点"可以被描述为双重实体。一方面，它被理解为"被发现的对象"："外面世界真正存在的特征"，一个离散的空间或人类实体，它应该有自己的一致性和意义——村庄、邻里、部落，这种实体可以成为详尽而全面的专题研究的对象。另一方面，它在某种程度上也是研究者定义的一个任意地点，是研究其他事物的框架。

请允许我简要解释一下"任意地点"的含义。作为一种启发式方法，"任意地点"也许最好理解为"理想类型"的相对概念。韦伯的理想类型是一个抽象的概念，实际上不存在，也正因为如此，它很容易定义，是对实际存在的实例进行比较分析的"控制"概念（Weber，1948）。相比之下，任意地点是实际存在的实例，其杂乱性、偶然性以及缺乏总体一致性或意义的特征为更广泛的抽象研究对象提供了"控制"。它是"任意的"，因为它与更广泛的研究对象（"努埃尔兰"与"政治"、特罗布里安群岛与俄狄浦斯情结）没有必然联系。理想类型允许人们将不同的实例联系起来并加以比较，而任意地点则允许人们对概念实体进行反思和重新思考，质疑它们的一致性及其总体愿景。如果说理想类型是通过空间来切入意义，那么任意地点就是通过意义来切入空间。

田野工作的第一个方面（田野作为一个自然的有边界的实体）以多点的方式消亡，这一点完全值得肯定，而我远不是在敦促恢复以前的田野工作概念。恰恰相反，我的要求是，在对它们的批判中要有更多的一致性。因为，正如我们所看到的那样，我们不仅没有挑战研究对象的整体性，反而通过多点性摒弃了有地理界限的空间的人为整体性，转而追求一种多变的、多点的"文化形态"的不可言喻的整体性。

这正是失去田野工作第二个方面（作为任意地点的田野）如此棘手的问题所在。为了研究"其他事物"而将某一地点束之高阁的决定，以及由此带来的所有盲点和局限性，是一种富有成效的极简主义方法论。对任意地点有所约束，不管是地理位置还是其他地点（我将在结论中再次论述这一点），给了我们一些可以努力克服的东西，一个不完整性和偶然性提供了对立面的地点，从那里我们可以挑战想象中的"文化形态"的整体性。

结论：新的实验时刻？

在上文中，我选择通过一个空间例子来说明自我限制的使用，重新审视了"乡村民族志"这一老生常谈的形象。但是在要求免于约束的呼声中，承认限制的价值在认识论和实践上都是必要的，这一点在更广泛的意义上可以找到许多其他的表达方式，包括非空间的表达方式。

有所选择的民族志（作为田野实践）是什么样的？换句话说，明知故犯地将某些元素、时刻、人物、因素、词语、概念排除在我们的分析之外意味着什么？

如果这似乎是一个轻率的或"不科学"的建议，那么我们不妨反思一下，从民族志接触本身到民族志文本的制作，我们在多大程度上已经在以一种不被承认或大致没有问题的方式这样做了？这或许有助于思考以下问题：在许多民族志的章节、段落或句子中，某些观点和主题（出于必要）被排除在外，而某种形式的整体主义（无论是新的还是旧的）的承诺或威胁却在背景中若隐若现。

我提到过电影和文学，但人类学家可以从考古学中尝试性地汲取有益的自我限制的部分。例如，我们可以想起由开发商所资助的考古学的形象，在这种考古学中，从研究角度来看，考古研究的实际场地是由完全偶然的因素（例如高速公路或停车场的未来布局）所限定的。开发商资助考古学中的地点也许是我所说的任意地点的最明显的隐喻：从考古学的角度（当然不是从开发商的角度）来看，这样的地点没有其内在的意义，它永远只能是一个了解复杂性的窗口，而永远不会是一个可以解释的整体实体。

本文提出的任何相似之处或协调建议都不应机械地或按字面意思来理解。我在此并不主张直接借鉴Phillip Salzman在呼吁人类学"团队研究"时提出的方法。我只是认为，对其他知识生产方式的关注，可能有助于我们在田野工作和写作实践中进行实验，从而重新认识不了解的某些事物的价值。

参考文献

Amit, V.(Ed.).(2000a). *Constructing the field : Ethnographic fieldwork in the contemporary world.* London, England : Routledge.

Amit, V.(Ed.).(2000b). Introduction : Constructing the field. In V. Amit(Ed.), *Constructing the field : Ethnographic fieldwork in the contemporary world.* London, England : Routledge.

Appadurai, A.(1991). Global ethnoscapes : Notes and queries for a transnational anthropology. In R.G. Fox(Ed.), *Global ethnoscapes : Notes and queries for a transnational anthropology.* Santa Fe, NM : School of American Research Press.

Appadurai, A.(1995). The production of locality. In R. Fardon(Ed.), *The production of locality.* London, England : Routledge.

Appadurai, A.(1996). *Modernity at large : Cultural dimensions of globalization.* Minneapolis, MN : University of Minnesota Press.

Burawoy, M.(1998). The extended case method. *Sociological Theory*, 16, 4–33.

Callon, M. (1986). Some elements of a sociology of translation: Domestication of the scallops and the fishermen of St Brieuc bay. In J. Law (Ed.), *Power, action and belief: A new sociology of knowledge?* London, England: Routledge & Kegan Paul.

Candea, M. (2005). *In the know: Being and not being Corsican in Corsica* (Doctoral dissertation). Department of Social Anthropology, University of Cambridge.

Caton, S. (1999). *Lawrence of Arabia: A film's anthropology.* Berkeley, CA: University of California Press.

Collier, S. J., & Ong, A. (Eds.). (2005). *Global assemblages: Technology, politics, and ethics as anthropological problems.* Oxford, UK: Blackwell.

Fabian, J. (1983). *Time and the other: How anthropology makes its object.* New York, NY: Columbia University Press.

Fortun, K. (2001). *Advocacy after Bhopal: Environmentalism, disaster, new global orders.* Chicago, IL: University of Chicago Press.

Gupta, A., & Ferguson, J. (1997). Discipline and practice: The 'field' as site, method, and location in anthropology. In *Anthropological locations: Boundaries and grounds of a field science.* Berkeley, CA: University of California Press.

Holmes, D. (1989). *Cultural disenchantments: Worker peasantries in northeast Italy.* Princeton, NJ: Princeton University Press.

Jameson, F. (1990). *Signatures of the visible.* London, UK: Routledge.

Linger, D. T. (2001). The identity path of Eduardo Mori. In D. Holland & J. Lave (Eds.), *History in person: enduring struggles, contentious practice, intimate identities.* Oxford, England: James Currey.

McDonald, M. E. (1993). The construction of difference: An anthropological approach to stereotypes. In S. McDonald (Ed.), *Inside European identities: Ethnography in Western Europe* (pp. 219-236). Oxford, England: Berg.

McKechnie, R. (1993). Becoming Celtic in Corsica. In S. McDonald (Ed.), *Inside European identities: Ethnography in Western Europe* (pp. 118-145). Oxford, England: Berg.

Malinowski, B. (1992). *The Argonauts of the Western Pacific: An account of native enterprise and adventure in the archipelagoes of Melanesian New Guinea.* London, England: Routledge & Kegan Paul.

Malkki, L. H. (1995). *Purity and exile: Violence, memory, and national cosmology among Hutu refugees in Tanzania.* Chicago, IL: University Press.

Marcus, G. (1995). Ethnography in/of the world system: The emergence of multi-sited ethnography. *Annual Review of Anthropology, 24*, 95-117.

Marcus, G. (Ed.). (1999). *Ethnography through thick and thin*. Princeton, NJ: University Press.

Marcus, G., & Fischer, M. M. J. (1986). *Anthropology as cultural critique: An experimental moment in the human sciences*. Chicago, IL: University Press.

Mol, A., & Law, J. (1994). Regions, networks and fluids: Anaemia and social topology. *Social Studies of Science*, 24, 641–671.

Petryna, A. (2002). *Life exposed: Biological citizens after Chernobyl*. Oxford: Princeton University Press.

Salzman, P. C. (1986). Is traditional fieldwork outmoded? *Current Anthropology*, 27, 528–530.

Strathern, M. (1991). *Partial connections*. Savage, MD: Rowman & Littlefield.

Strathern, M. (1996). Cutting the network. *Journal of the Royal Anthropological Institute* (N.S.), 2, 517–535.

Thornton, R. (1988). The rhetoric of ethnographic holism. *Cultural Anthropology*, 3, 285–303.

Tyler, S. A. (1986). Post-modern ethnography: From document of the occult to occult document. In J. Clifford & G. Marcus (Eds.), *Writing culture: The politics and poetics of ethnography*. Berkeley: University of California Press.

Weber, M. (1948). *From Max Weber: Essays in sociology* (H. H. Gerth & C. W. Mills, Eds.). London: Routledge & Kegan Paul.

Weiner, J. (2001). *Tree leaf talk: A Heideggerian anthropology*. Oxford: Berg.

Williams, R. (1975). *The country and the city*. St Albans: Paladin.

Wilson, S. M., & Peterson, L. C. (2002). The anthropology of online communities. *Annual Review of Anthropology*, 31, 449–467.

附录一 多点民族志研究案例：
二手电脑的进口及电子垃圾的困境

在2005年信息社会世界峰会结束后，加纳政府和商业界转而关注一些相关的问题：超负荷运作的电力基础设施、电脑和其他电子产品的大量使用对废物处理系统造成负担，以及实现商业互通所需的资金流。这些问题都表明，加纳逐渐认识到了互联网的重要物质性。而在信息社会世界峰会上有一种主导性的言论，即称颂加入"信息社会"将带来物质上的超越，这种说辞与如今涌现的问题是相违背的。在峰会上，新兴网络技术的即时连接被定义为战胜了空间和时间的限制。会议重点关注了信息——一种无形、无尽、可供全人类使用的东西。这种做法是明智的，因为这样可以避免出现各种棘手的资源稀缺问题。本章将进一步探讨全球互联网政治经济的问题，其范围与前一章中提出的问题相似。与前一章不同的是，本章研究了加纳在互联网接入的实际建设中所面临的硬件基础设施问题。

以下部分的重点主要是从美国或欧洲进口二手电脑的加纳跨国家族企业的新兴，以及相关的临时贸易。在对全球南方（the Global South）的技术和政治制度的学术分析中，经常会讨论一些互联网政策和网络基础设施的问题，而本文对此并没有涉及。20世纪90年代初，加纳的国家电信政策无疑发生了一些关键的变化，为一般的互联网接入，特别是网吧的出现铺平了道路。本地互联网服务供应商（ISPs）、物理网络及其管理，以及网吧业主和互联网服务供应商之间的特殊互动，是学术交流中可能已经考虑到的主题。人们忽略了这段历史，但这并不意味着它不重要；相反，这些主题很好地涉及了"别处（elsewhere）"这一概念（见Foster等，2004；Wilson，2006）。相比之下，那些在阿克拉网吧中的电脑是

①Jenna Burrell. (2012). The Import of Secondhand Computers and the Dilemma of Electronic Waste. In Jenna Burrell（ed.）*Invisible Users: Youth in the Internet Cafés of Urban Ghana* (pp. 159-182). The MIT Press.

通往互联网的重要渠道，在抵达加纳和在加纳流通的过程中或许有着意想不到的故事，但这些故事尚未被讲述。此外，研究这些电脑的流通有助于将互联网的物质模糊性转化为物质对象的具体性。追踪这些电脑的流动以及参与其进口、销售和转让的人，涉及加纳国内的政治、国家与国家之间的关系，以及全球经济趋势等问题。

在网吧里，许多电脑上残留的所有权标签表明，这些设备来自美国和欧洲的学校、企业和政府办公室。我遇到并记录的所有权标签包括了纽约公共图书馆、马里兰州安妮阿伦德尔社区学院、美国环境保护局、爱荷华大学，以及用意大利语和荷兰语写的标签。这些电脑可能被认为已经过时了，美国和欧洲机构为了更新IT设施，就把它们大批量地处理掉。这些电脑自身的开发周期比当前技术水平早几个周期。从一台电脑第一次进入市场，再到它进入网吧，需要7年或更长时间。在田野调查过程中，这些被发现的标签激发了我们追踪和解释这些电脑流通的热情。结果表明这种探索加纳互联网的政治经济的方式富有启发性并且新颖，同时与网吧本身保持着直接的和物质上的纽带联结。

二手电脑的进口和转售在阿克拉网吧的成功中扮演的角色尚未被充分认识，它是公众接入互联网的典范。网吧为了在有限的资金下维持运营，就需要低廉而可靠的设备。这种设备必须能够承受住超负荷的频繁使用，在某些情况下，需要在网吧的环境中连续运行二十四小时。然而，前期的设备投资也必须足够低，企业才能够承担住偶尔的和突发的主板破坏性电压峰值、定期的网络和电力中断及维修费用。加纳商人通过发展这种新的商品经销，即二手电脑贸易来满足这些需求。设备淘汰周期短已经成为西方（尤其是美国）消费文化中处理电子产品和高科技商品的一种固定模式，二手贸易正是利用了这一特性（Slade，2006）。

在贯穿本书的边缘化讨论的背景下，特别值得注意的是，在加纳，人们不是通过产品设计，而是通过新的供应和分销策略来解决这些物质要求（不可靠的基础设施、全天候使用和成本限制）的。这可能最终被证明是一个更大的趋势，因此边缘化的地理位置及其消费文化被排除在影响设计规则的讨论（即在最初定义这些电脑的规格、制造工艺和价格的跨国公司）之外，却在技术生命周期的后期找到了实现代理和创新的机会。Ruth Cowan（1987）做了一个颇具影响的研究，探讨了家用烹饪与加热技术的历史，这项研究开创了一个先例，表明分销渠道、生产制造以及更广泛的产业结构对技术在消费者中取得的认可至关重要。当前情况下，这一创新过程与市场环境联系在一起，而从那些处于行业中心的人的视角来看，这个市场基本上是被忽视的或被认为是没有发展前景的。

　　在物质支持方面，阿克拉的网吧需要一个更全面的分销、维修和废弃物处置的生态系统。这些网吧之所以存在，是因为可以提供价格实惠的电脑。这种供应的性质还进一步影响了网吧内的用户与技术互动的方式。在这些电脑通过种种非正式的分销渠道被运送至加纳时，起初，并没有一个有力的框架性叙述来表明用户如何有意义地或有效地使用它们。技术阐释的可能性不受国家主导力量或外国援助机构的干扰。在另一种情况下，即在国家或非政府组织赞助的公共访问计划（如电信中心运动，见Roman & Colle，2002）中，塑造互联网使用行为的干预措施可以通过组织培训计划来进行，还可能包括审查和阻止某些被出资方和组织者视为非法的使用方式。生产电脑的跨国公司（如戴尔、苹果、英特尔、微软等）也可以通过广告和营销活动来干预和影响对产品的解释，但他们在阿克拉的参与程度是微乎其微的，因为那里缺乏广告、零售网点和销售办事处。用户通过"走后门"进入了全球贸易体系，只能利用他们手头的各种资源来理解电脑和互联网。正如前几章所证明的那样，他们主要是通过小规模的媒介传播形式（谣言）、同伴关系和其他类型的机构（如教堂和相关的信仰体系）来实现的。

　　到目前为止，二手电脑的国际流通似乎并未引起高科技部门的兴趣和关注，这可能是因为这种售后贸易并没有增加公司的收入。此外，在加纳的这个行业中，没有一个协会或组织来协调个人和企业的工作，也没有代表他们向政府或媒体表达利益的声音。这个行业不过是由一群商人和贸易家族集合而成，许多重要的从业者大部分时间都生活在国外或在国外旅行。然而，最近西方媒体对发展中国家电子垃圾（e-waste）问题的报道，使得二手电子产品贸易正以一种非常有选择性的方式变得可见。加纳、尼日利亚和中国，通常是受到特别关注的国家。迄今为止的报道包括2009年6月23日在美国PBS电视台播出，获得艾美奖提名的《前线》中，题为《加纳:数字垃圾场》的纪录片；《国家地理》中一篇题为《高科技垃圾》的文章；以及《纽约时报》网站上以幻灯片展示的一组高质量的关于阿克拉的Agbogbloshie垃圾场的照片。总部位于美国的一些环保组织，包括致力于解决电子垃圾问题的非政府组织——巴塞尔行动网络（Basel Action Network），以及绿色和平组织，使这些问题受到更多关注。有特定的术语用来描述这一进口过程，在术语演变的过程中，废旧电脑开始被称为"有毒的网络垃圾"（Pucket et al.，2005，p.2），而那些参与贸易的人被描述为在一个"阴暗的行业"中工作，他们利用了监管的"漏洞"，而且对自己给同胞和祖国带来的健康和生态危害所知甚少。

　　近来，二手电脑贸易已经开始通过电子垃圾这一新的话语框架来呈现，而不再采用先前占主导地位的数字鸿沟的隐喻，这影响了国际贸易中一些相关问题的政治意愿。在非洲一些国家，二手商品的贸易已经引起了政府的关注。近年来政府出台新的法规，旨在改变关税计算方式、制定新标准，并实施行政处罚从而规范行业行为。在加纳，超负荷的电网是关键问题且影响重大。2007年，我来到加纳，亲身经历了轮番停电的危机。由于水位过低，主要的发电来源阿科松博大坝（Akosombo Dam）的发电量远远无法满足这个国家对电力日益增长的需求。加纳近期已采取实际行动，通过了禁止二手冰箱进口的法规。该法规目的是阻止易耗电的非必需品的使用，最初计划于2011年1月生效，但后来推迟到2013年1月。由于进口商经常将冰箱与电视机、音响及电脑放在相同的船运集装箱里，这项措施也影响了二手电脑的进口。尽管两类商品功能截然不同，但它们的销售渠道是相同的，并且常在商店里陈列在一起销售。在进口商和零售商看来，它们属于同一商品类别。

目前，加纳似乎没有深入讨论是否将禁令范围从冰箱扩大到电脑或其他二手电子产品，是否征收或提高这些商品的进口关税。相较于非洲大陆上的其他国家，加纳仍然特别容易进口电脑。据加纳官方最新的海关关税表，电脑的进口关税为0%。该税率适用于中央处理器（CPU units）、任何种类的显示器（包括传统的阴极射线管显示器和液晶显示器），以及电脑打印机。这些设备类别中的零部件的进口税也是0%。《协调商品描述和编码系统》简称为《协调系统》或HS，是国际上采用的一种名称和编号系统，用于对贸易产品进行分类。要注意的是，在这一系统中，没有区分新旧机器。然而，海关官员确实会在入境点估算货价，并做出不同的税收处理。对于这些高科技商品，政府唯一征收的款项是标准的12.5%的增值税（除了1%的手续费）。相比之下，其他主要的进口电子产品，除增值税外，还要征收其估值的10%（冰箱、电视）或20%（能耗大的空调）的进口税。取得了非政府组织（NGO）身份，并将电脑捐赠给学校或其他教育机构的进口商，政府对其免征增值税。这与非洲大陆的其他地方形成了对比。乌干达最近通过了全面禁止进口二手电脑和其他二手电子产品的法规，明确指出这么做的原因之一就是缺少废物处理设施，不过政府近来一直在放缓计划中的电脑禁令。肯尼亚和赞比亚最近也开始考虑此类立法。千禧年前后形成的国际政治压力与之截然相反，当时国际政治压力要求低GDP国家降低或取消电脑设备的进口关税，以提高公民的信息技术素养。这或许也表明，那时的政策取得了成效，大量电脑被引入国内，导致这些电脑逐渐被认为是垃圾，如何处置它们成了一大问题。

跨国家族企业在二手电子产品贸易中的策略

从西方国家进口二手电子产品到加纳,这是一种方式上的创新。它的起因是加纳人认识到,在西方,那些运行良好却被认为价值低,甚至是垃圾的机器,出现了大量的剩余,且这种剩余还在增长。接着生成了一条高效运作的供应链,这些机器被运送到加纳,并创造出经济利润。加纳移民一脚留在本国,一脚迈入西方,通过组建并协调跨国的小型家族企业,有力地促进了这一过程。针对各种不受单一国家框架限制且在不同国家间建立了联系的社会组织所做的跨国主义研究成果颇多(Ong & Nonini,1997;Levitt,2001;Smith & Guarnizo,2002;Waldinger & Fitzgerald,2004;Kivisto,2003)。这些社会单位不一定构成全新的社会组织形式,而更多的是对家庭(Bryceson & Vuorela,2002)、政党、社会运动(Guarnizo,Portes & Haller,2003)或企业等传统组织方式的变革。一个典型的例子是,加纳的家族企业保持着国内外之间的联系。他们的成功靠的是对两个国家的政策和机会的巧妙应对及整合,并在不同的消费文化之间规划路径。企业主有逐利的本能,但也努力为多个家庭成员提供就业和创收的途径。

尽管自加纳1957年独立以来,加纳人在国际上的移民人数一直在稳步增长,但人们感觉去往特别理想的国家变得愈加受限。除了最富裕和人脉最广之人,其他加纳人都被拒之门外。之所以产生这种感觉,可能是因为有更多加纳人希望获得移民机会,他们的背景也变得更多元(Goody & Groothues,1977;Peil,1995)。多年来,政府更迭及其他重大事件妨碍着加纳人移民到国外或回国。20世纪80年代,加纳遭遇了严重的经济危机和饥荒,促使许多加纳人离开祖国。国外特定事件的发生及政策的变动,也会影响并改变自愿劳工移民的流动。20世纪70年代初,英国政府宣布英联邦国家不再享有优先移民的权利,加纳也是其中之一。时间再往后推,在2001年9月11日,世界贸易中心的大楼遭受袭击,随后美国经济下滑,致使美国政府进一步加强了对移民的限制。在部分加纳人看来,穆斯林游客是不受待见的。对此,他们将目光投向不同国家,如南非、沙特阿拉伯、中国和马来西亚等。这些国家入境门槛低、限制少,逐渐成为新的选择(Burrell,2008)。

旅行机会持续短缺,在国内外往返的加纳人因而有了更高的地位和声望,他们被俗称为"汉堡商人"(burgers)。这个词由Hamburger缩写而来,从字面意思看,指的是住在德国汉堡市(Hamburg)的人,有大量加纳人聚居于此。这个词现在多指从西方国家回国的加纳人。在Sky Harbour网吧的所在地拉巴斯（La Paz），我了解到许多汉堡商人在那里开了二手电子产品店。这些企业组织与家庭结构也相互关联。一般来说，企业的主要所有者和管理者是汉堡商人，风险投资的初始启动资金由他承担。至于企业的国内管理，则往往由他的兄弟姐妹或是侄女和侄子负责。

例如，一个年轻的店主塞缪尔卖他叔叔从英国进口的电子产品，塞缪尔正面肯定了汉堡商人的形象，认为他们经济独立而且经历丰富。他还补充说，这种人"通晓经商之道"。汉堡商人不是在给别人打工，而是让别人给自己打工。塞缪尔很向往这种令人羡慕的地位。而有些人的观点则比较消极，认为汉堡商人可能有些自负。易卜拉欣是一名回收废弃金属的商人，处在这种商品流通链条的另一端，他就是这么和我说的。不仅是在闲谈中，在流行文化作品的表达中，这些汉堡商人在加纳地位的合理性也显然遭到了质疑。例如，最近音乐家Sarkodie发行了一首嘻哈风格的歌曲，歌名就叫"汉堡商人，汉堡商人"。他详细描绘了一种现象：汉堡商人在社会中表现得高人一等，但现实是，他们最终在国外从事的工作的地位却非常低。正如歌词所述，"有些人给老太太又是洗澡，又是洗内衣"。这首歌先是质疑了移居国外自然而然就能改善生活水平的观点，接着表示，如果这些汉堡商人留在加纳，他们"本可以完成学业，当上Tigo公司的经理"。这里的Tigo指加纳的一家新型移动电话网络的供应商，在那里工作（与在其他供应商处工作一样）是"成功"的标志。然而，不论加纳人在国外如何谋生，在某些情况下，出国确实可以实现资本积累并取得某些贸易优势，这些进口贸易活动就是例证。

加纳的海关、税收和预防服务部门提供了2004年至2009年的电脑进口数据。这些数据表明，二手电脑贸易的流动路线基本上与加纳的劳动力外移路线一致。在2009年，向加纳航运出口电脑数量最多的国家排名依次是：美国、英国、荷兰、德国。而众所周知，这些国家有大量加纳侨民（见表1）。

表1　2004年至2009年从各国运往加纳的电脑数量（台）

国家/年份	2004年	2005年	2006年	2007年	2008年	2009年
美国	26,915	13,984	11,944	13,820	11,807	15,180
英国	34,113	3,494	6,264	4,863	7,961	4,784
荷兰	11,518	3,323	3,819	2,189	2,379	2,555
德国	4,705	1,204	959	1,446	3,260	2,356
阿联酋	8,048	803	543	554	1,418	1.818

续表

国家/年份	2004年	2005年	2006年	2007年	2008年	2009年
比利时	3,774	1,673	1,707	1,750	946	1,127
韩国	1,684	63	235	672	2,836	1,028
意大利	1,456	375	350	530	738	1,024
加拿大	4,054	1,275	4,751	2,216	1,147	1,022

　　我来到拉巴斯和新镇(Newtown),走访了附近许多销售二手电子产品的小商店,并与那里的商人交谈。我发现,生活在海外的加纳人便利了这些进口生意,还为其提供了资金支持。此外,大部分参与这类生意的雇员都是他们的亲属。一般来说,企业的老板或总经理负责在欧洲、美国与加纳之间往来,收集需要进口的货物;其他家庭成员则负责完成进口活动,履行海关手续,担任看店的职责,并在货物到达加纳时,作为技术人员修理损坏的货物。

　　对这些汉堡商人来说,进口二手电脑和其他电子产品的生意逐渐成为了一种新的收入来源。其中一些进口商为了工作、金钱和教育方面的目标,早在十年或二十年前就出国了。在采访中,他们一般只会简单地讲述自己出国的经历。有一次,我和我的研究助理在走访一家商店时,被店内进口商的母亲指责了一番。这是因为我们竟然提出了一个敏感的问题:她的儿子是如何获得移民机会的?当时,进口商本人并不在国内,她轻蔑地用特维语嘀咕道:"这算什么问题?" 人们想移居国外,也可以通过非官方途径。在另一家商店,年轻的店员们坦白,在他们叔叔的移民过程中,一个"有关系的人"可能牵涉其中,这个人可以伪造文件或贿赂相关的官员。进口商获得出国机会,还有另外一种情况,那就是与外国人结婚。对于那些在几十年前就通过非官方途径移民的人来说,多年来,他们努力积累资本,争取在祖国和移民国之间自由流动的合法地位,最终他们获得了从事进出口生意的能力。由于"流动"具有稀缺性,其本身就成为了一种丰厚的资源,并被精明的加纳男女商人所利用。

　　还有一个难点是,让这些在家族企业中的工作者清楚地说明加纳进口商人所进口的电脑的确切来源。毕竟,这是企业的竞争优势所在。有些人在拍卖会上从中间商那里购买,有些人去跳蚤市场购买,还有些人从个人卖家那里一台一台回收电脑。有个人和我说,他在德国的家中从网上采购电脑。通过观察商店中陈列的电脑,可以区分出哪些进口商有更好的生意关系(可能还有更丰富的技术知识)。从电脑的年龄、状况、品牌,以及电脑间的同质化可以窥得端倪。如果出现一堆型号相同、规格相同的电脑,那么它们很可能是被进口商从机构中批量购买而来。并且，其中的零件是可互换的，进口商也了解电脑过去的使用情况，方便维修电脑（见图1）。

图1 当地一家顶级电脑进口商的店铺，
一些机器上仍然贴有标明它们来源的所有权标签——纽约公共图书馆

一些进口商经验相对匮乏，出售的电脑没有固定规格。其中有些机器没有品牌，甚至可能被拆掉了关键部件。在拉巴斯的一家商店里，有一位进口商名叫肯尼迪（Kennedy），他从英国带回大约三四十台不同型号的电脑。在他购买之前，这些电脑的硬盘都被拆掉了。他坦白说，他对电脑技术相关的知识所知甚少，也不做电脑维修工作。电脑不是他主要销售的商品，也不是他收入的主要来源。他以低价售卖这些未经测试的电脑，将风险转嫁给买家。由于肯尼迪售卖的电脑未经测试，他无法得知它们中有多少是不可修复的（除非买家回来告诉他，或向他投诉）。然而，相比于选择性地进口二手电脑，在短期内，这种不加选择的进口无疑加剧了加纳的电子垃圾问题。

例如，G.K. Asare公司旗下开设了一系列家庭经营连锁店，这些店管理到位、分工明确、协作得当。弗里曼和塞缪尔是经营该店铺的老板，他们向我详细讲述了公司的发展史，以及他们的叔叔在加纳和英国之间流动时，是如何与他们二人相互协作的。该店的招牌上标明，他们是"电器经销商"。招牌上还直观地描述了他们所销售的每种电器，这是为了解决潜在客户的识字和语言能力的差异，这种方式在加纳招牌上很常见。从左到右，招牌上依次写着：平面显示器、中央处理器、键盘、扬声器、电脑鼠标、笔记本电脑、熨斗、微波炉、音响系统、电视、DVD/VCD播放器。店内靠前的位置摆放了一张结实的木头桌子，上面陈列着中央处理器,横着摆了六叠,每叠八个。他们把相同型号的主机和杂牌主机混在一起,但这些品牌在我看来一般是值得信赖的,包括康柏、帕卡贝尔、富士通,以及其他不太知名的品牌。每台主机的正面都贴着一张贴纸,上面手写着三个数字:(1)处理器的速度;(2)内存容量;(3)硬盘容量(例如,P4 1.60GHz/RAM 512MB/HDD 40GB)。一个奔腾四(Pentium Ⅳ)的价格大约在170至250塞地之间(在当时约合120到178美元)。套餐中若另外包含了显示器和电脑附件,则价格较高。这些具体规格都决定了机器的售价。

我走访该店那天,恰逢公司老板在伦敦出差。看店的人是老板的侄子,负责技术和销售方面的工作。他们告诉我,他们的叔叔一般每次出国两到三个月。大约在20年前,他首次去往英国,在国外生活多年后开始向加纳进口二手汽车发动机。三年前,他转向销售二手电子产品,正如塞缪尔指出的那样,是因为他认为这些产品会"脱手得更快"(从而迅速收回前期投资),而不像发动机那样,可能需要几个月才能卖出去。多年过去,这个家族生意不断发展,开起了连锁店。除了这家店之外,还开了另外两家店。其中一家开在了这附近,卖的是音响设备、二手冰箱和其他家用物品。另一家店则位于库马西市。店员们估计,他们的叔叔每三个月左右就会装送两个40英尺①长的集装箱。

塞缪尔和弗里曼的工作不只是照看店铺这么简单。他们的叔叔会在年纪较小的家庭成员身上投资,这样他们能更好地为生意做出贡献。比如,在叔叔的鼓励下,塞缪尔接受了电脑硬件维修培训,在当地的温科特专业培训学校(一所提供职业培训的高等院校)以A+的成绩结业并成为了一名电脑硬件技术员。掌握了这些技术,他就可以直接维修和翻新商店中售卖的电脑。随着时间的推移和生意的扩张,这位叔叔和他的侄子更加明了当地的市场需求,知道哪些品牌或型号更容易维修。因此,在挑选进口货物时,他们愈加挑剔。叔叔在国外时,也会定期给侄子打电话以获知哪些电脑值得进口。店员们坦白,在早期他们确实走了一些弯路,引进了一些卖不出去的或是在受损坏时无法修理的电脑类型,导致他们只能将这些剩余的电脑卖给废弃金属交易商。因此,考虑到商业利益,年轻的店员们建议他不要引进"这种货品"。据塞缪尔估计,大约有10%的电脑(指中央处理器)是修不好的,通常是主板受损导致。最终,这些电脑都被转卖给了废品商。这个数字(在一定程度上可以相信它是准确的)之所以相当低,不仅是因为他们在进货时精挑细选(塞缪尔说:"我叔叔非常擅长挑选电脑"),而且他和另

①1英尺=0.3048米,40英尺=12.192米

外两名受雇的技术员都努力地测试、修理和翻新尽可能多的电脑。他们按照维修的电脑数量来结算工钱，只有能让电脑再次运行时才算数。这就产生了明显的动机，激励他们尽可能拯救有可能修好的电脑。与肯尼迪进口的电脑相比，这家商店只出售经过测试，并确认可以使用的电脑。这意味着，当顾客来这挑选某台电脑，销售人员会给它通电并开始运行，让买家验证其功能，而不依赖于保修。

在吸引顾客并将商品售卖出去的最后阶段，商人需要在特定的本土消费文化中进行协商。与其他文化一样，这种本土消费文化都是为了满足人们的渴望和新的需求（Burke，1996）。然而，现实的情况是，西方的消费者曾使用过这些商品，由此带来了一些特殊的问题。尽管顾客会基于对改善未来生活的设想来购买商品（Slater，1997），但对这些商品而言，顾客不仅需要设想商品的未来，也要想象它的过去。判断二手电子产品质量可以从它的来源及其过去的使用情况这两方面进行考察。有一些术语专门用来描述不同的二手商品类别。当地人把从国外进口的二手商品，包括电脑和电子产品，称为"家庭二手货"（home used）。"Home"意为家，这里指电子设备的家，即它的原始消费市场。一些卖家和消费者向我透露，家庭二手货的意思是设备是从人们的家里回收来的，同时强调这些商品符合美国或欧洲消费者的标准和规格。这个词的意义是积极的，它意味着这种商品质量优良、值得信赖，并且加纳人可以买得起。卖家在推销商品和顾客讨价还价时经常使用这个词。

关于二手商品的过去，卖家与买家有着不同描述和想象。由此，二者形成了一种明显的张力。在买卖双方讨价还价的过程中，因为卖家希望以尽可能高的价格出售，而买家希望以最低的价格来购买，所以卖家对商品来源的描述必然会遭受质疑。还有一个常用的术语是"aburokyire bola"，字面意思是来自国外的垃圾，是用来辱骂卖家的。例如，在顾客觉得自己受到冷落或讨价还价失败时，他可能会用这个词辱骂卖家。值得注意的是，在外使用的术语如果是用英文表达的，那么它的内涵会是积极正面的；而如果是用来辱骂对方，就会使用特维语。Sarkodie的歌词表达的是汉堡商人（bogas）在国外从事的工作地位之低，这个术语与其内涵相同。它传递出一种怀疑态度，即在加纳出售的二手商品实际上是加纳进口商从欧洲或美国捡回来的垃圾。一般来说，"aburokyire bola"特指已经极其过时和破烂的进口商品——褪色、破烂不堪的衣服，看起来很脏或者有缺损的东西。正如经营某进口企业的金融家所指出的那样，这些东西已被充分而广泛地使用过。有人认为，这些货物是进口商通过捡垃圾获得的。对此，进口商会不遗余力地纠正。如果向他们询问关于"aburokyire bola"的情况，他们的反应会变得具有防御性。一位进口商澄清说，他进口的物品都是花大价钱买的。他断言道："我不会叫它垃圾……如果有人在卖，你就会用钱去买。所以，你怎么能用钱去买垃圾呢？"进口商还需要解释的一点是，为什么要丢弃这种看起来质量很好的物品？因此，虽然卖家可以用术语"家庭二手货"来推广这种进口商品，并以此建立加纳和西方消费者之间的对等关系，但买家可以用"aburokyire bola"来表达自己的怀疑，即这类商品的消费者被降低到转售或使用那些特权阶层的垃圾的水平。

加纳的电子垃圾倾倒与边缘化的进一步影响

前文介绍完了垃圾的话题，接下来要考察的是，在二手电脑流通的过程中，那些被废弃和损坏的电脑在离开阿克拉的网吧、家庭和办公室之后的旅程。我们研究机器流通的生命周期，而在该生命周期的最后阶段，出现了另一个独特的青年群体，它挑战了我们对于人机互动性质的常规理解，让技术参与形式变得更加广泛。这个群体里大部分是青年男子，也有极少数的儿童，他们从事的工作包括废品收集、废品加工和废品贸易。电脑元件（computer units）、电脑显示器和打印机等外围设备逐渐成为他们交易的重要组成部分。到2010年，走在阿克拉的街头，那些拉着装满金属废料的木车的青年就屡见不鲜了（见图2）。而在2004年这项研究开始时这并不常见。这些废品回收商并不在意电脑是否完好无损，也不在意其是否可以正常运行，相反，他们认为电脑是一种由或多或少值一些钱的材料——铜、铝、塑料和其他材料组成的集合体。这些废品商的工作方式，以及他们与电脑的互动方式，完全不同于网吧用户在电脑界面的操作。有一种假设是，技术要对一个群体产生影响，取决于这个群体所互动的机器是否完好无损、能够正常运行，以及他们是如何与这种机器互动的。而废品商的行为正是挑战了这一假设。

易卜拉欣在拉巴斯地区从事废弃金属贸易，他们一家都来自加纳北部。在阿克拉，大多数做废弃金属生意的人都是如此。不过，与其他废品回收贸易商不同的是，他的家人已经在阿克拉定居很长时间了。在加纳于1957年独立之前，他的祖父就已经在当地组建起了家庭。易卜拉欣不仅会处理电脑、显示器等废弃的电子产品，还会处理汽车和汽车零部件，以及铁板、铁条等建筑材料，就连家里的杂物、塑料制品等也可以一并处理。他称自己为当地的"毁灭者"，并解释说："如果东西到我手里，我就得把它毁掉。我摧毁一切，但我从不维修。我曾经把汽车切成碎片，如果在我切完之后，他们让我修好它，我做不到。给我五分钟，

图2　在拉帕兹地区，年轻的达贡巴男子在搬运电视、电脑显示器和其他金属废料

我就能切碎一辆车［大笑］，但就算给我十天，我也修不好它。所以我只能把自己叫作毁灭者，因为我总是在搞破坏。"从易卜拉欣的解释中可以得知，他以自己对物质对象所拥有的某种权力来定义自身角色。然而，他用了一种自嘲的方式，表达了自身力量的局限。他可以熟练且高效地拆除毁坏这些东西，但完全无法修复它们。他还从正面强调了这种工作与他所处的群体的体能之间的关系，并断言："在加纳，最强壮的人就是与废品打交道的人。放眼整个加纳，北方人就是最强壮的。"这项工作和其他与机械相关的、围绕机器所做的工作，比如驾驶卡车和修理汽车，存在的相似之处就是：在加纳从事这些工作的人中，大部分都是北方人和穆斯林。

易卜拉欣之所以从事了废品交易，是因为这一行业门槛比较低。他原来在一所木工学校学习，但学费给家庭带来了沉重负担。于是，在2001年，他就从木工学校退学了。在废品交易中，他找到了一份无需特殊培训、没有学位要求，也不需要人脉就能轻松上手的工作。他的母亲给了他一笔数额不大的钱，大约有500美元（用2001年左右的旧货币衡量，为500万塞地），是她卖掉一头牛得来的。这些钱就是他最初的本金，他直接用这笔钱购买了金属废弃物，然后出售以赚取利润。九年后，他已经攒了大约5000美元的周转资金，他可以不断地将这笔钱再投资于企业，同时仍有足够的钱满足日常需要，并为他的大家庭提供经济支持。他还找到了增加收入的方法，就是利用他作为废品交易商的特殊身份，扩展多元化的业务。他从他广泛的维修工（汽车修理工）社交网络中获得帮助，修理了两辆报废的汽车。后来，他把这两辆车当作出租车来运营，这提高了他的日常收入，而这些收入足以满足他的基本需求。他与该地区的许多修理工关系都很好，因为这些修理工经常会卖一些金属废料。尽管他自己不懂得如何做维修,但他肯定知道谁会做。

对于像易卜拉欣这样的废品交易商来说,在每磅废旧电脑中,最有价值的零部件就是连接电路板、电源和电脑机箱内的端口的铜线。铜线被外围的塑料绝缘层包裹着,一般需要先燃烧电线来融化绝缘层,再从中取出铜线。本地的电路板市场也在不断发展,应买家的要求,许多废品商开始收集这些电路板。废品商告诉我,这些买家通常是尼日利亚人或中国人。实际上,收集和售卖这些电路板的加纳废品商并不知道买家会对这些电路板做什么,但他们知道这些电路板都被出口到国外了。铝制或铁制框架的电脑外壳也很值钱,废品商会把这些外壳带去附近的港口城市特马(Tema),卖给钢铁厂(Steel Works)或瓦尔科(Valco)工厂进行回收。有些废品商认为,这些废旧的铁料会被回收制成铁棒,然后被用于安装在窗户上的防盗网,或有其他类似用途。提取完金属后,剩下的零部件及塑料外壳通常都会被直接丢弃,也可能会为了缩小体积而将它们焚烧。在电脑显示器中,特别是CRT(阴极射线管,一种显示器技术)中,通常只有一个部件在当地有购买需求,那就是用于控制电子束的方向从而在屏幕上生成图像的偏转磁轭(yoke)。这个磁轭是由一个大的铜线圈组成的。人们通常会把塑料外壳焚烧掉,或把它们和玻璃屏幕一起丢掉。只有那些不值钱的零部件才会被丢在最近的垃圾堆里,而其余的都回到了流通领域。有些被送往本国工厂,重新整合成新的商品;有些则被运往更远的地方,重新进入全球的原材料流通链。

易卜拉欣讲述了他个人经历,他把进入废品回收行业描述为自愿做出的选择,这是他走向独立自主和实现自我提升的康庄大道。然而,这个行业中的角色不止一种,工作职责有明确的等级划分。在他的工作下游,还有回收废品的人。这些人没有自己的运营资本,没有设备,也几乎没有什么工具,他们只能依靠自己的身体。到2010年,这些废弃金属回收商的木制手推车已经屡见不鲜。在交通本就拥堵的城市道路上,他们以步行的速度缓慢地移动着,引得出租车司机愤怒地鸣笛,长久以来阻碍着交通运行。这些回收废品的人需要在城市(及城市周边)寻找值钱的废品,然后用人工将它们运送到废品站或回收点。

最终,这些手推车中的大部分东西都被运送到了阿格博格布洛谢(Agbogbloshie)——一个位于阿克拉中部科尔勒潟湖湖畔的废品站和垃圾场。阿格博格布洛谢是阿克拉加工、交易和倾倒金属废料活动的主要中心,它杂乱无序地向四周蔓延。在历史上,这片领土属于加族人(the Ga people),并且他们仍然有这片土地的所有权。但是,目前这里的居民却基本上是达贡巴人(Dagomba)。在他们的聚居点，不同的达贡巴氏族之间存在冲突，特别是长期以来的酋长问题（被称为ya-na事件），造成了社会的紧张局势。2009年8月，两派之间发生了暴力冲突，导致许多人死亡。但在普通的工作日里，当人们来到阿格博格布洛谢时，更多地听到的是世俗生活中锤子敲打金属时所发出的持续响声，闻到的是燃烧塑料时所产生的刺鼻气味。易卜拉欣所声称的"废金属行业里有加纳最强壮的男人"，可以在这里找到令人信服的证据。在一次走访过程中，我看到几个男人正调动全身所有肌肉力量，推着一个标准的木质手推车向前移动。手推车上放着一个完整的金属汽车车架，它在上面摇摇晃晃地保持平衡。在阿格博格布洛谢，狭窄的泥土路因往来的人络绎不绝而变得平整起来。穿梭于此的人不仅有废弃金属回收者、商人和买家，还有提供食物、水、手机话费充值卡等各种必需品的商贩，形成了一幅商品叫卖的别样画面。正如大量的商贩看到了整个城市交通停滞的不良状况所带来的商机，吃苦耐劳的小微公司的企业家也通过重估和提取垃圾嗅到了致富的气息。沿着标志着阿格博格布洛谢边界的主干道，有一座用水泥砌造而成的小型清真寺。再往里走一点，能看见一个由市政府出资建立的足球场。某天，在足球场上举办了一场非正式的比赛。这些球队没有统一的球衣，所以只能用穿衣队和赤身队来区分球员。球场边，有几个男人在对比赛结果赌博下注。阿格博格布洛谢支持社会的多样化发展，这不仅为工业进步和贸易发展提供了条件，也为宗教活动和娱乐活动提供了条件。

阿格博格布洛谢可以划分为两大区域：一个是废金属场，另一个是位于郊区的科尔勒潟湖湖畔，加纳人把这里叫作博拉（Bola），是垃圾的堆放地。几十年来，这个地区一直在变动，政府会周期性地清理此地。在2009年和2010年，当地报纸再度刊登了政府拟定的"清理工作"报告。在科尔勒潟湖恢复项目中，政府将会拆除区域中的建筑，并清空这里的居民。驱逐计划确实威胁到了这片区域的居民，而该计划却似乎被无限期地搁置了。

废金属场并不是阿格博格布洛谢最边缘的地带，博拉才是。西方媒体中的照片大多是在此处拍摄的，有着黑炭般皮肤的年轻人、冒出的滚滚浓烟，形成了如同世界末日般的景象。这些报道引起了人们对于从美国和欧洲出口到发展中国家的电子垃圾问题的关注。在博拉的工人往往比废料场的人更年轻，他们都还是青少年，甚至不满二十岁。一个年仅十五岁的孩子对我说，他是自己从北方移民过来的，没有家人陪伴，也没有家人在阿克拉收留他。这些青少年的工作就是使用自制的工具简单地处理铜废料，以此赚钱维持生活。他们从旧冰箱中提取出大块的绝缘材料，用这些材料把热量汇聚起来，以便他们把铜线外围的塑料绝缘层烧掉。出于安全考虑，塑料绝缘层是防火的，因此很难燃烧起来。有一些年轻女子将电脑显示器的塑料箱用作临时的板凳。她们坐在箱子上，携带着装有冰水的塑料袋。她们把这些用塑料袋密封好的冰水卖给这些废品加工者，而废品加工者会用这些冰水来灭火（见图3）。

在阿格博格布洛谢进行的这项工作引发了一系列意料之外的新风险，这些风险既源于这种新兴的电脑贸易，也源于对这些设施有需求的网吧。当地不加控制的露天燃烧处理方式释放出对环境和人类健康有害的有毒物质。铜电缆周围的绝缘层通常是由溴化塑料（具有阻燃性能）制成的，在燃烧时会释放出卤代二噁英（halogenated dioxins）和呋喃（furans）。

图3　人们在阿克拉的阿格博格布洛谢垃圾场里提取铜

人体一旦暴露在这种物质中，体内就会积聚。众所周知，若体内这种物质的浓度过高，就会引发癌症（Ladou & Lovegrove，2008）。除此之外，这种物质还会抑制免疫系统，影响激素水平，并降低生殖能力。非常令人担忧的还有CRT电脑显示器（以及一起被丢弃在此处的电视机），其中包含的金属仅有小铜轭和大量的铅。在当地市场上，仅有小铜轭是值钱的，而其中的铅是用来隔离内部组件发出的辐射的。接触铅这种金属可能会损伤器官、危害中枢神经系统和生殖系统。众所周知，儿童对其非常敏感。尽管CRT中的玻璃是垃圾，并且没有被有目的地加工或回收，但在提取铜轭和剔除无价值的剩余物时，这些玻璃不可避免地被砸碎并被丢弃在那里。之前，铅是在完好的设备中悬置的；而现在，所有的铅都可以自由地渗入土壤或涌入潟湖中，成为一种水污染物。我发现，在博拉和其他地方，这些废品商、回收商及加工者，对材料和化学物质接触有关的健康问题所知甚少，也并不关心。

二手电脑的流动将汉堡商人、店主和技术人员（如塞缪尔和弗里曼）、成功的废品商易卜拉欣，以及靠提取和出售铜线维持生计的废品收集者和青少年的故事串联在一起。他们与电脑形成了不同的关系，使得加纳社会对中心和边缘的划分更加明显，这有助于我们更好地着眼全局，了解加纳网吧用户的相对社会环境。而这一群体也正是前几章的主要焦点。我们已经考察了年轻人和他们的长辈之间存在的代际鸿沟，特别是年轻人被老年人边缘化的问题。在本章中，我们新考察了居住在加纳经济落后的北部地区的人，以及城市和农村人口之间的普遍分化问题。例如，那些刚刚迁移到城市中心的人对边缘化的感受最为强烈。他们虽身处城市中心，但没有属于自己的房子、掌握的语言技能有限，也没有广泛的社会网络。阿克拉的各个zongo①社区居住着大量穆斯林人口，外来人士通常会以宽泛笼统的方式讲述阿克拉的各个穆斯林聚居区，但就其存在的时间和连续性而言，不同的聚居区实质上有很大差别。在加纳独立时，尼玛（Nima）和马莫比（Mamobi）社区就已存在。在马莫比社区，有一些年轻的网民在阿克拉出生和长大。他们不受小语言社群的狭窄限制，通常英语讲得很好，也能讲一口流利的特维语——这是城市的通用语言。而且，他们受益于城市学校的教育和其他资源，这些资源的质量往往与人口中心的地区相关。相较而言，在阿格博格布洛谢，废品回收者通常是第一代移民，许多人是在几个月或一年前才来到这个城市。在阿格博格布洛谢附近，如今的索多玛和蛾摩拉是在20世纪90年代初左右才形成的。当地许多居民并非自愿移民而来，而是被迫流落至此。其中一些人是为了逃避加纳东北部地区的局部冲突才来到这里。通过研究特定商品（如电脑和其他电子产品）的不同关联方式，研究者可以具体清晰地观察到与国家内部地理有关的边缘化问题。

社会历史、政治及经济资源的不同可能会导致技术参与方式的巨大差异。废品交易是与人工制品打交道的一种特殊形式（如果它不完全算传统意义上的使用形式的话），它涉及了将机器分割成相同的部分，再从中挑拣出值钱的东西，并将其重组。在将"废品"转化为商品的过程中，能获得金钱上的收益。废品处理者拆解、焚烧物件，并对机器进行分类，是为了增加（边际）效益。由于缺少金钱和耐心，语言能力和识字能力不足，废品处理者无法通过人机界面的功能实现

---

① 阿克拉的各个zongo地区是指穆斯林移民居住的社区，这些移民通常来自加纳北部和周边的西非国家。

技术参与。他们引入了一套完全不同的资源（劳动者的身体、体力）来处理物件。阿格博格布洛谢的废品商是另一个青年群体，通过对他们的分析，可以看出互联网的接入和使用还涉及必要的销售、维修和废弃物处置的生态系统。废弃金属交易商和网吧用户的技术参与形式截然不同，最终，二者技术参与的收益和成本也呈现巨大的分布差异。

总结

逐渐认识到互联网具有的复杂的物质性后，在未来，加纳的互联网接入的格局有可能被重塑。国内外出现的政治压力都可能会影响商品的流通和新法规的制订。本章全面考察了二手电脑运送到加纳的销售渠道，特别是加纳人在积极构建这一渠道中所扮演的角色，重新思考了电子垃圾的问题。到目前为止，记者和环保活动人士对加纳电子垃圾问题的表述，并没有考虑到加纳人自己在可重复使用、有价值和真正废弃之间的区别。此外，他们也基本上没有阐述作为商人的加纳人在这个行业中所扮演的角色，以及他们加入这个行业的理由。相比废物处理的问题，在进口过程中涉及的问题范围要宽泛得多。这种特定的商品流动会危害当地环境，损害处理这些机器的人的健康。但抛开这一点，这种商品流动也带来了一些好处。它促进技术能力的进步、带动加纳技术人员（他们修理和翻新无法运行的电脑）的就业。在网吧、住所和办公室，这些被再次利用的电脑为普通人提供了技术接入和使用的能力。

根据电脑进口商的讨论，如果加纳进口商的业务组织方式不同，那么在装运二手产品或家用电子产品的集装箱中，最终生成的废品数量似乎会因此而大不同。业务的组织方式与他们具备的某种商业技能，以及关于他们所进口货物的技术知识都有关联。有些进口商对二手电脑的鉴别力更强，筛选更严格，与优质二手电脑的供应方关系更好。在解决问题方面，环保活动人士的重点是规范并执行对西方国家出口此类旧电子产品的限制。这些人士很少强调，电子垃圾去往的国家需要建立适当的废物处理设施。这样一来，争论的焦点仍然在美国和欧洲。然而，电子垃圾问题并不局限于二手电脑，还包括新设备。在使用过一段时间后，所有的机器最终都面临废物管理的问题。因此，在加纳，只要还有对电脑的需求和使用，国内的问题就没有得到解决。

本章和前一章的内容，结束了围绕本书内容所做的持续六年的田野调查（始于2004–2005年，止于2010年）。这些内容成功捕捉到了加纳人对发展问题最新的解决方案——信息通信技术，特别是电脑和互联网的兴趣和热情的起起落落。互联网繁荣后不久，就可能达到高潮，彼时全球信息社会世界峰会论坛推动了联合国对信息社会的乌托邦想象。当加纳人开始担忧电子垃圾，说明他们已经在批判性地重新思考这些问题了。关于加纳的电子垃圾问题，《前线》纪录片将这种希望之后的幻灭联系起来，指出"几年前，当旧电脑的集装箱首次被运抵至西非时，加纳人表示欢迎，因为他们认为这是一种帮助弥合数字鸿沟的捐赠"，而后来的说法是，这只会带来垃圾，让黑社会可以用新的方式犯罪。回顾解决发展问题的方案的历史，这样的发展周期似乎是不可避免的。印度的绿色革命中，为了提高作物产量，引入了现代农业实践技术，但后来印度却遭遇一系列问题：环境退化，过度消耗某些农业投入（特别是水资源）引发了社会冲突，农民面对全球市场和不断攀升债务的脆弱性等（Gupta，2000；Jasanoff，2002；Shiva，1991）。最近，人们也在重新思考小额信贷运动，担心新银行的放贷人会利用穷人。此外，有学者研究了贷款人的家庭，发现了贷款项目是如何引发家庭冲突的（Rahman，1999）。然而，当信息和互联网成为了解决发展问题的方案，这个周期独树一帜地集中于数字化流动的物质性上。在这个叙事弧线中，免费的信息革命反而变成了名副其实的垃圾之流。

参考文献

Bryceson, D., & Vuorela, U.(2002). *The Transnational Family: New European Frontiers and Global Networks*. Oxford: Berg.

Burrell, J.(2008). Problematic Empowerment: West African Internet Scams as Strategic Misrepresentation. *Information Technologies and International Development*, 4 (4), 15–30.

Burke, T.(1996). *Lifebuoy Men, Lux Women*. Durham, NC: Duke University Press.

Cowan, R. S.(1987). The Consumption Junction: A Proposal for Research Strategies in the Sociology of Technology. In W. E. Bijker, T. P. Hughes, & T. J. Pinch (Eds.), *The Social Construction of Technological Systems: New Directions in the Sociology and History of Technology*. Cambridge, MA: MIT Press.

Foster, W., Goodman, S., Osiakwan, E., & Bernstein, A.(2004). Global Diffusion of the Internet Ⅳ: The Internet in Ghana. *Communications of the Association for Information Systems*, 13(38), 1–47.

Guarnizo, L. E., Portes, A., & Haller, W. (2003). Assimilation and Transnationalism: Determinants of Transnational Political Action among Contemporary Migrants. *American Journal of Sociology*, 108(6), 1211-1248.

Goody, E. N., & Groothues, C. M. (1977). The West Africans: The Quest for Education. In J. Watson (Ed.), *Between Two Cultures: Migrants and Minorities in Britain*. Oxford: Blackwell.

Gupta, A. (2000). *Postcolonial Developments: Agriculture in the Making of Modern India*. Durham, NC: Duke University Press.

Jasanoff, S. (2002). New Modernities: Reimagining Science, Technology, and Development. *Environmental Values*, 11(3), 253-276.

Kivisto, P. (2003). Social Spaces, Transnational Immigrant Communities, and the Politics of Incorporation. *Ethnicities*, 3(1), 5-28.

Levitt, P. (2001). *The Transnational Villagers*. Berkeley: University of California Press.

Ladou, J., & Lovegrove, S. (2008). Export of Electronics Equipment Waste. *International Journal of Occupational and Environmental Health*, 14, 1-10.

Ong, A., & Nonini, D. (Eds.). (1997). *Ungrounded Empires: The Cultural Politics of Modern Chinese Transnationalism*. New York: Routledge.

Peil, M. (1995). Ghanaians Abroad. *African Affairs*, 94, 345-367.

Puckett, J., Westervelt, S., Gutierrez, R., & Takamiya, Y. (2005). *The Digital Dump: Exporting Re-use and Abuse to Africa: The Basel Action Network*. Seattle: Basel Action Network.

Rahman, A. (1999). *Women and Microcredit in Rural Bangladesh: An Anthropological Study of Grameen Bank Lending*. Boulder, CO: Westview Press.

Roman, R., & Colle, R. D. (2002). *Themes and Issues in Telecentre Sustainability*. Manchester: Institute for Development Policy and Management.

Slater, D. (1997). *Consumer Culture and Modernity*. Cambridge, UK: Polity Press.

Slade, G. (2006). *Made to Break: Technology and Obsolescence in America*. Cambridge, MA: Harvard University Press.

Shiva, V. (1991). The Green Revolution in Punjab. *Ecologist*, 21(2), 57-60.

Smith, M. P., & Guarnizo, L. (Eds.). (2002). *Transnationalism from Below*. New Brunswick, NJ: Transaction.

Wilson, E. J. (2006). *The Information Revolution and Developing Countries*. Cambridge, MA: MIT Press.

Waldinger, R., & Fitzgerald, D. (2004). Transnationalism in Question. *American Journal of Sociology*, 109(5), 1177-1195.

附录二　多点民族志拓展阅读与精要

一、方法论类

1.《多点民族志：我现在知道的五六件事》

来源：Marcus，G. E.（2012）. Multi-sited ethnography：Five or six things I know about it now. In Simon Coleman and Pauline von Hellermann（ed.）*Multi-Sited Ethnography Problems and Possibilities in the Translocation of Research Methods*（pp.16-32）. Routledge.

要点：马库斯结合他所接触到的人类学学者对多点民族志的反应，来展开关于多点民族志概念的讨论。在该文中，马库斯指出他一直在酝酿的一个想法是："多点"的田野存在于一个分布式知识系统的世界中，这通常是这类民族志的框架和主题。马库斯表示，他让学生到外面的世界去寻找其他文化，有些人做的是马林诺夫斯基式的田野调查，但更多的人往往会发现自己处于分布式知识系统的中心，这就是如今其他文化显在地呈现自己的方式。这些不是村庄文化和社区文化，而是文化的另一种表现形式。即使他们不驻扎在村庄，但也是在分布式知识系统中工作，这是田野工作的挑战。作为人类学的元方法，多点民族志需要有一套新的对自身的理解，来解决这个问题，从而发展分布式知识的理论系统。

2.《厚积薄发的民族志》

来源：Marcus，G.E.（1998）.*Ethnography Through Thick and Thin*. Princeton NJ：Princeton University Press.

要点：20世纪80年代，马库斯率先对文化人类学进行了重大批判，这在他与詹姆斯-克利福德（James Clifford）共同编辑的具有里程碑意义的著作《写文化》中表现得最为明显。《厚积薄发的民族志》一书在20世纪90年代末更新并推进了这一批判。马库斯就持续席卷人类学的变革发表了一系列具有穿透力的文章。马库斯强调，在一个不断变化的世界中，传统的民族志不足以研究"文化意义、对象和身份在扩散时空中的流动"。为此，他特别探讨了"多点"人类学研究方法如何改变了人类学的核心实践，以及新的研究模式如何改变了人类学家的职业生涯。马库斯驳斥了一些民族志学者表达的观点，即这些变化正在破坏人类学。他认为，传统民族志与学术实验的结合只会使这门学科更加生机勃勃和多样化。在该书中，马库斯还指出民族志学者以族群和地方来定义田野的传统如何受到挑战，现在需要通过探索各种看似不相称的地点之间的联系、相似之处和对比来研究文化。

3.《多点民族志的前世今生：对话乔治·马库斯》

来源：Elfimov，A.（2020）. *Multi-sited Ethnography Yesterday and Today：A Conversation with George Marcus*. DOI 10.31857/S086954150013125-7.

要点：追踪联系、相互依赖和不明显的关系链的策略，是多点民族志研究的核心。"多点民族志"是一种组织民族志工作的方式或原则，其中研究者假设他要研究的"领域"实际上是一个相互联系的地方的集合体。在调查中，如果我们看不到其中的联系，就无法理解所研究问题的本质，也无法理解真正的原因和影响。重要的是，有时恰恰是这些联系构成了一种现象的形成。今天的许多文化和社会背景都是流动的，而其中最稳固的东西是它们彼此之间的联系。

4.《扩展地点：探索"深度"问题》

来源：Horst，C.（2009）. Expanding Sites：The Question of 'Depth' Explored. In Mark-Anthony Falzon （ed.） *Multi-Sited Ethnography：Theory，Praxis and Locality in Contemporary Research*（pp. 119-134）. Routledge.

要点：Horst论证了当在不同背景下对同一社区成员之间的跨国网络和流动进行田野调查时，深度和多点性可以很好地结合起来。他通过自己与索马里人长达十年交往的亲身经历来说明这一点。Horst指出，多点民族志方法特别适合研究流动和网络，为此，关于跨国流动和网络的新兴文献与多点研究的增加之间有着明显的联系。

5.《从多点性到中间性：民族志作为研究移民跨国关系的一种方式》

来源：Boccagni，P.（2016）. From the multi-sited to the in-between：ethnography as a way of delving into migrants' transnational relationships. *International*

Journal of Social Research Methodology，19（1），1–16.

要点：Boccagni在本文中重新审视他对厄瓜多尔移民与其留守亲属之间跨国关系的民族志的方法论。Boccagni的田野调查是在意大利北部的150名厄瓜多尔移民及其家庭成员中展开的。调查的主要目的是收集关于"缺席者"（即移民）在非移民日常生活中所扮演的角色的材料。这需要绘制移民与其家乡社会之间跨国资源流动的不同形式。这种分散的田野调查需要在不同的地点和可能的生活世界之间建立强大的联系。换句话说，研究的可信度取决于方法和结果在整个研究环境中的有效流动。总的来说，Boccagni发现多点田野调查作为揭示跨国关系发展和保持的一种方式几乎是不可替代的——与移民或更广泛的流动性研究有关。然而，最关键的是对"多点"的灵活理解——开放关系的"中间性"，以及每个相关地点随时间的推移被协商、争论和重现的方式。

6.《强有力的合作是多点民族志的一种方法：关于菌根关系》

来源：Matsutake Worlds Research Group（Timothy Choy，Lieba Faier，Michael Hathaway，Miyako Inoue，Shiho Satsuka，and Anna Tsing）.（2009）. Strong Collaboration as a Method for Multi-sited Ethnography：On Mycorrhizal Relations. In Mark-Anthony Falzon（ed.）*Multi-Sited Ethnography：Theory，Praxis and Locality in Contemporary Research*（pp.197–214）. Routledge.

要点："沉浸"一直是民族志学者对抗社会科学盲目性问题的武器，但是多点工作使得完全沉浸变得不那么实际，在概念上更具有挑战性。多点民族志学者必须努力坚持对什么是重要的以及如何进行研究保持开放性，尽管不同地点的现象表面上很相似。强有力的合作是完成这项任务的一个有用工具。"松茸世界研究小组"以他们研究松茸商品链和生态链的亲身经历，阐释了合作的方法论。他们认为，强有力的合作可以产生民族志上实质性的多点研究。该小组指出，他们的合作概念需要一种自反性的方法来跨越和处理差异。这种合作不是在一个共同的理论框架下收集数据。相反，这种合作需要在认识论上不同的领域和部分"明确的知识"之间进行协商，这是以摩擦为核心的合作。

7.《把握全球：多点民族志的市场研究》

来源：Dannie Kjeldgaard，Fabian F. Csaba，and Güliz Ger.（2006）. Grasping the Global：Multi-sited Ethnographic Market Studies. In Russell W. Belk（ed.）*Handbook of Qualitative Research Methods in Marketing*（pp.521–533）. Edward Elgar Publishing.

要点：全球化挑战了传统跨文化研究的分析单位以及传统民族志的对象和前提。多点民族志研究可以通过分析全球化对社区影响的不同经验，也可以通过研究构成全球化的社会文化和经济基础设施的具体网络、流动和联系，来揭示全球化的多方面特征。多点民族志不仅仅是描述全球化的印记，也随之移动，追踪其网络、流动和相互联系以及作为其特征的互动模式、制度和分层结构。全球化的关键方面，即全球互联性、社会现实的跨国性和作为全球一部分的地方性，都使我们迫切需要使用多点民族志方法。多点民族志不仅仅是对民族志方法的必要调整，它还可以极大地帮助我们理解复杂的全球化现象，并且这种方法在市场营销和消费者研究中的应用为我们提供了对经济和文化全球化进程和轮廓的丰富见解。多点方法有助于完善我们的全球化图景。本文讨论了多点民族志与跨文化和单点民族志研究的区别，以及它如何应用于市场营销和消费者研究。一个核心论点是，多点民族志的市场研究在专门的试图把握全球或全球化市场状况和关系的调查中尤其重要，它非常有助于描述和分析一个相互关联和相互依存的社会世界中市场现象的复杂性。

8.《人类学和市场营销中多点民族志的出现》

来源：Ekström，K. M.（2006）. The emergence of multi-sited ethnography in anthropology and marketing. In Russell W. Belk（ed.）*Handbook of qualitative research methods in marketing*（pp. 497-508）. Edward Elgar.

要点：多点民族志为民族志领域和人类学学科带来了新的思路。它正在发展进行田野调查和撰写民族志的方法。多点民族志研究对于研究全球市场和关注地方市场都是有用的。它可以被看作理解微观-宏观关系的一种方式。不同于将消费者和营销者视作二元对立的，多点研究把他们看作相互依存的，并使研究者能够发展对流动文化的理解。有必要在市场营销中发展多点民族志研究，以理解当今社会中的意义、对象和身份的流动。同时也有必要发展多点的地方研究，因为看似地方的和有界的现象是在一个多点领域中产生和运作的。

9.《多点民族志与教育研究领域》

来源：Pierides，D.（2010）. Multi-sited ethnography and the field of educational research. *Critical Studies in Education*，51:2，179-195.

要点：本文论证了多点民族志对教育领域研究的贡献。Pierides通过突出人类学家乔治·马库斯提出的多点民族志的概念，指出这种民族志在教育研究中是多么必要。Pierides强调多点民族志至少在两个方面为教育研究做出了贡献：它重新定义了民族志地点的边界；它使我们有可能考虑到一个正在流动的世界。借鉴乔治·马库斯的研究成果，Pierides将差异、边界、关联性和地点等概念挑选出来，以说明教育研究及其各种话语的特殊性。他认为，这些概念构成了教育领域多点民族志研究的支柱。

10.《人类学的位置：一门田野科学的边界与基础》

来源：Gupta，A & Ferguson，J.（1997）.*Anthropological Locations：Boundaries and Grounds of a Field Science*. Los Angeles：University of California Press.

要点：Gupta和Ferguson在该书中指出，在一个几乎没有地方不受全球力量和流动影响的世界中，专注于单一地点和当地经验、文化以及根源的民族志研究受到了限制和约束。多点田野调查与前面描述的认识论转变有关，在这种转变中，田野不是一个等待进入的地理位置，而是一个不断协商和构建边界的概念空间。在这种理解中，重点是跨国互联以及"地方"和"全球"之间的联系。Gupta和Ferguson指出，由于现代世界的相互联系，没有一个自然的点（natural points）可以将"这里"与"其他地方"分开。同样，他们认为研究者应该采纳"去中心化（decentre）"田野的概念，并考察不同地点之间的相互联系。因为当今的人类学关注的是不断变化的地点，而不是有界田野。

11.《全球化：人类学研究》

来源：Eriksen，T.H.（2003）.*Globalisation：Studies in Anthropology*. London：Pluto Press.

要点：单点田野调查不足以捕捉当代社会制度和结构的复杂性，以及多重因果关系。人们通常参考全球化和"现代性"的模型来讨论向多点方法的转变，在这些模式中，个人的生活越来越分散，世界越来越紧密地联系在一起。

12.《跨国联系：文化、人群与地方》

来源：Hannerz，U.（1996）. *Transnational Connections：Culture，People，Places*. London and New York：Routledge.

核心要点：这本书阐述了全球化时代的文化。Hannerz认为，在一个相互联系日益紧密的世界中，各国对文化的理解已经变得不够充分。他探讨了跨界和远距离文化流动对"地方""社区""国家""现代性"等既有概念的影响。Hannerz不仅参与了有关文化和全球化的理论辩论，还提出了我们今天该如何思考和生活的问题。

13.《变化中的地点：多点民族志的优势》

来源：Leonard，K. I.（2009）. Changing Places：The Advantages of Multi-sited Ethnography. In Mark-Anthony Falzon （ed.） *Multi-Sited Ethnography：Theory，Praxis and Locality in Contemporary Research*（165-179）. Routledge.

要点：多点民族志学者仍然可以从一个特定的地方开始，但需要去追踪那些从这个地方出发变得有意义的多地点之间的联系。在这种策略中，多点民族志是一个追踪联系的过程。"多点"的研究表明，新的环境在重新配置移民身份方面发挥了强大的作用，因为仅仅追踪一个特定的移民群体并关注它是不够的。我们需要看到每个地方的机会和制约因素，不仅仅是关于移民、公民身份和工作条件的法律和政策，还有谁在那里定居，所有在那里生活和工作的人之间的互动是什么，以及自己身份的哪些方面对那里的人来说是最突出的。因此，在移民研究中除了追踪跨国联系，我们还需要考虑锚定在新地点的关联。

二、田野调查类

1.《"互联网就是魔法"：技术、亲密关系和跨国家庭》

来源：Francisco，V.（2015）. Valerie Francisco 'The Internet Is Magic'：Technology，Intimacy and Transnational Families. *Critical Sociology*，41 （1），173-190.

要点：本文运用多点民族志方法来分析维持一个跨国家庭的社会过程。在这项多点研究中，Francisco通过参与研究的家政工人在菲律宾招募了一些家庭。他首先通过 Facebook 或 Skype 认识他们，然后通过访问他们在马尼拉的家进行实地考察。他深入家庭网络，采访移民和留守家庭来收集家庭的历史，以追踪跨国家庭双方的关怀工作是如何随着时间和空间而重组的。这种纵向的、跨国的、多地追踪菲律宾家庭移民成员的方法，为本文关于家庭成员通过互联网技术建立不同类型的亲密关系的论点提供了基础。

2.《亲属的种子，种子的亲属：哥斯达黎加和拉脱维亚有机种子的商品化和社会关系》

来源：Aistara，G A.（2011）. Seeds of kin，kin of seeds：The commodification of organic seeds and social relations in Costa Rica and Latvia. *Ethnography*，12（4）:490–517.

要点：在本文中，Aistara重新审视知识产权和生物多样性之间的关系，在两个截然不同且迅速变化的环境中，以多点民族志的方式考察有机农户使用、繁殖和交换种子的行为所附带的文化意义，从而将生物多样性的概念纳入更广泛的生态、文化和政治联系网络中。此外，Aistara还探讨了那些进行种子交换的有机农户和植物品种保护机构是如何通过使用亲缘关系和谱系的习语来解释他们的做法，以及他们对多样性含义的暗示。在该文中，Aistara将哥斯达黎加和拉脱维亚的现状并列在一起，表明了对农业生物多样性的保护与社会文化实践及历史密不可分。对于参与种子交换的农民来说，生物多样性远不只是种子目录中更多数量的种子的可供性，而是与他们的亲友网络有关。事实上，生物多样性被视为社会和生态联系的网络（network）或网（web），为理解农民关于种子的行为和情感提供了更大的潜力。将农民的交换和育种实践作为生物多样性"出现"的地点，可能会为保护这些系统、重视农民的知识和社会网络提供更好的选择。

3.《以跨文化游戏调动历史知识：一个移民儿童的多点民族志个案研究》

来源：Kwon，J.（2021）. Mobilizing historical knowledge through transcultural play：a multi-sited ethnographic case study of an immigrant child. *Early Child Development and Care*，191（4），624–639.

要点：该研究基于多点民族志的立场，考察了三名低龄的第二代韩国移民儿童在童年时期的跨国经历。这三个孩子的父母一方或双方有韩国血统，是美国与其父母的祖国（韩国和中国）之间多层次跨国关系的一部分。Kwon在美国北卡罗来纳州和韩国首尔这两个地方记录了这些孩子在多个环境中（如家庭、学校、博物馆、社区）的经历，这让他发现了他们在跨国生活中如何构建和扩展自己的历史知识，以及他们如何利用这些知识储备。

4.《达达阿布索马里人中的Buufis：重新安置梦想背后的跨国和历史逻辑》

来源：Horst，C.（2006）. Buufis amongst Somalis in Dadaab：The transnational and historical logics behind resettlement dreams. *Journal of Refugee Studies*，19:2，

143-57.

　　要点：Horst与索马里人长达十年交往的亲身经历，把他从荷兰带到肯尼亚、美国、挪威和索马里。在这些不同的地点，Horst参与了索马里人之间各种类型的跨国交往。最初，Horst研究的一个问题是，由于信息的跨国流动，肯尼亚偏远难民营的难民如何将他们在难民营中的生活与其他地方的生活进行比较，并培养出移民到第三个国家的梦想。除了这些通过全球媒体扩张而成为可能的欲望轨迹之外，Horst还研究了不同地点之间的资金流动。关于汇款，他主要感兴趣的是索马里人之间的跨国金融联系对当地生计和社会互动的影响。Horst采访过的许多索马里人的经历都是多点的，如果他不通过多点民族志收集第一手知识材料，就不可能深入地理解他们。

5.《跨国游牧民：索马里人如何应对肯尼亚达达阿布难民营的难民生活》

　　来源：Horst，C.（2006）. *Transnational Nomads：How Somalis cope with refugee life in the Dadaab camps of Kenya*. Oxford and New York：Berghahn Books.

　　要点：Horst在肯尼亚东北部的达达布（Dadaab）难民营进行了为期一年的田野调查，多年来还在达达布和内罗毕（Nairobi，肯尼亚首都）进行了数次较短的间歇性田野调查。Horst发现，对难民营中的大多数人来说，这些根据索马里当地的生活环境制定的社会保障策略，在肯尼亚难民营中仍然适用，但更具跨国性的特点。事实上，这些难民营可以被视为索马里家庭之间复杂和不断变化的网络中的一个节点，这些家庭包括难民、国内流离失所者和其他一些国家的公民。Horst在该书中指出，在与一组研究人员进行跨国同步研究期间，将互联网作为交流工具可以获得巨大的好处。

6.《苹果的世界：跨国组织文化中的核心与边缘》

　　来源：Garsten，C.（1994）. *Apple World：core and periphery in a transnational organizational culture*. Stockholm：Dept. of Social Anthropology.

　　要点：Garsten采用多点民族志研究了苹果公司在斯德哥尔摩郊区的办公室、硅谷的国际总部和巴黎欧洲总部的组织文化。Garsten在该书中阐述了"走向全球是一个需要组织内部不断协商和讨论的过程"。这部多点民族志为我们提供了全球化如何影响企业文化创造的重要见解，它反映了总部和分公司在创造全球化企业文化表现形式时的文化过程。特别是当地办事处在发展"社区"和形成文化特性方面的作用，"既有普遍性，也有特殊性，并努力在相互联系的空间内形成文化的相似性和差异性"。

7.《跨越国界的芭蕾舞：舞者世界的职业与文化》

来源：Wulff，H.（1998）. *Ballet across Borders：Career and Culture in the World of Dancers*. Oxford：Berg.

要点：Wulff与三个不同国家的舞蹈公司一起进行了多点民族志田野调查，以研究芭蕾舞是如何跨国复制的。Wulff断言，芭蕾舞本质上是跨国的，因为它涉及人员、思想和实践的跨国流动，从而创造跨国联系和体验。通过在不同国家背景下进行多点田野调查，Wulff揭示了民族文化和跨国文化之间持续不断的"谈判"。通过分析不同地区之间的矛盾，Wulff洞察到芭蕾舞世界的哪些方面具有鲜明的民族特色，哪些方面超越了国界。

8.《地球村地毯：营销、传统与东方地毯复兴》

来源：Csaba，F.F & Ger，G.（2000）. Global village carpets：marketing，tradition and the oriental carpet renaissance. In Clifford J. Schulz and Bruno Grbac（eds），*Marketing Contributions to Democratization and Socioeconomic Development*，Phoenix：Arizona State University.

要点：大多数关于全球化的研究都集中在现代西方产品在世界范围内传播的商业挑战和文化后果上。很少有人关注传统工艺和艺术品（或者我们可以称之为"他者文化产品"）从欠发达国家向西方消费者的逆向流动。Csaba和Ger认为，如果全球化和现代化的进步反映在日渐衰落的传统中，那么对传统工艺的创造、贸易和消费的研究——在他们的例子中是手工编织的东方地毯——将有助于更深入地理解全球化的复杂性和文化内涵。Csaba和Ger首先在很大程度上借鉴了安东尼·吉登斯的研究成果，讨论了传统、现代化和全球化之间的联系。然后，他们考察了东方地毯工艺和商业的历史衰落以及当前的复兴。

附录三　本书的作者们

乔治·马库斯（第1、2章）

乔治·马库斯（George E. Marcus）是美国著名的人类学家，加州大学人类学教授，曾多年担任莱斯大学人类学系教授，《文化人类学》（Cultural Anthropology）杂志的创刊主编。马库斯以其在文化人类学和多点民族志领域的开创性工作而闻名。他的研究推动了人类学研究方法的变革，使得研究者能更有效地理解和描绘全球化背景下复杂的文化现象。马库斯的研究领域涵盖文化理论、民族志方法、全球化、人类学的写作与叙事等，他尤其关注文化的动态过程。

马库斯的代表作包括《写文化：民族志的诗学和政治学》（与James Clifford合编）、《当代人类学设计》《作为文化批评的人类学：一个人文学科的实验时代》（与Michael M. J. Fischer合著）、《厚积薄发的民族志》和《当代批判人类学：意外语境、选区改变与议程变化》，这些著作对当代人类学的理论和方法论产生了深远影响。

马库斯在多点民族志领域的贡献主要体现在以下三个方面：

（1）开创性地提出了"多点民族志"概念，并从田野工作的层面构建了该方法的理论框架。马库斯是多点民族志方法的奠基者，他在著作中系统地阐述了这种方法的重要性和应用方式，并提出了多点民族志田野工作的"追踪"策略，以建立不同地点之间的联系。他强调，随着全球化的推进，文化现象不再局限于单一地理位置，而是在多个地点之间流动的。因此，研究者需要采用跨地点的多点民族志视角来捕捉文化的动态变化和复杂联系。

（2）推动了民族志方法论的革新。马库斯强调研究者在做多点民族志调查时，要关注不同地点之间的连接和对比。他鼓励研究者在不同文化和社会背景中进行研究，以揭示全球化对地方文化的影响。马库斯的这种多点民族志观点激发了学界关于民族志方法的广泛讨论和创新，影响了后续的人类学研究，促使人类学界重新思考传统的田野工作方式，并开始重视研究对象的流动性和多地点之间的关联性。

（3）拓展了人类学研究的视野。马库斯提出的多点民族志方法为人类学研究提供了新的视野。该方法为学界研究跨国机构、移民、全球贸易、文化流动等复杂现象提供了有力的工具，促进了学界对跨文化和跨地域现象的理解，帮助研究者更有效地应对现代社会的复杂性和全球化带来的挑战。

伊娃·纳达依和克里斯托弗·梅德尔（第3章）

伊娃·纳达依（Eva Nadai）是瑞士西北应用科学与艺术大学社会工作学院教授，曾在苏黎世大学和伯尔尼大学任教。她的研究领域包括组织与职业社会学、民族志社会学、社会政策与社会保障，她特别关注弱势群体在劳动力市场中的处境及社会政策对该类群体的影响。她的代表性成果有《促进失业者激活的跨机构合作》（与Canonica等人合著）、《后福利国家中的性别关系》（与 Nollert合著）、《关怀的纠葛：社会工作在职业与志愿工作之间》（与Sommerfeld等人合著）和《"第一个接电话的人"：低技能工作的招聘形式》。

克里斯托弗·梅德尔（Christoph Maeder）是瑞士苏黎世大学教师教育系教授，他的研究领域涉及知识社会学、教育与文化、组织研究与民族志社会学。代表性成果有《教育民族志中情境定义的问题》《钟声与社会秩序：民族志中的声音分析》《管理的诗学与组织文化的政治：瑞士新公共管理改革的社会学视角》《民族志学者视野中的全球经济：对跨国公司人力资源管理的深入研究》《贫困管理：瑞士社会福利的多地点民族志研究》。

伊娃·纳达依与克里斯托弗·梅德尔经常一起合作做研究，两人合作发表的研究成果有《劳动的承诺：瑞士失业政策激活实践》《在各个环节进行谈判？互动与组织》《在贫困管理与社会工作之间：瑞士社会救助的组织形式》《组织化贫困：从知识社会学的视角看社会救助》。

两人在多点民族志领域的贡献在于，他们对福利和经济工作中的排斥与融合的研究项目采用多点民族志方法，追踪多重定位的研究对象跨越不同的社会世界，以此为基础提出将田野视为由一组关注共同问题的行动者构成的社会世界，并探讨了田野在理论驱动的社会学民族志中的功能。

乌尔夫·翰纳兹（第4章）

乌尔夫·翰纳兹（Ulf Hannerz）是瑞典著名的人类学家，斯德哥尔摩大学社会人类学教授。他曾在美国、欧洲和澳大利亚的多所大学任教，是瑞典皇家科学院、美国艺术与科学院和奥地利科学院的成员，曾担任欧洲社会人类学家协会主席和瑞典社会科学高级研究院主任。2010年他获得瑞典人类学与地理学会的安德斯·雷齐乌斯金奖。他的研究涉及多个领域，包括城市人类学、媒体人类学及跨国文化。

翰纳兹的研究成果体现在多部著作中，如《探索城市：对城市人类学的探究》《人类学的世界》《书写未来世界：一位人类学家对全球的探索》和《世界观察：人类学之旅中的街角与新闻采访》。翰纳兹关于多点民族志研究的著作有《跨国联系：文化、人物与地方》《文化复杂性》和《外国新闻：探索外国记者的世界》。

翰纳兹通过多点民族志方法对跨国文化流动和全球互联性的研究，推进了人类学对当代全球化现象的理解，他在该领域的贡献主要表现在以下方面：

（1）倡导多点民族志方法，并推动其发展。翰纳兹认识到现代社会的跨地域特性，倡导人类学家应当超越单一地点的限制，采用多点民族志的方法，追踪文化和社会互动在不同地方的表现和变化。他强调研究者需要关注全球与地方之间的联系，以及这些联系如何影响人们的生活和身份认同。

（2）强调全球互联性的研究。翰纳兹认为，当代社会的文化形态是通过跨越国界的互动形成的，这需要研究者在不同的地理和社会空间进行考察。他在著作中详细探讨了全球化对地方文化的影响，分析了文化如何在全球和地方之间进行互动和重新塑造。翰纳兹的研究表明，文化并不是单向的传播，而是在不同语境中不断变化和适应的动态过程。

（3）根据人类学家的一些田野研究，特别是自己对外国记者工作的研究，翰纳兹揭示了多点田野工作与20世纪中期提出的经典单一地点田野工作模式之间在实践和假设方面的差异，讨论了多点田野的构建，包括地点选择、与信息提供者之间关系的质量，以及多点研究中的主要数据类型。

萨拉·范·杜伊恩（第5章）

萨拉·范·杜伊恩（Sarah Van Duijn）任教于荷兰阿姆斯特丹自由大学组织科学系，长期关注医疗保健领域的治理。她关于协作治理、边界工作和人类学等方面的成果发表在《政策与政治》《行政与社会》和《组织人类学杂志》等期刊上，如《分析政策和媒体改革叙事中的健康与社会护理边界》《朝着网络治理努力：地方行动者在地方化医疗治理中应对紧张关系的策略》等。

范·杜伊恩因出色的博士论文而在多点民族志领域声名鹊起。她的博士论文《应对紧张关系：边界工作与协作治理》获得了阿姆斯特丹自由大学社会科学学院2022年博士论文奖。在博士论文中，范·杜伊恩使用边界工作视角进行了关于协作治理动态的解释性研究。她采用多点民族志方法重点研究了医疗保险公司和地方政府行动者在一次重大医疗改革后如何推动合作。她追踪分析了中央行动者与地方行动者之间的联系，并揭示了两者朝着协作治理努力的复杂动态。

范·杜伊恩在多点民族志领域的贡献表现在，基于她2015年所做的荷兰医疗改革后出现的策略合作研究，她发现多点民族志是一种非常适合研究跨组织边界问题的方法，并指出了该方法在田野调查过程中存在的挑战。她指出：采用多点民族志调查的"追踪"策略时，无数潜在的路径可能导致研究者处于既无处不在又所至有限的状态。

郭建斌（第6章）

郭建斌，广州大学教授，国内传播学与人类学交叉学科研究领域（亦称"民族志传播研究"）的重要开创者，国内民族志传播研究领域高被引学者。他的研究领域包括民族志传播、媒体人类学和文化传播。郭建斌2003年毕业于复旦大学新闻学院，获传播学博士学位，曾是云南大学民族学与社会学学院教授，博士生导师，媒体人类学研究所所长。

他的博士论文《电视下乡：社会转型期大众传媒与少数民族社区——独龙江个案的民族志阐释》，系中国新闻传播学科第一篇使用较为严格意义上的民族志方法完成的博士论文。他主持完成教育部人文社科研究基地重大项目1项，国家社科基金一般项目2项，出版《独乡电视：现代传媒与少数民族乡村日常生活》《在场：电影与当代中国社会建构》等著作10余部，并获教育部"高等学校科学研究优秀成果奖（人文社会科学）"三等奖。

郭建斌是媒体人类学研究的重要践行者。他关于电视下乡及滇川藏交界的"大三角"地区流动电影放映的研究已成为国内民族志传播研究的经典。他在独乡电视的研究中，首次提出了"在场"概念，以此阐释在中国特定的媒体体制和环境中特定的电视观看者的观看活动。他在滇川藏"大三角"地区的研究中，沿用"在场"概念，并对该概念的理论意涵进一步进行阐发，同时丰富了"在场"概念的实践意涵。

郭建斌教授结合自己关于流动电影放映的田野调查，对"多点民族志"尤其是何谓"多点"这一关键问题进行讨论，指出"多点民族志"不仅是一种研究方法,而且也是一种研究视角。

安娜·阿梅丽娜（第7章）

安娜·阿梅丽娜（Anna Amelina）是德国布兰登堡科技大学教授，曾任职于德国比勒费尔德大学社会学系。她的研究领域涵盖跨国移民研究、文化社会学、跨境社会不平等及欧洲研究。代表性著作有《欧洲社会公民身份的边界：欧盟公民的跨国社会保障在法规、话语和经验中的体现》（与Emma Carmel等人合著）、《欧洲的跨国不平等》《超越方法论民族主义：跨境研究的方法论》（与Devrimsel D. Nergiz等人合著）和《方法论的变革：实证移民研究中的跨国转向》（与Thomas Faist等人合著）。

阿梅丽娜在多点民族志领域的贡献主要体现在两方面：（1）关注由移民或文化流动建立的跨境社会领域，总结了当前多点民族志关于跨国化和全球化研究的方法论，并将文化干预法纳入其中。这超越了移民研究中对"方法论民族主义"的批评。（2）采用多点民族方法，探讨了过去几十年欧洲社会的移民及其流动的当代动态，帮助我们更好地理解该地区的移民趋势与不断变化的政治经济格局、权力和不平等秩序及政治话语之间的多重联系。

劳拉·K.麦克亚当-奥托和萨拉·尼姆菲尔（第8章）

劳拉·K.麦克亚当-奥托（Laura K. McAdam-Otto）是德国文化人类学家，歌德大学文化人类学与欧洲民族学研究所研究员，曾在不来梅大学、维也纳大学和洪堡大学任教。研究兴趣包括被迫迁徙研究、跨国流动以及人类学方法。麦克亚当-奥托的研究成果发表在《欧洲文化人类学杂志》《民族与移民研究杂志》及《移民通讯》等期刊上。她的第一本书《边境上的年轻难民：年龄协商的人类学研究》于2021年获得奥格斯堡跨文化研究奖。

萨拉·尼姆菲尔（Sarah Nimführ）任教于奥地利林茨艺术设计大学文化研究系，是一名专注于被迫迁徙、跨国记忆文化和岛屿研究的文化人类学家。她在维也纳大学获得博士学位，研究主题是欧盟边境体制中的不可驱逐性，并对参与式人类学和人类学方法感兴趣。代表性成果有《难民的研究工作：反思空白、表现与伦理问题》《与田野人员协作写作：走向去殖民化的知识生产》《协作写作项目中的命名政治与伦理：保护与干预之间的匿名化与笔名化过程》和《跨岛屿空间中不可驱逐性的社会生产》。

两人在多点民族志领域的贡献表现在，他们基于被迫移民研究的田野经验对多点民族志进行实践反思，指出多点研究在被迫迁移的研究中非常适用，但传统的这类研究通常将"地点"等同于一个国家，研究人员需要亲自到场。针对这一点，麦克亚当-奥托和尼姆菲尔提出了两个关键问题：多点研究是否必须是跨国的？研究人员是否必须在所有地点亲自到场？两人通过讨论他们在马耳他收集被迫移民的多点民族志材料，证明将"地点"等同于民族国家会使对多点性的理解过于狭隘。这也模糊了难民的生活现实、他们的移动模式及其常常被中断的流动性。他们两人结合自己的调查案例对多点民族志进行了重新理解，提出了"未参与地点"的概念，以概括研究人员无法亲自访问的地点。

安德里亚斯·维特尔（第9章）

安德里亚斯·维特尔（Andreas Wittel）现任教于诺丁汉特伦特大学，曾是伦敦大学金史密斯学院文化研究中心研究员。研究领域涉及工业社会学、工作人类学、创意产业、文化经济和新媒体。代表性成果有《数字转型》《反商品化、自由劳动与数字公共领域的贡献经济》《数字马克思：走向分布式传媒的政治经济学》《共享的特性及其在数字时代的转变》和《热情作为情感劳动：论热情在媒体产业中的生产力》。

维特尔的学术工作融合了人类学、社会学和媒体研究，为跨学科研究提供了示范，推动了对当代社会复杂变化的理解。他指出传统的民族志研究局限于地方性的概念。然而随着全球化进程的兴起，地方性概念在理论层面上受到越来越多的质疑。如今，随着互联网和各种网络互动模式的发展，民族志工作面临新的挑战。为此他强调，有必要关注网络环境对田野工作的影响，以推动多点民族志实践的发展。

苏珊·弗瑞博格（第10章）

苏珊·弗瑞博格（Susanne Freidberg）是美国著名的地理学家，达特茅斯学院地理学系教授。她主要从事人类学和地理学的跨学科研究，研究领域涵盖政治生态学、文化经济学及科技研究（STS）。她持久关注的一个主题是食品供应链上的社会、政治和生态生活，尤其对定义和确保食品和农业某些品质（如新鲜、公平和可持续性）过程中所涉及的工作、技术和政治感兴趣。

弗瑞博格采用多点民族志展开研究的著作有两部：（1）《新鲜：易逝的历史》，在这本书中，弗瑞博格探寻了很少有人想到的冰箱世界。她选取冰箱里六种常见的食物（牛肉、鸡蛋、水果、蔬菜、牛奶和鱼类），追踪它们从源头到餐桌的全过程，从中阐释了地方生计、全球贸易、口味、社区和环境变化的政治，揭示了食品中"新鲜"这一概念的变化，以及用于保护新鲜度的技术的演变。

（2）《法国豆与食品恐慌：焦虑时代的文化与商业》。作者在该书中通过多点民族志，追踪比较了非洲与欧洲之间两种新鲜蔬菜贸易的商业文化，探讨两者如何受到富裕世界食品恐慌的影响，从而揭示了全球新鲜食品经济中出口商、进口商和其他隐形中介的日常工作，显示了后殖民关系如何塑造不同社会中食品供应的地理分布，以及这些社会对优质食品标准的看法。

弗瑞博格在多点民族志领域的贡献体现在她将多点民族志方法拓展至了人文地理领域，开拓了对食品链的研究路径，为我们理解全球化时代的食品流通系统及其对地方文化的影响提供了重要的视角和理论框架。

马泰·坎迪亚（第11章）

马泰·坎迪亚（Matei Candea）是英国社会人类学家，剑桥大学社会人类学系教授，兼任国王学院的研究员。研究领域涉及身份、他者性与归属感；民族志方法；社会理论的历史；人类学比较的理论与实践。坎迪亚的著作颇丰，有《人类学理论的学派与风格》《人类学中的比较：一种难处理的方法》《科西嘉片段：差异、知识与田野调查》《加布里埃尔·塔尔德之后的社会学：辩论与评估》《超越描述：解释的人类学》（与Paolo Heywood合著）等。

坎迪亚在剑桥大学的博士研究，集中于科西嘉岛上的身份、他者性和归属感。他围绕以下主题展开田野调查：科西嘉岛的知识历史政治；岛上物质性、语言和地方感的当代交汇；在村庄日常互动中他者性和关联性的暗示是如何产生的；款待的政治与诗学。他不仅出色地完成了博士论文《知情者：在科西嘉岛上作为和不作为科西嘉人的体验》，而且写出了一系列有影响力的研究成果如《科西嘉片段》等。

坎迪亚对科西嘉岛的田野调查，使他重新思考了人类学领域一些经典的方法论和理论问题，特别是界定和扩展民族志田野地点的实践。他指出，"多地点想象"重视无界限性，促进了方法论的自由，但也暗含了对整体论的重新构建。尽管该方法在抵制某些方法论僵化方面非常有效，但它在打破"边界"方面的成功也引发了民族志实践和写作中的新问题。为此，他建议我们重新思考自我施加限制的价值，以及将界限视为方法论工具的意义。

珍娜·布瑞尔（附录一）

珍娜·布瑞尔（Jenna Burrell）是伯克利加州大学信息学院教授，现任《数据与社会》期刊的主任。她的研究领域涉及计算机媒介沟通；社会与文化研究；发展中国家的技术；用户体验研究。她擅长采用民族志方法研究边缘化社区如何适应数字技术、算法公平性与不透明性等问题，这方面的成果有《隐形用户：加纳城市网吧中的青年》《算法社会》《农村地区互联网赋能工作的社会文化解释》《当用户控制算法时：Twitter上实践中表达的价值观》和《机器如何"思考"：理解机器学习算法中的不透明性》。近些年，她将重点放在技术、远程工作和科技产业对农村的影响上。

布瑞尔采用多点民族志方法进行数字技术与社会的交叉研究，推动了多点民族志在媒介人类学领域的应用。她探讨了数字技术如何塑造人们的生活和社会互动，她的工作对科技与社会交叉领域的研究具有深远的影响。

后　记

在全球化的时代，越来越多的研究问题来自跨国化的文化现象或社会流动。单点民族志已不足以应对一个日益流动、变化的"液态"世界。因此，在全球化背景下，多点民族志调查的时代已经到来。①该方法现已在人类学、社会学、教育学和市场营销学等不同学科中得到广泛应用，但在新闻传播研究领域却还十分少见。

多点民族志作为一种新兴方法的独特优势在于，非常擅长调查那种文化上相联但地理上分离的传播现象。目前国内新闻传播研究在使用民族志方法时更多局限于"单点"领域，仍习惯于关注在固定地点和空间发生的事情，很少关注到人和物等的流动所形成的文化现象。为此，在全球化背景下，面对不断"液化"的田野环境，民族志传播研究急需转向、再出发，改变以"单点"为中心的单一局面，而拓展"多点"研究的领域，以应对"更广阔田野世界"的问题。

在"液态"社会里，从事民族志传播研究，多点民族志是必不可少的。因为多点民族志不仅仅是一种方法，而且也是一种研究问题的视角。它为民族志传播研究开辟了将多个地点联系在一起思考问题的视角。民族志传播研究者从这一视角出发，会拥有一种系统意识，能发现一系列与单点民族志完全不同的问题，从而获得更富有洞察力的民族志研究。例如，我对农村网吧里的孩子展开调查时，如果只停留在社区层面，就只能得出农村留守儿童受网络新媒体影响而荒废学业的结论，这一结论的创新力度还不够大。为此，我调整视角关注他们从留守到流动打工的社会化轨迹变化过程，将两个阶段关联在一起，对他们流动的打工生活进行追踪，从而聚焦到了农民工再生产的问题，这就摆脱以往的研究"就留守而论留守"的局限。

---

① Falzon. M. A.（ed.）.（2009）. *Multi-Sited Ethnography：Theory，Praxis and Locality in Contemporary Research*. Routledge.

　　当前国内的民族志传播研究对该方法还比较淡漠，以至于我们对日常生活中文化上相联但地理上分离的传播现象往往习焉不察。针对国内民族志传播在这方面的不足，比照国外的研究动态和发展趋势，我国传播学者要拓展民族志传播的想象力，寻求再出发的着力点，可从马库斯提出的纲领性框架入手，拓展民族志传播研究的"多点"领域。根据马库斯提出的"基本框架"，民族志传播研究可以追踪人如新闻记者、数字劳工等；追踪物如媒介基础设施、新媒体技术等；追踪隐喻如媒介话语；追踪生活或传记如数字生活；追踪冲突如新媒体事件、社会运动等。例如，如果社会科学能追踪"糖"（西敏司，2010）、"金枪鱼"（Bestor，2004）和"松茸"（Tsing，2020），那么我们传播学也就能追踪媒介。例如在平台社会，如果我们追踪电商平台下乡的过程，就能从中透视它是如何引发乡村产业变革和促进数字乡村建设的重大问题。就追踪新闻记者而言，Hannerz（2003）对新闻媒体驻外记者的多点民族志研究，极大地促进了我们对国际新闻记者全球化工作这一复杂现象的理解。[1]

　　目前多点民族志的研究主要集中于跨国追踪领域[2]，这导致多点民族志给人们留下是一种跨国研究的印象。马库斯（Marcus，2011）也指出当时的多点民族志研究倾向于做跨国追踪研究。[3]然而，在多点民族志研究中，若"地点"仅仅等于"国家"，或者说"多点"仅仅以跨国的方式被理解，那么就窄化了该方法的应用空间。多点民族志并不意味着研究人员必须跨越国界或涉及跨国追踪的主题。研究者也可以对国内的全球化现象或社会流动现象展开跨地域追踪。针对这种情况，现有的研究还很少。故此，这方面也是民族志传播研究再出发的着力点。

　　简言之，多点民族志作为对全球化背景下田野世界发生巨大变化的反应，为我们提供了一种有别于单点民族志的调查方法。在这里，笔者谈论更多的是该方法对传播研究的启示，而不是新闻传播领域的"多点"研究在多点民族志方法领域的独特贡献。这主要是因为新闻传播领域对该方法仍然很陌生，内生性的研究

　　[1]Hannerz, U. (2003). Being there... and there... and there! Reflections on multi-site ethnography. *Ethnography*, 4 (2), 201-216.

　　[2]Boccagni, P. (2016). From the multi-sited to the in-between: Ethnography as a way of delving into migrants' transnational relationships. *International Journal of Social Research Methodology*, 19 (1), 1-16.

　　[3]Marcus, G. E. (2011). Multi-sited ethnography five or six things I know about it now. In Simon Coleman and Pauline von Hellermann (ed.) *Multi-Sited ethnography problems and possibilities in the translocation of research methods*. Routledge.

成果实在太少，没有形成自主的知识体系，仅有的成果也主要是人类学者开拓的，例如《全球猎身》（项飚，2012）、《外国新闻：探索驻外记者的世界》（Hannerz，2003）、《二手电脑的进口及电子垃圾的困境》（Burreu，2012），以及媒体人类学丛书中的《国家戏剧：埃及的电视政治》（阿布-卢赫德，2016）等。面对这种局面，尽管我们的不服中交织着无奈，但要超越这种局面，只能从多点民族志研究的方法论入手，厘清其田野调查的实践路径，进而发展出高水平的内生性的多点民族志传播研究成果，以此才能在该领域赢得一席之地。只有当传播领域的多点研究的星星之火呈燎原之势时，才能凸显传播领域的"多点"研究对多点民族志的独特贡献。

本书得以出版得益于多方合作，是集体智慧的结晶。为此，我们在这里对辛勤付出、无私奉献的人员表示衷心感谢：（1）感谢重庆大学出版社"万卷方法"书系的林佳木编辑，她在本书解决文章版权问题的过程中给予了极大的帮助，而且以极高的热情推动了该书的出版。（2）本书在编译的过程中得到了郭建斌教授的指点和支持，非常感谢他慷慨贡献《"电影大篷车"：关于"多点民族志"的实践与反思》一文，该文体现了中国学者在多点民族志方法论层面的思考与智慧。（3）感谢*Forum：Qualitative Social Research*、*Journal of Organizational Ethnography*、*Anthropological Journal of European Cultures*期刊给予的免费版权，这让我们节约了很多成本。（4）我们的研究生刘一阳、赵越、杨环萍、庄晓凡、赵晓冉、郭一潼在材料搜集、整理和文字校对方面也付出了大量的努力，对此深表感谢，他们在学术上的成长，总带给人喜悦。

在编译此书的过程中，我们满怀一种学术的热情，去探索建构多点民族志方法论的理论体系。正是这种学术的热情激励着我们克服重重困难，一步一个脚印地坚持完成这件有意义的事情。这里需要特别指出的是，如果读者在阅读中发现文中的夹注在文末的参考文献部分找不到对应的信息，那是因为我们删减了与多点民族志不相关的文献。由于多篇选文的参考文献实在太长，我们希望精简篇幅、突出主题，所以只保留了对关注多点民族志的问题有价值的参考文献。有兴趣的读者可以查看论文的英文版。尽管我们竭尽全力提供最佳的译文，但仍无法断言其间没有纰漏。如果读者发现翻译的纰漏之处，敬请批评指正。

管成云

陕西师范大学新闻与传播学院

2024年5月1日